clave

WAYNE W. DYER

El poder de la intención

Traducción de
Flora Casas

DEBOLS!LLO

Papel certificado por el Forest Stewardship Council®

MIXTO
Papel | Apoyando la
silvicultura responsable
FSC® C117695

Penguin
Random House
Grupo Editorial

Título original: *The Power of Intention*

Primera edición en esta presentación: septiembre de 2016
Decimosegunda reimpresión: octubre de 2023

© 2004, The Wayne W. Dyer Estate
© 2005, Penguin Random House Grupo Editorial, S. A. U.
Travessera de Gràcia, 47-49. 08021 Barcelona
© 2005, Flora Casas, por la traducción
Diseño de la cubierta: Penguin Random House Grupo Editorial / Sylvia Sans
Fotografía de la cubierta: Noel Hendrickson / © Getty Images

Printed in Spain – Impreso en España

ISBN: 978-84-9908-325-4
Depósito legal: B-7.345-2012

Compuesto en Anglofort, S. A.

Impreso en BlackPrint CPI Ibérica
Sant Andreu de la Barca (Barcelona)

P 8 8 3 2 5 D

Para mi hija, Skye Dyer.
Tu voz cantarina se corresponde en perfecta armonía
con las vibraciones de tu alma angélica.
Te quiero

Índice

PRIMERA PARTE
LOS PUNTOS ESENCIALES DE LA INTENCIÓN

SEGUNDA PARTE
PONER LA INTENCIÓN EN FUNCIONAMIENTO

(Ocho capítulos con información concreta y una guía paso
a paso para aplicar estos principios a la vida cotidiana)

TERCERA PARTE
LA CONEXIÓN

Toda belleza vista aquí abajo por personas con agudeza se asemeja más que nada a esa Fuente celestial de la que procedemos todos...

MIGUEL ÁNGEL

La autorrealización significa haberse conectado conscientemente con la fuente del ser. Una vez establecida la conexión, nada puede ir mal...

SWAMI PARAMANANDA

Prólogo

El libro que el lector tiene entre sus manos y toda la información que contiene era al principio una idea informe enraizada en los invisibles dominios del campo de la intención. Esta obra está concebida para llegar al mundo material tras aplicar todos los principios sobre los que se escriben en ella. Logré que mi energía vibratoria coincidiera con la Fuente de toda la Creación, y dejé que estas palabras y estas ideas fluyeran para que pudieran ser transmitidas directamente de mí a ti. Tienes en tus manos la prueba de que cualquier cosa que concibamos —mientras estemos en armonía con la omnicreadora Fuente universal— puede y debe ocurrir.

Si quieres saber cómo puede afectarte este libro, y cómo puedes pensar, sentir y colaborar en la Creación tras haber leído y aplicado sus mensajes, te ruego que leas el último capítulo, «Retrato de una persona conectada al campo de la intención», antes de iniciar este viaje. Tú, todo el mundo, la vida entera han surgido del campo omnicreador de la intención. Vive con esa perspectiva y llegarás a conocer y a aplicar la fuerza de la intención. Todos los semáforos se te pondrán en verde.

Maui, Hawai, 2004
WAYNE W. DYER

PRIMERA PARTE

LOS PUNTOS ESENCIALES DE LA INTENCIÓN

Junto al río se yergue el árbol sagrado de la vida.
Allí mora mi padre, y en él está mi hogar.
El padre celestial y yo somos uno.

Evangelio esenio de la paz

1

La intención desde una nueva perspectiva

> Hay en el universo una fuerza inconmensurable, in-
> descriptible, que los chamanes llaman «propósito»,
> y absolutamente todo lo que existe en el cosmos
> está ligado al propósito por un vínculo de conexión.
>
> CARLOS CASTANEDA

Durante los últimos años me he sentido atraído de tal manera por el estudio de la intención que he leído centenares de libros de psicólogos, sociólogos y escritores espirituales, de eruditos antiguos y actuales, de investigadores. En mi investigación desarrollo una definición bastante corriente de la intención, en el sentido de un firme propósito u objetivo unido a la decisión de alcanzar el resultado deseado. Se caracteriza a las personas impulsadas por la intención por una fuerza de voluntad que no permite que nada se interponga en la consecución de su deseo íntimo. Yo me imagino una decisión o determinación inquebrantables. Si eres una de esas personas con la actitud de «nunca me voy a rendir» y además con una visión interna que te empuja a hacer tus sueños realidad, encajas en la descripción de la persona con intención. Lo más probable es que seas un supertriunfador, y también que te sientas orgulloso de tu capacidad para reconocer y aprovecharte de las oportunidades que se te presentan.

Yo he mantenido una creencia semejante sobre la intención durante muchos años. Aún más; he escrito muchas cosas y hablado muchas veces sobre la fuerza de la intención, tal y como he dicho anteriormente. Sin embargo, durante los últimos veinticinco años he notado un cambio en mi pensamiento, que ha pasado de lo puramente psicológico o de desarrollo personal a una orientación espiritual, en la que existen verdaderas posibilidades de curación, de obrar milagros, de manifestar y establecer contacto con la inteligencia divina.

No se trata de un esfuerzo deliberado por librarme de mi pasado académico y profesional, sino de una evolución natural que se ha desarrollado al tiempo que empezaba a tomar contacto consciente con el Espíritu. Mis escritos hacen hincapié en la convicción de que podemos encontrar soluciones espirituales a los problemas viviendo en niveles superiores y recurriendo a energías más rápidas. Mentalmente, la intención es un concepto mucho más amplio que la decisión del ego o la voluntad individual. Es casi justo lo contrario. Quizá se deba a que me he despojado de muchos niveles del ego en mi propia vida, pero también noto la fuerte influencia de dos frases que leí en un libro de Carlos Castaneda. En mi vida de escritor, me topo con frecuencia con algo en un libro que provoca la germinación de un pensamiento que al final me impulsa a escribir otro libro. El caso es que leí esas dos frases en el último libro de Castaneda, *El lado activo del infinito,** mientras esperaba una intervención quirúrgica para abrir una arteria obstruida que me había provocado un ataque cardíaco no demasiado grave.

Las palabras de Castaneda eran las siguientes: «El propósito es una fuerza que existe en el universo. Cuando los hechiceros

* Trad. cast., Ediciones B, Barcelona, 1999.

(los que viven de la Fuente) llaman al propósito, él acude y señala el camino de la realización, lo que significa que los hechiceros siempre consiguen lo que se proponen».

Al leer esas frases me quedé estupefacto por la claridad que me aportaban sobre la fuerza de la intención. ¡La intención no es algo que la persona hace, sino una fuerza que existe en el universo como campo de energía invisible! Nunca había pensado en la intención en esos términos hasta leer las palabras de Castaneda.

Anoté esas frases, y después me las imprimieron en una tarjeta plastificada. Me llevé la tarjeta a la sala en la que me iba a someter a la pequeña intervención quirúrgica, y en cuanto pude empecé a hablar sobre la fuerza de la intención a quien estuviera dispuesto a hacerme caso. La intención pasó a formar parte de todas mis conversaciones. Me sumergí en esta idea, no solo para mi propia curación, sino para ayudar a otros a utilizar la fuerza de la intención para llevarlos hasta donde estaban completamente equipados para ir. Había experimentado el *satori*, o despertar instantáneo, y estaba empeñado en transmitir esa idea a los demás. Veía claramente que tener acceso a la energía de la intención aliviaba gran parte de la tarea, en apariencia imposible, de luchar por cumplir los deseos con la simple fuerza de voluntad.

Desde aquel momento decisivo pienso en la fuerza de la intención prácticamente durante todo el tiempo que permanezco despierto, y los libros, los artículos, las conversaciones, las llamadas telefónicas, lo que me llega al buzón de correos y cualquier obra que busque en una librería parecen contribuir a mantenerme en ese camino. Y este es el resultado: *El poder de la intención*. Espero que este libro te ayude a pensar en la intención de una forma distinta y a emplearla de modo que llegues a definirte como proponía Patanjali hace más de veinte siglos: «Se abren a la vida las fuerzas, las facultades y las posibilidades durmientes, y descubres que eres una persona mucho mejor de lo que jamás te habías considerado».

Esas dos palabras de Patanjali, «fuerzas durmientes», me dieron el impulso para escribir sobre la intención. Patanjali se refería a las fuerzas que parecen inexistentes o muertas, y también se refería a la poderosa energía que siente una persona cuando está inspirada. Si te has sentido alguna vez inspirado por un objetivo o una llamada, conocerás la sensación del Espíritu actuando sobre ti. *Inspirado* equivale a *animado interiormente*. He pensado mucho sobre la idea de poder acceder a las fuerzas en apariencia durmientes con el fin de que me ayudaran en momentos clave de mi vida a hacer realidad un ardiente deseo íntimo. ¿En qué consisten esas fuerzas? ¿Dónde están situadas? ¿Quién puede emplearlas? ¿A quién se le niega el acceso a ellas? ¿Y por qué? Estas preguntas me han impulsado a investigar y a escribir este libro, después de lo cual he llegado a un perspectiva completamente nueva de la intención.

En estos momentos, mientras escribo sobre mi entusiasmo al comprender una verdad largo tiempo oscurecida, sé que la intención es una fuerza que todos llevamos en nuestro interior. La intención es un campo de energía que fluye de una forma invisible, fuera del alcance de nuestros hábitos normales, cotidianos. Está ahí aun antes de que seamos concebidos. Tenemos los medios de atraer esa energía y experimentar la vida de una forma fascinante, nueva.

¿DÓNDE SE ENCUENTRA ESE CAMPO LLAMADO «INTENCIÓN»?

Algunos destacados investigadores creen que nuestra inteligencia, creatividad e imaginación interactúan con el campo de energía de la intención, no que sean pensamientos o elementos de nuestro cerebro. El genial científico David Bohm apunta en *Wholeness and the Implicate Order* [*La totalidad y el orden implicado*] que toda la fuerza y la información ordenadora están presentes en un terreno invisible o realidad superior y que se puede acudir a ellas en momentos de necesidad. He encontrado miles de ejemplos de esta clase de conclusiones en mis investigaciones y lecturas. Si al lector le atraen las pruebas científicas, le recomiendo la lectura de *The Field: The Quest for the Secret Force of the Universe* [*El campo: búsqueda de la fuerza secreta del universo*], de Lynne McTaggart. Su libro presenta numerosos estudios que corroboran la existencia de una dimensión de energía más alta y más rápida o campo de la intención al que cualquiera puede conectarse.

La respuesta a dónde está ese campo es la siguiente: no existe ningún lugar en el que no esté, porque en el universo todo lleva una intención intrínseca. Esto se aplica a todas las formas de vida, ya sea un ñu, un rosal o una montaña. Un mosquito tiene un propósito intrínseco en su propia creación y su experiencia vital. Una bellota, que aparentemente no tiene capacidad para pensar ni hacer planes de futuro, contiene la intención del campo invisible. Si abres la bellota, no verás un enorme alcornoque, pero sabrás que está ahí. Una flor de manzano en primavera parece simplemente una florecita preciosa, pero tiene un propósito intrínseco y en verano se manifestará como una manzana. La intención no yerra. La bellota no se transformará en calabaza, ni la flor del manzano en una naranja. Todo aspecto de la naturaleza, sin excepción, tiene una intención intrínseca y, que nosotros sepamos, nada en la naturaleza cuestiona el camino que ha de seguir para hacerla realidad. La naturaleza se limita a desarrollarse armónicamente a partir del campo de la intención. La energía de este campo también dispuso esa intención en nosotros.

Existe lo que algunos llaman el *tirón del futuro* del ADN, presente en la concepción de todo ser humano. En el momento de la concepción, cuando una gota infinitesimal de protoplasma humano se combina con un óvulo, comienza la vida en su forma física, y la intención dirige el proceso de crecimiento. La estructu-

ra del cuerpo, los rasgos físicos, el desarrollo, incluyendo el envejecimiento, ya están dispuestos en el momento mismo de la concepción. La piel flácida, las arrugas, incluso la muerte: todo está
incluido allí. Pero ¿qué ocurre exactamente en el momento de la
concepción? ¿Dónde empieza esa vida, nacida de la intención?

Al examinar la danza de la semilla y el óvulo para intentar
descubrir su origen, retrocediendo hacia la Creación, al principio
encontramos moléculas, después átomos, electrones, partículas
atómicas y partículas sub subatómicas. En última instancia, si
pusiéramos esas minúsculas partículas subatómicas cuánticas en
un acelerador de partículas y las hiciéramos colisionar para intentar dar con la clave del origen de la vida, descubriríamos lo
que ya habían descubierto Einstein y sus colegas: que no existe
una partícula en la Fuente; las partículas no crean más partículas.
La Fuente, que es intención, es energía pura, ilimitada, con unas
vibraciones tan rápidas que desafían toda medición y observación. Es invisible, sin forma ni límites. De modo que, en nuestra
Fuente, somos energía amorfa, y en ese campo espiritual de la
energía, informe y vibrante, reside la intención. En tono más de-
senfadado, sé que está ahí, puesto que de alguna forma logró entrar en una gota de esperma y un óvulo y determinar que no me
seguirá creciendo el pelo de la cabeza después de los veinticinco
años... y que a los cincuenta me crecerá en la nariz y las orejas, y
que lo único que yo (el observador) puedo hacer es verlo y qui-
tármelo.

El campo de la intención no se puede describir con palabras,
porque las palabras emanan de ese campo, al igual que las preguntas. Ese lugar que no ocupa lugar es la intención, que es lo
que decide todo por nosotros. Es lo que hace que me crezcan las
uñas, que lata mi corazón, que digiera los alimentos, que escriba
mis libros, y hace otro tanto para todo y todos en el universo.
Y eso me recuerda un antiguo relato chino de Chuang Tzu, que
me encanta:

Érase una vez un dragón cojo llamado Hui.

—¿Cómo demonios controlas tantas patas? —le preguntó a un ciempiés—, ¡si yo casi no controlo una!

—Pues la verdad es que no controlo las mías.

Existe un campo, invisible y amorfo, que lo controla todo. La intención de este universo se manifiesta en tropecientas mil formas en el mundo físico, y cada parte de todos nosotros, incluyendo el alma, los pensamientos, las emociones y, por supuesto, el cuerpo físico que ocupamos, forman parte de esa intención. Entonces, si la intención lo determina todo en el universo y es omnipresente, es decir, que no hay sitio donde no esté, ¿por qué tantos de nosotros nos sentimos desconectados de ella, y con tanta frecuencia? Y algo aún más importante, si la intención lo determina todo, ¿por qué nos falta a tantos de nosotros tanto de lo que nos gustaría tener?

EL SIGNIFICADO DE LA INTENCIÓN OMNIPRESENTE

Imagínate una fuerza que está en todas partes. No hay sitio alguno en el que no esté. No se puede dividir y está presente en todo cuanto ves y tocas. Extiende tu consciencia de este campo infinito de energía hasta más allá del mundo de la forma y los límites. Esta infinita fuerza invisible está en todos lados, tanto en lo físico como en lo no físico. Tu cuerpo físico forma parte de la totalidad que emana de esa energía. En el momento de la concepción, la intención pone en marcha la forma física que adoptarás y el desarrollo del proceso de crecimiento y de envejecimiento. También pone en marcha los aspectos no físicos, como las emociones, los pensamientos y la forma de ser. En este caso, la intención es el potencial infinito que activa tu aparición física y no física sobre la tierra. De lo omnipresente has pasado a ser presente, en el tiempo y el espacio. Porque es omnipresente, puedes acceder a este campo de la energía de la intención tras tu llegada física a la Tierra. La única manera de desactivar esa fuerza durmiente consiste en convencerte de que estás separado de ella.

Activar la intención significa reintegrarte a tu Fuente y convertirte en un moderno hechicero. Ser hechicero significa alcanzar el nivel de consciencia en el que se pueden conseguir cosas antes inconcebibles. Como explica Carlos Castaneda: «La tarea de los hechiceros consistía en enfrentarse a la infinitud (la intención), y se sumergían en ella a diario, como el pescador se sumerge en el mar». La intención es una fuerza presente en todas partes como campo de energía; no se limita al desarrollo físico. También es el origen del desarrollo no físico. Ese campo de la intención existe aquí y ahora, y puedes acceder a él. Cuando lo actives, empezarás a notar que tu vida tiene un objetivo y te dejarás guiar por tu ser infinito. Así describe un poeta y maestro espiritual lo que yo denomino intención:

> *Oh, Señor, tú que estás en los bancos de arena*
> *y en medio de la corriente también,*
> *ante ti me inclino.*
> *Tú que estás en los guijarros*
> *y la calma extensión del mar;*
> *ante ti me inclino.*
> *Oh, Señor omnipresente,*
> *que estás en la tierra yerma*
> *y entre las multitudes,*
> *ante ti me inclino.*
>
> SUKLA YAJUR, *Veda XVI*

Al tiempo que te inclinas simbólicamente ante esa fuerza, reconoce que te estás inclinando ante ti mismo. La energía omnipresente de la intención late en tu interior hacia tu potencial para una vida con sentido.

Cómo llegaste a experimentar la desconexión con la intención

Si existe una fuerza omnipresente de la intención que no está solo dentro de mí sino en todo y en todos, estamos conectados por esa Fuente omnipresente a todo y a todos, así como a lo que nos gustaría ser, lo que nos gustaría tener, a lo que queremos alcanzar y todo lo que nos ayudará en el universo. Lo único que necesitamos es reajustarnos y activar la intención. Pero, para empezar, ¿cómo nos desconectamos? ¿Cómo perdimos nuestra capacidad natural de conectarnos? Los leones, los peces y las aves no se desconectan. Los mundos animal, vegetal y mineral siempre están conectados a su Fuente. No ponen en entredicho su intención. Los seres humanos, a pesar de nuestra capacidad supuestamente más elevada para las funciones cerebrales, tenemos algo que denominamos el ego, una idea sobre quiénes y qué somos que elaboramos nosotros mismos.

El ego está compuesto de seis elementos primarios que explican cómo sentimos la experiencia de nosotros mismos al estar desconectados. Al permitir que el ego decida el sendero de tu vida, desactivas la fuerza de la intención. A continuación resumo las seis convicciones del ego. En otras obras mías, sobre todo en *Tu yo sagrado,* tengo escritas más cosas sobre este tema.

1. *Soy lo que tengo.* Lo que poseo me define.
2. *Soy lo que hago.* Lo que consigo me define.
3. *Soy lo que los demás piensan de mí.* Mi reputación me define.
4. *Estoy separado de todos los demás.* Mi cuerpo me define como ser único.

5. *Estoy separado de todo lo que me falta en la vida.* Mi espacio vital está desconectado de mis deseos.
6. *Estoy separado de Dios.* Mi vida depende de la evaluación de mis méritos por parte de Dios.

Como, por mucho que se intente, no se puede acceder a la intención a través del ego, dedica tiempo a reconocer y reajustar alguna de estas convicciones, o las seis. Cuando se debilite en tu vida la supremacía del ego, podrás buscar la intención y aumentar al máximo tu potencial.

AGARRARSE A LA CORREA DEL TROLEBÚS

Es una práctica que me resulta extraordinariamente útil cuando quiero activar la intención. Quizá también te funcione a ti. (Véase el capítulo 3, donde se describen diversas formas de acceder a la intención.)

Uno de mis primeros recuerdos es un día en que mi madre llevó a sus tres hijos en el trolebús desde el este de Detroit hasta Waterworks Park. Yo tenía dos o tres años, y recuerdo que al mirar hacia arriba desde el asiento vi unas correas colgando. Los adultos podían agarrarse a ellas, pero lo único que podía hacer yo era imaginar la sensación de ser lo bastante alto como para agarrarme a esas correas tan por encima de mi cabeza. Pensé que era lo suficientemente ligero como para flotar y alcanzar las correas colgantes. Después me imaginé seguro mientras el trolebús me llevaba a donde tenía que llegar, a la velocidad que quisiera, e iba recogiendo a otros pasajeros que compartían aquella maravillosa aventura de ir en trolebús.

En la vida adulta, me imagino la correa del trolebús para recordarme que he de volver a la intención. Imagino una correa colgando a más de un metro por encima de mi cabeza, a una altura

que no puedo alcanzar con la mano. La correa está unida al trolebús, pero ahora este simboliza el flujo de la fuerza de la intención.
La suelto o está fuera de mi alcance temporalmente. En momentos de tensión, angustia, preocupación o incluso de malestar físico, cierro los ojos y me imagino que subo el brazo y me veo flotando hacia la correa. Al aferrarme a ella tengo una tremenda
sensación de alivio y tranquilidad. Lo que he hecho es eliminar
pensamientos del ego y dejarme llevar hasta alcanzar la intención,
confiando en que esa fuerza me llevará a mi destino, deteniéndo-
se cuando sea necesario y recogiendo a los compañeros de viaje.

En algunas obras mías denomino este proceso el «sendero
hacia la maestría». Los cuatro senderos pueden resultarte útiles
como pasos para activar la intención.

Cuatro pasos hacia la intención

Activar la fuerza de la intención es un proceso que consiste en conectar con tu ser natural y deshacerte de la identificación del ego.
El proceso se desarrolla en cuatro etapas:

1. *La disciplina* es la primera etapa. Aprender una nueva tarea requiere entrenar el cuerpo para que actúe como lo desean
tus pensamientos. Por eso, eliminar la identificación del ego no
significa desconectarte de la relación con tu cuerpo, sino entre-
narlo para activar esos deseos. Se consigue con práctica, ejercicio, hábitos saludables, comida sana, etcétera.

2. *La sabiduría* es la segunda etapa. La sabiduría combinada
con la disciplina fomenta tu capacidad para centrarte y tener paciencia a medida que armonizas tus pensamientos, tu intelecto y
tus sentimientos con el trabajo de tu cuerpo. Cuando mandamos
los niños al colegio les decimos: «Sed disciplinados», «Pensad

con la cabeza», y a eso lo llamamos educación, pero con eso no se alcanza la maestría.

3. *El amor es la tercera etapa.* Tras disciplinar el cuerpo con la sabiduría y estudiar intelectualmente una tarea, este proceso de maestría supone amar lo que haces y hacer lo que amas. En el mundo del comercio, yo lo denomino enamorarse de lo que ofreces y vender tu amor o entusiasmo a potenciales clientes. Cuando se aprende a jugar al tenis, hay que practicar todos los golpes mientras se estudian las estrategias del juego. También supone disfrutar la sensación de golpear la pelota, de estar en la cancha y todo lo demás relacionado con el juego.

4. *La entrega es la cuarta etapa.* Ese es el lugar de la intención. Aquí es donde tu cuerpo y tu mente no llevan la batuta y te aproximas a la intención. «En el universo hay una fuerza inconmensurable, indescriptible, que los chamanes llaman "propósito", y absolutamente todo lo que existe en el cosmos está unido al propósito por un vínculo de conexión.» Así lo describe Carlos Castaneda. Te relajas, te agarras a la correa del trolebús y te dejas llevar por la misma fuerza que transforma las bellotas en árboles, las flores en frutos y unos puntitos microscópicos en seres humanos. Agárrate a esa correa del trolebús y crea tu propio vínculo de conexión. Ese «absolutamente todo en el cosmos» os incluye a ti y a tu ser disciplinado, sabio y amante, y todos tus pensamientos y sentimientos. Cuando te entregas, te iluminas y puedes consultar a tu alma infinita. Entonces puedes acceder a la fuerza de la intención, que te llevará a donde crees que estás destinado a llegar.

Todas estas reflexiones sobre la intención y la entrega quizá te lleven a plantearte dónde tiene cabida el libre albedrío. Quizá llegues a la conclusión de que no existe el libre albedrío o que te transformas en lo que dicte tu programa. Así que examinemos la voluntad y veamos cómo encaja en esta nueva perspectiva de la intención. Y te ruego que mientras lees las dos secciones siguientes mantengas una actitud abierta, incluso si lo que lees está reñido con lo que has creído toda la vida.

La intención y tu libre albedrío son paradójicos

Una paradoja es una exposición aparentemente absurda o contradictoria, aun si está bien fundamentada. No cabe duda de que la intención y el libre albedrío entran en la categoría de las paradojas. Están reñidos con muchas ideas preconcebidas sobre lo que es razonable o posible. ¿Cómo puedes tener libre albedrío mientras la intención da forma a tu cuerpo y a tu potencial? Puedes fusionar esta dicotomía si decides creer en la infinitud de la intención y en tu capacidad para ejercer el libre albedrío. Sabes pensar racionalmente sobre las reglas de la causa y el efecto; pon a trabajar tu intelecto en eso.

Evidentemente, es imposible tener dos infinitos, porque ninguno de los dos sería infinito; cada uno estaría limitado por el otro. El infinito no se puede dividir en dos. En esencia, el infinito es unidad, continuidad, unicidad, como el aire que respiras en tu casa. ¿Dónde acaba el aire de tu cocina y empieza el del salón? ¿Dónde acaba el aire de tu casa y comienza el del exterior? ¿Y el aire que inspiras y espiras? El aire quizá sea lo que más nos ayude a comprender el Espíritu infinito, universal, omnipresente. Debes recorrer con el pensamiento el camino desde la idea de la existencia individual hasta la idea de una unidad del ser universal, y a continuación llegar a la idea de una energía universal. Cuando piensas en una parte de un ser completo en un sitio y otra parte en otro sitio, pierdes la noción de la unidad. Y (manteniendo una actitud abierta, como te rogaba antes), debes comprender lo siguiente: en cualquier momento, todo el Espíritu se concentra en el punto en el que fijas tu atención. Por consiguiente, puedes consolidar toda la energía creativa en un momento dado. Ese es tu libre albedrío en pleno funcionamiento.

Tu mente y tus pensamientos son también los pensamientos de la mente divina. El Espíritu universal está en tus pensamientos y en tu libre albedrío. Cuando trasladas tus pensamientos del Espíritu al ego, parece como si perdieras contacto con la fuerza de la intención. Tu libre albedrío puede avanzar con el Espíritu universal y su despliegue o alejarse de él, hacia el dominio del ego. Al alejarse del Espíritu, la vida parece una lucha. Por ti fluyen energías más lentas, y quizá te sientas desamparado, abatido, perdido. Puedes acudir a tu libre albedrío para unirte de nuevo con las energías más altas, más rápidas. La verdad es que no creamos nada solos; todos somos criaturas con Dios. Nuestro libre albedrío combina y redistribuye lo que ya ha sido creado. ¡Tú eliges! El libre albedrío significa que puedes elegir entre conectarte con el Espíritu o no conectarte.

De modo que la respuesta a las siguientes preguntas: «¿Tengo libre albedrío?» y «¿Actúa en mí la intención como una fuerza universal omnipresente?» es «sí». ¿Eres capaz de vivir con esta paradoja? Si te paras a pensar, vives con la paradoja cada momento de tu existencia. Desde el momento en que eres un cuerpo con principio y fin, con límites, y una definición en el tiempo y el espacio, eres también un ser invisible, amorfo, ilimitado, que piensa y siente. Una máquina con vida propia, por así decirlo. ¿Qué eres? ¿Materia o esencia? ¿Eres físico o metafísico? ¿Forma o espíritu? La respuesta es ambas cosas, aunque parezcan opuestas. ¿Tienes libre albedrío y formas parte del destino de la intención? Sí. Fusiona la dicotomía. Mezcla los opuestos, y vive con ambas creencias. Inicia el proceso de dejar que el Espíritu actúe en ti y vincúlate al campo de la intención.

EN LA INTENCIÓN, EL ESPÍRITU TRABAJARÁ POR TI

Cuando con el libre albedrío decides conscientemente volver a conectarte a la fuerza de la intención, cambias su dirección. Empezarás a reconocer y venerar la unidad del Espíritu y tú como una concentración individual de esa fuerza. Yo repito en silencio la palabra «intención» o «propósito» para que me ayude a librarme del ego y estar centrado en mí mismo. Pienso con frecuencia en estas frases de *La fuerza del silencio,* de Castaneda: «Al haber perdido la esperanza de volver a la fuente de todo, el hombre medio busca consuelo en su egoísmo». Personalmente, intento volver a la fuente de todo día tras día, y me niego a ser el «hombre medio» del que habla Castaneda.

Hace muchos años decidí dejar de beber alcohol. Quería estar sobrio para mejorar mi capacidad de realizar la tarea que parecía quemarme por dentro. Sentía la llamada de enseñar la confianza en uno mismo con mis escritos y mis discursos. Varios maestros me habían dicho que el prerrequisito para la tarea que estaba llamado a realizar era la sobriedad absoluta. En las primeras etapas de este drástico cambio de mi vida me pareció que me ayudaba una fuerza cuando sentía la tentación de volver a la antigua costumbre de tomarme unas cervezas todas las noches. En una ocasión, todavía indeciso, salí a comprar una caja de seis botellas pero se me olvidó el dinero, algo que jamás se me olvida.

Durante los pocos minutos que tardé en regresar a casa a recoger el dinero, volví a evaluar el libre albedrío que me permitiría comprar cerveza y decidí aferrarme a mi intención. Tras las primeras semanas descubrí que empezaba a ocurrir esa clase de acontecimientos con frecuencia. Me dejé orientar por las circunstancias que me alejaban de las situaciones en las que podía sentir la tentación de beber. Una llamada telefónica podía distraerme de una de esas situaciones de tentación, o estallaba una pequeña crisis familiar que me disuadía de un potencial desliz. Hoy, tras dos décadas, veo con claridad que aferrarme con firmeza a esa correa del trolebús que he descrito anteriormente me permite recorrer rápidamente el sendero hasta los destinos invocados hace millones de años por la intención. Y también veo que mi libre albedrío es un paradójico compañero de la fuerza de la intención.

Tener conciencia de la intención como una fuerza a la que volver a conectarme, en lugar de algo que debe conseguir mi ego, ha supuesto un enorme cambio en la obra de mi vida. El simple hecho de tener conciencia de que mis escritos y mis discursos se manifiestan desde el campo de la intención me ha reportado beneficios inconmensurables. No siento sino respeto por la energía creativa cuando me libro de la presunción y de la identificación con el ego. Antes de coger el micrófono, mando el ego al vestíbulo o le digo que tome asiento entre el público. Repito la palabra «propósito» para mis adentros y me parece estar flotando hacia ese campo de la energía de la intención. Me entrego y me dejo llevar, y me encuentro totalmente a gusto; recuerdo pequeños detalles en medio del discurso, jamás pierdo el hilo y experimento un contacto especial con el público. El cansancio se desvanece, desaparece el hambre... ¡e incluso la necesidad de hacer pis! Todo lo necesario para transmitir el mensaje parece accesible, casi sin esfuerzo.

COMBINAR EL LIBRE ALBEDRÍO CON LA INTENCIÓN

En geometría, dos ángulos que coinciden encajan perfectamente. La palabra «coincidencia» no se refiere a la suerte ni los errores, sino a lo que encaja perfectamente. Al combinar el libre albedrío con la intención, armonizas con la mente universal. En lugar de funcionar en tu propia mente fuera de esa fuerza llamada intención, bien puede ocurrir que, mientras lees este libro, intentes que ese objetivo empiece a armonizar con la intención en toda ocasión. Cuando parece que la vida va en tu contra, cuando pasas una racha de mala suerte, cuando aparecen los personajes que no deberían o cuando metes la pata y vuelves a viejas costumbres de autorrechazo, reconoce las señales de que no estás en armonía con la intención. Puedes volver a conectarte y lo harás de una forma que te alinee con tu propósito.

Por ejemplo, cuando escribo me abro a las posibilidades de colaboración del Espíritu universal, de mis pensamientos individuales y del destino para producir un libro útil, lleno de ideas. Pero al volver a examinar cómo dejé el alcohol, quería poner otro ejemplo en este capítulo para explicar cómo colabora la intención con las circunstancias de la vida para producir lo que necesitamos.

Mi hija Sommer, de diecinueve años, me dijo que había dejado su trabajo temporal en un restaurante y que no estaba segura de lo que quería hacer antes de reanudar sus estudios. Le pregunté qué le hacía sentirse más decidida y feliz, y me dijo que enseñar a montar a caballo a niños pequeños, pero que no quería volver a las cuadras en las que había trabajado un año antes porque pensaba que no la valoraban, que trabajaba demasiado y le pagaban poco.

Yo estaba en Maui escribiendo este primer capítulo sobre una nueva perspectiva de la intención cuando mantuvimos esta conversación por teléfono. Le solté mi rollo de la intención como fuerza del universo y le dije que debía reestructurar sus pensamientos y tal y cual. «Ábrete a la posibilidad de recibir la ayuda que deseas —le dije—. Confía en la intención. Existe para ti. Mantente alerta y dispuesta a aceptar cualquier orientación que se te presente. Vibra en armonía con la Fuente omniproveedora.»

Al día siguiente, en el mismo momento en que estaba buscando el otro ejemplo de la intención para incluirlo en este capítulo, sonó el teléfono, y era Sommer, desbordante de entusiasmo. «No te lo vas a creer, papá. O pensándolo bien, sí te lo vas a creer. ¿Te acuerdas de que ayer me dijiste que estuviera abierta a la intención? Yo me sentí escéptica, incluso pensaba: "Ya está papá con sus cosas raras", pero decidí intentarlo. Entonces vi un

anuncio en un poste de teléfonos que decía: "Clases de equita-
ción", con un número de teléfono. Lo apunté y llamé. La señora
que contestó me dijo que quería contratar a alguien de confianza
para entrenar a niños pequeños. Me paga justo el doble de lo que
ganaba en el restaurante. Voy a verla mañana. ¿A que es guay?»

¿Guay? ¡Desde luego que es guay! Allí estaba yo escribiendo
un libro, buscando un buen ejemplo, y se presenta bajo la forma
de ayuda que intentaba ofrecerle a mi hija el día anterior. ¡Maté
dos pájaros de un tiro!

FUSIONAR TUS PENSAMIENTOS INDIVIDUALES CON LA MENTE UNIVERSAL

Nuestros pensamientos individuales crean un prototipo en la
mente universal de la intención. Tú y tu fuerza de intención no estáis separados. Así, cuando formas un pensamiento en tu interior
acorde con el Espíritu, formas un prototipo espiritual que te conecta con la intención y pone en marcha la manifestación de tus
deseos. Los deseos que quieras cumplir son hechos existentes, ya
presentes en el Espíritu. Elimina de tu mente todo pensamiento
de condiciones, limitaciones o la posibilidad de que no se manifiesten. Si lo dejas tranquilo en tu mente y en la mente de la intención al mismo tiempo, germinará en la realidad del mundo físico.

En palabras más sencillas: «Todo lo que pidiereis orando,
creed que lo recibiréis y vendrá» (Marcos, 11, 24). Esta cita bíblica nos dice que creamos que nuestros deseos ya se han cumplido
y se cumplirán. Has de saber que tu pensamiento u oración ya
está aquí. Disipa toda duda para que puedas crear un pensamiento armonioso con la mente o intención universal. Cuando lo
sabes sin que te quepa ninguna duda, se hará realidad en el futuro. Así es la fuerza de la intención en funcionamiento.

Voy a concluir esta sección con unas palabras de Aldous

Huxley, uno de mis escritores preferidos: «El viaje espiritual no consiste en llegar a un nuevo destino en el que una persona obtiene lo que no tenía, o se convierte en lo que no es. Consiste en la disipación de la propia ignorancia sobre el ser y la vida de cada cual, y en el gradual aumento de esa comprensión que inicia el despertar espiritual. Encontrar a Dios es llegar al propio ser».

En este primer capítulo te he pedido que dejes de dudar de la existencia de una fuerza universal y omnipresente que yo denomino «intención», y te he dicho que puedes vincularte a ella y ser transportado hasta tu destino con la energía de la intención. He aquí mis sugerencias para que pongas todo esto en funcionamiento en tu vida.

CINCO CONSEJOS PARA PONER EN PRÁCTICA LAS IDEAS DE ESTE CAPÍTULO

1. *Siempre que te sientas mal, perdido, o incluso de un humor de perros, visualiza la correa del trolebús colgando del campo de la intención a más de un metro por encima de tu cabeza.* Imagina que flotas, asciendes y dejas que el trolebús te lleve hasta tu intención intrínseca. Es una herramienta para poner en práctica la entrega en tu vida.

2. *Repite la palabra* intención *o* propósito *cuando te sientas angustiado o cuando te dé la impresión de que todo lo que te rodea se ha puesto de acuerdo para evitar que cumplas tu misión.* Es un recordatorio de que debes de mantenerte en calma, tranquilo. La intención es espíritu, y el espíritu es silenciosamente gozoso.

3. *Di para tus adentros que tienes una misión que cumplir en la vida y un compañero silencioso accesible en cualquier momento que quieras.* Cuando el ego te define por lo que tienes o lo que haces, o

cuando te compara con los demás, aplica tu capacidad de libre albedrío para eliminar esos pensamientos. Debes decirte: «Estoy aquí a propósito, puedo conseguir cualquier cosa que desee, y lo hago estando en armonía con la omnipresente fuerza creadora del universo». Se convertirá en tu respuesta automática a la vida. Empezarán a producirse resultados sincrónicos.

4. *Actúa como si cualquier cosa que desees ya estuviera aquí.* Convéncete de que cuanto buscas ya lo has recibido, que existe en espíritu, y ten la certeza de que tus deseos se cumplirán. Uno de mis diez secretos para alcanzar el éxito y la paz interior consiste en *tratarte a ti mismo como si ya fueras la persona que te gustaría ser.*

5. *Copia este antiguo dicho del hasidismo y llévalo a todas partes durante un año.* Es un recordatorio de la fuerza de la intención y de cómo puede ayudarte todos los días en todos los sentidos.

> Cuando caminas por el campo con la mente pura y santa, de todas las piedras, de todos los seres que crecen y de todos los animales saltan las chispas de su alma y se adhieren a ti, y entonces se purifican y se convierten en fuego sagrado en ti.

En el siguiente capítulo describo cómo podría presentársete el campo de la intención si fueras capaz de verlo y de ver las siete caras de la intención. Finalizaré el capítulo con otra cita del maestro de Carlos Castaneda, don Juan: «... el espíritu se revela a todos con la misma intensidad y la misma coherencia, pero solo los guerreros están adaptados coherentemente a tales revelaciones».

Lectores y guerreros, avanzad con el espíritu del libre albedrío para acceder a la fuerza de la intención.

2

Las siete caras de la intención

Ni cuatro mil libros de metafísica podrían enseñarnos qué es el alma.

VOLTAIRE

DE PENSAR EN LA INTENCIÓN A CONOCER LA INTENCIÓN

Ayer, mientras escribía este libro aquí, en Maui, experimenté un *saber* que voy a intentar explicar. Una mujer japonesa llegó hasta la orilla arrastrada por el oleaje, su cuerpo hinchado por el agua del mar que había tragado. Me arrodillé ante ella, con otras personas, para tratar de que recuperase el ritmo cardíaco con reanimación cardiopulmonar, mientras sus amigos japoneses gritaban angustiados al ver lo vano de nuestros esfuerzos. De repente noté la calmada consciencia del espíritu de aquella mujer flotando sobre nuestras tentativas por salvarla. Mientras observaba aquella escena en la playa, noté la presencia de una energía sosegada, tranquila, y, sin saber por qué, comprendí que no iba a reanimarse y que ya no estaba conectada al cuerpo que tantas personas bienintencionadas, incluyéndome a mí, estaban intentando devolver a la vida.

Este sosegado *saber* hizo que me levantara, juntara las manos y rezara en silencio una oración por ella. Éramos de distintas partes del mundo y ni siquiera hablábamos el mismo idioma, y sin embargo me sentía conectado a ella. Me sentía en paz, con la certeza de que su espíritu y el mío estaban conectados de algún modo en el misterio de la naturaleza pasajera y efímera de nuestra vida física.

Mientras me alejaba de allí, mis pensamientos no estaban dominados por el dolor de la muerte. Por el contrario, sabía y sentía que la partida del espíritu de aquella mujer, de aquel cuerpo sin vida, hinchado, formaba parte inexplicablemente de un orden divino perfecto. No podía demostrarlo. No tenía pruebas científicas. No lo pensaba; lo sabía. Este es un ejemplo de lo que quiero decir con el *saber silencioso.* Aún noto la presencia de esa mujer mientras escribo esto, al cabo de veinticuatro horas. En *La fuerza del silencio*, Carlos Castaneda describe el saber silencioso como «algo que tenemos todos, algo que posee absoluto dominio, absoluto conocimiento de todo. Pero no puede pensar, y por consiguiente no puede hablar de lo que sabe... El hombre ha renunciado al saber silencioso en favor del mundo de la razón. Cuanto más se aferra al mundo de la razón, más efímero es el propósito».

Como la intención se presenta en este libro como un campo de energía invisible inherente a toda forma física, pertenece, por lo tanto, al mundo inexplicable, inmaterial, del Espíritu. El Espíritu escapa a nuestros esfuerzos por explicarlo y definirlo, porque es una dimensión ajena a principios y fines, ajena a los límites, ajena a los símbolos y ajena a la forma misma. Por consiguiente, las palabras habladas y escritas, los símbolos para comunicar nuestras experiencias en este mundo, no pueden explicar realmente el Espíritu como explican el mundo físico.

Estoy de acuerdo con la frase de Voltaire del principio de este capítulo y estoy dispuesto a reconocer que no puedo enseñarle con autoridad a nadie qué es el espíritu ni trazar con palabras un cuadro preciso de cómo es. Lo que sí puedo hacer es describir mi forma de conceptualizar la intención... si fuera posible descorrer el velo que oculta el campo de la intención a la percepción sensorial y la mente racional. Expondré mi concepto de lo que denomino «las siete caras de la intención». Estos puntos representan cómo me imagino yo el aspecto de la fuerza de la intención.

Creo que la intención es algo que podemos sentir y conocer, que podemos conectarnos con ella y confiar en ella. Es una conciencia interior que notamos explícitamente, pero que al mismo tiempo no podemos describir con palabras. Empleo este concepto para orientarme en el camino hacia la fuerza de la intención que es la fuente de la creación y para activarla en mi vida cotidiana. Espero que también tú empieces a reconocer lo que necesitas personalmente para empezar a activar la intención en tu vida.

Las siguientes descripciones salen de mi experiencia con maestros, mi trabajo profesional con otras personas durante los últimos treinta años, de toda una biblioteca de metafísica que he leído y estudiado y de mi evolución personal. Voy a intentar transmitir mi saber personal sobre los extraordinarios beneficios que reporta vincularse a la intención. Confío en que te inspire el saber silencioso de la fuerza de la intención y que sigas creando una experiencia cada día más mágica, para ti y para cuantas personas haya en tu vida.

El saber silencioso comienza cuando invitas a la fuerza de la intención a representar un papel activo en tu vida. Se trata de una elección privada y muy personal que no hay que explicar ni defender. Cuando tomas esta decisión íntima, el saber pasará gradualmente a formar parte de tu conciencia normal, cotidiana. Al abrirte a la fuerza de la intención empiezas a saber, a conocer que la concepción, el nacimiento y la muerte son aspectos naturales del campo de energía de la creación. Es inútil intentar pensar o razonar una forma de llegar a la intención. Si destierras tus dudas y confías en tus intuiciones, dejarás espacio para que fluya la fuerza de la intención. Puede parecer un galimatías, pero yo prefiero considerarlo de otra manera: vaciar la mente y penetrar en el misterio. En este sentido, dejo a un lado los pensamientos racionales y me abro a la magia y la excitación de una conciencia nueva, iluminadora.

J. Krishnamurti, uno de los grandes maestros que me han influido, comentó en una ocasión: «Estar vacío, completamente vacío, no es nada a lo que hayas de temer. Es absolutamente imprescindible que la mente esté desocupada, que no se le imponga nada, que esté vacía, porque solo entonces puede trasladarse a profundidades desconocidas».

Deja este libro unos momentos y empieza a confiar y a experimentar tranquilamente la conciencia de tu ser no físico; déjate llevar. En primer lugar, cierra los ojos y vacía tu mente de pensamientos racionales, aleja ese guirigay que te ronda. A continuación, pulsa la tecla de borrar cada vez que te surja la duda. Por último, ábrete al vacío. Entonces empezarás a descubrir cómo conocer silenciosamente la fuerza de la intención. (En el siguiente capítulo profundizaré en otros métodos para acceder a la intención y volver a conectarse a ella.)

Pero a continuación voy a describir lo que creo que podría mos ver si saliéramos de nosotros mismos, si flotáramos por encima de nuestro cuerpo, como el espíritu de la señora japonesa de la playa. Desde esa perspectiva me imagino mirando las caras de la intención con ojos capaces de ver vibraciones más altas.

LAS SIETE CARAS DE LA INTENCIÓN

1. *La cara de la creatividad.* La primera de las siete caras de la intención es la expresión creativa de la fuerza de la intención que nos proyectó, nos trajo aquí y creó un entorno compatible con nuestras necesidades. La fuerza de la intención tiene que ser creativa, porque en otro caso nada nacería. A mí me parece una ver-

dad irrefutable sobre el espíritu/intención, porque su propósito consiste en dar la vida en un entorno adecuado. ¿Por qué he llegado a la conclusión de que la fuerza de la intención, que da la vida, dispone que tengamos vida y que la tengamos con una abundancia creciente? Porque, si fuera al contrario, no podría adquirir forma la vida tal y como la conocemos.

El hecho mismo de que podamos respirar y experimentar la vida, para mí es prueba suficiente de que la naturaleza del Espíritu que da la vida es creativo en su núcleo mismo. Puede parecer evidente, o por el contrario, confuso o incluso irrelevante. Pero hay una cosa clara: que estás aquí en tu cuerpo físico, y que en su momento eras un embrión, y antes una semilla, y antes de eso, energía amorfa. Esa energía amorfa contenía la intención, que te trajo de ninguna parte a aquí y ahora. En los niveles más elevados de la conciencia, la intención te inició en el sendero hacia tu destino. La cara de la creatividad te dispone hacia una continua creatividad para que crees y contribuyas a crear cualquier cosa sobre la que dirijas tu fuerza de la intención. La energía creativa forma parte de ti; se origina en el Espíritu dador de vida que te *dispone*.

2. *La cara de la bondad.* Cualquier fuerza a cuya naturaleza sea inherente la necesidad de crear y convertir la energía en una forma física ha de ser bondadosa. También en esta ocasión lo deduzco de lo contrario. Si en el corazón mismo de la fuerza de la intención, que todo lo da, se albergara el deseo de no ser bondadosa, de ser malévola o perjudicial, la creación resultaría imposible. En el momento en que una energía no bondadosa adquiriese forma, se destruiría el Espíritu que da la vida. Pero la fuerza de la intención tiene una cara bondadosa. Es energía bondadosa con la intención de que lo que está creando florezca y crezca, y que sea feliz y plena. Decidir ser bondadoso es decidir activar en tu vida la fuerza de la intención.

Diversas investigaciones han demostrado el efecto positivo de la bondad sobre el sistema inmunológico y el aumento de la producción de serotonina en el cerebro. La serotonina es una sustancia que se produce de forma natural en el cuerpo y que nos hace sentir más tranquilos, cómodos e incluso felices. En realidad, la función de la mayoría de los antidepresivos consiste en estimular la producción química de serotonina para ayudar a aliviar la depresión. Las investigaciones han demostrado que un simple acto de bondad hacia otra persona mejora el funcionamiento del sistema inmunológico y estimula la producción de serotonina en quien recibe y en quien realiza ese acto bondadoso. Aún más sorprendente es que las personas que son testigos de ese acto obtengan parecidos beneficios. Imagínate lo que supone: que prodigar, recibir o ser testigo de la bondad influyen beneficiosamente en la salud y los sentimientos de quienes participan en ese acto, con el rostro sonriente de la bondad y de la creatividad.

Cuando no eres bondadoso, tapas la cara de la bondad y te apartas de la fuerza de la intención. Ya la llames Dios, Espíritu, Fuente o intención, ten presente que los pensamientos no bondadosos debilitan tu conexión y que los pensamientos bondadosos la fortalecen. La creatividad y la bondad son dos de las siete caras de la intención.

3. *La cara del amor.* La tercera de las siete caras de la intención es la del amor. Hemos de llegar a la irrefutable conclusión de que existe una naturaleza que otorga la vida inherente a la fuerza de la intención. ¿Cómo llamar a esta cualidad que fomenta, amplía y apoya toda la vida sino amor? Es la fuerza impulsora primordial del Espíritu universal de la intención. Como lo expresó Ralph Waldo Emerson: «El amor es la palabra más elevada y sinónimo de Dios».

El campo energético de la intención es puro amor que desemboca en un entorno vigorizante y de absoluta cooperación.

En él no se desarrollan la censura, el odio, la ira, el temor ni los prejuicios. Por eso, si fuéramos capaces de ver realmente ese campo, veríamos creatividad y bondad en un campo infinito de amor. Entramos en el mundo físico de los límites y los comienzos a través del campo de fuerza universal del puro amor. Esta cara de la intención que es una expresión de amor solo desea que crezcamos y prosperemos, que nos convirtamos en todo lo que somos capaces de convertirnos. Cuando no nos encontramos en armonía con la energía del amor nos alejamos de la intención y se debilita nuestra capacidad para activarla mediante la expresión del amor. Por ejemplo, si no haces lo que amas ni amas lo que haces, tu fuerza de intención se debilita y atraes a tu vida más insatisfacción, algo que no forma parte de la cara del amor. En consecuencia, en tu vida aparecerán más elementos que no amas.

Pensamientos y emociones son pura energía, unas más altas y rápidas que otras. Cuando las energías más altas ocupan el mismo campo que las más bajas, estas últimas se transforman en energías más altas. Un ejemplo sencillo consistiría en una habitación oscura que tiene una energía más baja que una habitación inundada de luz. Como la luz se mueve con mayor rapidez que la no luz, cuando se enciende una vela en una habitación oscura no solo desaparece y se disuelve la oscuridad, sino que parece transformarse en luz como por arte de magia. Lo mismo se puede decir del amor, que es una energía más alta y más rápida que el odio.

En su conocida oración, san Francisco implora a Dios: «Donde existe el odio, deja que siembre el amor». Lo que está buscando es la fuerza para disolver el odio y convertirlo en la energía del amor. El odio se convierte en amor cuando la energía del amor está en su presencia. Lo mismo puede decirse de todos nosotros. El odio, dirigido hacia ti mismo o hacia otros, puede convertirse en la fuerza de la intención que concede y garantiza la vida. Así lo expresaba Pierre Teilhard de Chardin: «La conclusión es siempre la misma: el amor es la energía más poderosa del mundo, y también la más desconocida».

4. *La cara de la belleza.* La cuarta cara de la intención que yo propongo es la belleza. ¿Qué otra cosa podría ser una expresión creativa, bondadosa y amante sino bella? ¿Por qué iba a decidir la inteligencia organizadora de la intención manifestarse de una forma que le repugnara? Por supuesto, no lo hace. De modo que podemos llegar a la conclusión de que la naturaleza de la intención tiene una interacción eterna de amor y belleza, y añade la expresión de la belleza a la cara de la fuerza de la intención creativa, bondadosa y amante.

El genial poeta romántico John Keats concluye así su «Oda a una urna griega»: «La belleza es verdad, la verdad belleza. Es cuanto sabéis en la tierra, y cuanto necesitáis saber». Evidentemente, la verdad existe en la creación de todo. Es la verdad que se muestra aquí bajo cierta forma. Está aquí bajo una forma que es expresión del invisible poder creador. Por eso coincido con Keats en que tenemos que *saber silenciosamente* que la verdad y la belleza son una y la misma cosa. De la verdad del espíritu creador en una expresión de la fuerza de la intención surge la verdad como belleza. Este *saber* lleva a ideas valiosas para ejercitar la voluntad, la imaginación y la intuición individuales.

Para comprender la importancia de la belleza como una de las caras de la intención, hay que recordar lo siguiente: *los pensamientos bellos construyen un alma bella*. Al hacerte receptivo a ver y sentir la belleza que te rodea, sintonizas con la fuerza creadora de la intención que existe en el interior de todo el mundo natural, en el que tú estás incluido. Al decidir ver belleza en todo, incluso una persona nacida en la pobreza y la ignorancia podrá experimentar la fuerza de la intención. Al buscar la belleza en las peores circunstancias posibles con un propósito individual nos conectamos con la fuerza de la intención. Y funciona. Tiene que funcionar. La cara de la belleza siempre está presente, incluso donde los demás no ven belleza.

Me sentí muy honrado de participar en un debate con Viktor Frankl en 1978, en Viena. Recuerdo con toda claridad que compartió conmigo y con el público su idea de que es la capacidad de ver la belleza en todas las circunstancias lo que da significado a la vida. En su libro *El hombre en busca de sentido** describe el cuenco de agua sucia con una cabeza de pescado flotando que le daban sus carceleros nazis en un campo de concentración durante la Segunda Guerra Mundial. Se acostumbró a ver belleza en esa comida, en lugar de centrarse en el horror que le producía. Consideraba su capacidad para ver belleza en todas partes un factor vital para sobrevivir en aquellos campos espeluznantes. Viene a recordarnos que si nos centramos en lo feo, atraemos más fealdad a nuestros pensamientos, a nuestras emociones y en última instancia a nuestra vida. Al decidir aferrarnos a nuestra pequeña parcela de libertad incluso en las peores situaciones podemos procesar nuestro mundo con la energía del reconocimiento y la belleza, y crear la oportunidad de trascender nuestras circunstancias.

Me encanta la respuesta de la madre Teresa de Calcuta cuando le preguntaron sobre esta cualidad: «¿Qué hace todos los días en las calles de Calcuta para cumplir su misión?». Ella contestó: «Todos los días veo a Jesucristo con todos sus angustiosos disfraces».

5. *La cara de la expansión.* La naturaleza elemental de la vida consiste en encontrar continuamente más expresión. Si pudiéramos fijarnos de verdad en las caras de la intención, nos quedaríamos pasmados. Supongo que una de las caras que veríamos sería la expresión en continua expansión de la fuerza de la intención. La naturaleza de este espíritu creativo funciona continuamente

* Trad. cast., Herder, Barcelona, 2001.

con el fin de expandirse. El espíritu es una fuerza de formación. Posee el principio del incremento, es decir, que la vida sigue expandiéndose para originar más vida. La vida tal y como la conocemos tiene su origen en la intención amorfa. Por consiguiente, uno de los rostros de la intención es el de algo en eterna evolución. Puede parecer una minúscula partícula en un estado de continua repetición y después de ampliación, que a continuación avanza, siempre expandiéndose y mostrándose.

Eso es precisamente lo que ocurre en nuestro mundo físico. Esta quinta cara de la intención adquiere la forma de lo que la expresa. No puede ser de otra manera, porque, si su fuerza, que no deja de expandirse, no se gustara a sí misma o se sintiera desconectada, solo podría autodestruirse. Pero no funciona así. La fuerza de la intención se manifiesta como expresión de la creatividad, la bondad, la belleza y el amor en expansión. Al establecer tu relación personal con esta cara de la intención expandes tu vida por mediación de la fuerza de la intención, que era, es y siempre será un elemento de esta intención creadora. La fuerza de la intención es la que te permite expandir y aumentar todos los aspectos de tu vida, sin excepciones. Está en la naturaleza misma de la intención el estado de expresión continua y aumentada, y lo mismo puede aplicarse a todos nosotros.

La única condición para este movimiento hacia delante consiste en colaborar con él en todas partes y dejar que ese espíritu se exprese a través de ti, por ti y por cuantas personas te encuentres. Entonces dejarás de sentir angustia y preocupación. Confía en la cara de la expansión y haz lo que haces porque amas lo que haces y haces lo que amas. Has de saber que esos resultados expansivos y beneficiosos son las únicas posibilidades.

6. *La cara de la abundancia ilimitada.* La sexta cara de la intención es la expresión de algo que no conoce límites, que está en todas partes al mismo tiempo y es infinitamente abundante. No

se trata solo de que sea enorme, sino de que no cesa jamás. Tú fuiste creado con este prodigioso don. Por eso tú también lo compartes en la expresión de tu vida. Estás cumpliendo la ley de la abundancia. Estos dones se te conceden libremente y a manos llenas, como se te proporcionan el aire, el sol, el agua y la atmósfera con una abundancia ilimitada.

Probablemente te enseñaron en la infancia a pensar con limitaciones. «Lo mío empieza aquí. Lo tuyo está ahí.» Así construimos barreras para señalar nuestras fronteras. Pero los exploradores de la Antigüedad nos hicieron tomar conciencia de que el mundo es potencialmente infinito. Incluso los astrónomos más antiguos cambiaron la idea de un inmenso techo en forma de bóveda que cubría la Tierra. Conocemos la existencia de galaxias cuya distancia se mide en años luz. Los libros científicos publicados hace solo dos años ya se han quedado anticuados. Las marcas de los deportistas que supuestamente demostraron los límites de nuestras proezas físicas se superan cada dos por tres.

Lo que significa esto es que no existen límites para nuestro potencial como personas, como entidades colectivas y como individuos. En gran medida es así porque emanamos de la abundancia ilimitada de la intención. Si la cara de la fuerza de la intención es una abundancia ilimitada, sabemos que lo mismo ocurre con nuestro potencial para manifestar y atraer cualquier cosa a nuestra vida. La cara de la abundancia no tiene límite alguno. Imagínate la inmensidad de los recursos a partir de los cuales son creados todos los objetos. Después reflexiona sobre el recurso que destaca por encima de todos los demás: tu mente y la mente colectiva de la humanidad. ¿Dónde empieza y dónde termina tu mente? ¿Cuáles son sus límites? ¿Dónde está situada? Y más importante aún, ¿dónde no está situada? ¿Nace contigo o existe antes de que seas concebido? ¿Muere contigo? ¿De qué color es? ¿Qué forma tiene? Todas las respuestas están contenidas en dos palabras: abundancia ilimitada. Tú fuiste creado por esa ilimitada abundancia.

La fuerza de la intención está en todas partes, y es la que permite que todo se manifieste, aumente y provea infinitamente.

Has de saber que estás conectado con esa fuerza vital y que la compartes con todos y con todo lo que, según percibes, te falta. Ábrete a la expresión de la cara de la abundancia ilimitada y así contribuirás a crear tu vida como te gustaría que fuera. Como ocurre tantas veces, los poetas son capaces de expresar con unas cuantas palabras lo que a nosotros nos resulta tan difícil comprender. He aquí lo que nos dice Walt Whitman en «Canto a mí mismo». Al leer este poema, sustituye *Dios* por *la cara de la abundancia infinita* para hacerte una idea de lo que es la fuerza de la intención.

> *Oigo y contemplo a Dios en todo objeto, mas*
> *a Dios no comprendo...*
> *Veo algo de Dios cada hora de las veinticuatro*
> *y a cada momento, en fin,*
> *en las caras de hombres y mujeres veo a Dios,*
> *y en mi cara ante el espejo.*
> *Encuentro cartas de Dios en la calle,*
> *todas con la firma de Dios,*
> *y las dejo donde están tiradas, pues sé*
> *que allí a donde vaya*
> *llegarán otras puntual y eternamente.*

No hay que comprenderlo intelectualmente. Basta con *saber silenciosamente* y continuar viviendo con la conciencia de esta cara de la abundancia interminable.

7. *La cara de la receptividad.* Así imagino yo la séptima cara, la cara receptiva de la intención. Sencillamente, es receptiva a todo. No rechaza ni a nadie ni nada. Acoge a todos y a todo ser viviente, sin enjuiciar nada, sin conceder la fuerza de la intención a algunos mientras que se la niega a otros. Para mí, la cara recep-

tiva de la intención significa que la naturaleza entera está a la espera de entrar en acción. Solo se necesita estar dispuestos a reconocer y recibir. La intención no puede responderte si tú no logras reconocerla. Si ves que la casualidad y la coincidencia rigen tu vida, la mente universal de la intención no te parecerá sino una amalgama de fuerzas carentes de orden y poder.

En términos más sencillos, no ser receptivo significa negarte a ti mismo el acceso a la fuerza de la intención. Para utilizar la receptividad global de la intención has de producir en tu interior una inteligencia que iguale en afinidad a la mente universal. No solo debes ser receptivo a la orientación que se te ofrece para manifestar tus intenciones humanas, sino ser receptivo a devolver esa energía al mundo. Como he dicho tantas veces en mis discursos y en mis libros anteriores, tu tarea no consiste en decir *cómo* sino en decir *sí*: «Sí, estoy dispuesto. Sí, sé que la fuerza de la intención es universal. No se le niega a nadie».

El rostro de la receptividad me sonríe, ya que lo que necesito fluye desde la Fuente hasta mí, y la Fuente es receptiva a que me conecte a ella para contribuir a crear libros, discursos, vídeos, audios y todas las demás cosas que he tenido la suerte de añadir a mi currículum. Al ser receptivo estoy en armonía con la fuerza de la intención, de la fuerza creativa universal, algo que funciona de muy diversas maneras. Verás que en tu vida aparecen como por arte de magia las personas adecuadas, que tu cuerpo se cura, y, si es algo que deseas, incluso descubrirás que bailas mejor, que juegas mejor a las cartas o que se te dan mejor los deportes. El campo de la intención permite que todo adquiera forma y su potencial ilimitado se incorpora a cuanto se ha manifestado incluso antes de que se expresaran los primeros dolores del parto.

En este capítulo he hablado de mi concepto de las siete caras de la intención. Son la creatividad, la bondad, el amor, la belleza, la expansión, la abundancia infinita y la receptividad hacia todo, y todos podemos conectarnos con este seductor campo de la intención. A continuación presento cinco sugerencias para poner en práctica los mensajes esenciales de este capítulo.

CINCO CONSEJOS PARA PONER EN PRÁCTICA LAS IDEAS DE ESTE CAPÍTULO

1. *Visualiza la fuerza de la intención.* Invita a tu visualización del campo de la energía, que es la fuerza de la intención, a que aparezca en tu mente. Sé receptivo a lo que aparece mientras visualizas tu concepto de este campo de energía. Aun sabiendo que es invisible, cierra los ojos y ve las imágenes que recibes. Recita las siete palabras que representan las siete caras de la intención: creatividad, bondad, amor, belleza, expansión, abundancia y receptividad. Memoriza esas siete palabras y sírvete de ellas para armonizar con la fuerza de la intención mientras la visualizas. Recuerda que cuando te sientes o te comportas en contradicción con las siete caras de la intención te desconectas de la fuerza de la intención. Deja que las siete palabras decoren tu visualización de la fuerza de la intención y notarás un cambio de perspectiva en cuanto recuperes la conexión con ella.

2. *Refleja.* Un espejo refleja sin distorsiones ni enjuiciamientos. Imagínate como un espejo y refleja lo que llega a tu vida sin juicios de valor ni opiniones. Mantente independiente de cuantos lleguen a tu vida, no exigiendo que se queden, se vayan o aparezcan a tu antojo. Desiste de juzgarte a ti mismo y a los demás por ser demasiado gordo, demasiado alto, demasiado feo... demasiado lo que sea. Si la fuerza de la intención te acepta y te refleja sin juicios ni compromisos, intenta tú ser igual con lo que aparece en tu vida. Sé como un espejo.

3. *Espera la belleza.* Esta sugerencia supone que esperes la llegada a tu vida de la bondad y el amor junto con la belleza amando
profundamente, a ti mismo y lo que te rodea, y mostrando veneración por la vida entera. Siempre hay algo bello que puedes
experimentar, estés donde estés. Mira a tu alrededor en este
mismo momento y elige la belleza como centro, algo que es
completamente distinto de la atención que normalmente pres-
tas a tantas maneras de sentirte herido, enfadado u ofendido.
Esperar la belleza te ayuda a percibir la fuerza de la intención
en tu vida.

4. *Medita sobre la valoración.* Aprecia la energía que compartes con
todos los seres vivos ahora y en el futuro, e incluso con los que
han existido antes que tú. Siente la oleada de esa fuerza vital
que te permite pensar, dormir, moverte, digerir e incluso meditar.
La fuerza de la intención responde a la estima que le demues-
tras. La fuerza vital que existe en tu cuerpo es clave para lo que
deseas. Al estimar tu fuerza vital como representación de la fuerza de la intención te recorre una oleada de decisión y saber. La
sabiduría de tu alma al responder a tu meditación sobre la estima
asume el mando y sabe qué pasos hay que dar.

5. *Disipa la duda.* Cuando se disipa la duda, florece la abundancia
y todo es posible. Todos tendemos a utilizar nuestros pensamientos para crear el mundo que elegimos. Si dudas de tu capacidad para crear la vida que te propones rechazas la fuerza de la
intención. Incluso cuando nada parece indicar que estés logran-
do lo que deseas en tu vida, niégate a albergar dudas. Recuerda que la correa del trolebús de la intención te está esperando
para que flotes y te dejes llevar.

En palabras de Shakespeare: «Las dudas son traidoras y nos
hacen perder el bien que podríamos obtener por el temor a intentarlo». Y Ramana Maharshi observa lo siguiente: «Las dudas
surgen debido a la falta de entrega».

Muy bien podría suceder que decidieras dudar de lo que te dicen los demás o de lo que experimentas con tus sentidos, pero debes disipar las dudas cuando se trata de saber que hay una fuerza universal de la intención que te proyectó y te trajo aquí. No dudes de que fuiste creado de un campo de energía al que siempre tienes acceso.

En el siguiente capítulo expondré unos métodos, que quizá parezcan un tanto insólitos, para perfeccionar el vínculo de conexión entre la persona y ese fascinante campo de energía que llamamos «intención».

3

Conectarse a la intención

> La ley de la flotación no se descubrió contemplando el hundimiento de las cosas, sino la flotación de las cosas que lo hacen de forma natural e indagando inteligentemente en por qué ocurre así.
>
> Thomas Troward

Examinemos esta observación de Thomas Troward, famoso psiquiatra de principios del siglo XX. En los primeros tiempos de la construcción naval, los barcos se hacían de madera, con el argumento de que la madera flota en el agua y el hierro se hunde. Hoy en día, todos los barcos del mundo son de hierro. A medida que fue estudiándose la ley de la flotación se descubrió que cualquier cosa puede flotar siempre y cuando sea más ligera que la masa de líquido que desplaza. Y hoy en día podemos hacer que flote el hierro por la misma ley que hace que se hunda. Ten en cuenta este ejemplo mientras lees y aplicas el contenido de este capítulo sobre la conexión a cuanto fue dispuesto que fueras.

La palabra clave es *contemplar*, es decir, dónde sitúas tus pensamientos cuando empiezas a utilizar el enorme potencial y la fuerza de la intención. Tienes que ser capaz de conectarte a la intención y no puedes acceder a la intención y trabajar con ella si lo que prevés es la imposibilidad de tener un propósito y manifestarte. No puedes descubrir la ley de la contribución a la creación si contemplas lo que no está presente. No puedes descubrir la fuerza del despertar si estás contemplando lo que aún está dormido. El secreto de manifestar cualquier cosa que desees consiste en tu disposición y capacidad para realinearte de modo que tu mundo interior armonice con la fuerza de la intención. Cada avance de este mundo moderno que ves, que te parece normal y corriente, fue creado (y precisamente es lo que hacemos en este libro, crear) por alguien que contemplaba lo que tenía intención de manifestar.

La forma de establecer una relación con el Espíritu y de acceder a este principio creativo consiste en contemplar que te rodean las condiciones que deseas producir. Te aconsejo que realces esta idea subrayando la frase anterior en el libro que tienes entre las manos y en tu mente. Reflexiona sobre la idea de una fuerza infinita, suprema, que produce los resultados que tú deseas. Esta fuerza es la fuerza creativa del universo, responsable de que todo empiece a definirse. Al confiar en que proporcione la forma y las condiciones para su manifestación, estableces una relación con la intención que te permite seguir conectado durante todo el tiempo que practiques esta clase de propósito personal.

Los hermanos Wright no contemplaban las cosas quietas en el suelo. Alexander Graham Bell no contemplaba la no comunicación de las cosas, como Thomas Edison no contemplaba la oscuridad de las cosas. Para que una idea salga a flote en tu realidad, tienes que estar dispuesto a dar un salto mortal para llegar a lo inconcebible y caer de pie, contemplando lo que deseas en lugar de lo que no tienes. Entonces tus deseos empezarán a salir a flote, no a hundirse. La ley de la manifestación es como la de la flotación, y debes contemplarla como si estuviera funcionando para ti en lugar de considerar que no funciona. Esto se consigue estableciendo un fuerte vínculo de conexión entre el campo de la energía, invisible e informe, la fuerza de la intención y tú.

ENTRAR EN EL ESPÍRITU DE LA INTENCIÓN

Cuanto te propongas crear en tu vida supone generar la misma cualidad dadora de vida gracias a la cual existe todo. Si el espíritu que hay en todo, la cualidad que le permite llegar al mundo de la forma, es aplicable como principio general, ¿por qué no activarlo en tu interior? La fuerza de la intención simplemente está a la espera de que seas capaz de establecer la conexión.

Ya hemos dicho que la intención no es una sustancia material con cualidades físicas que se puedan cuantificar. Pongamos un ejemplo, el de los pintores. Sus creaciones no están simplemente en función de la calidad de la pintura, los pinceles, los lienzos ni de cualesquiera otras combinaciones de materiales que empleen. Para comprender la creación de una obra maestra hay que tener en cuenta los pensamientos y los sentimientos del pintor. Tenemos que conocer el movimiento de la mente creativa del pintor, entrar en ella, para comprender el proceso creativo. El pintor crea algo de la nada. Sin los pensamientos y los sentimientos del pintor no existiría el arte. Es su mente creativa en contemplación lo que se vincula con la intención para dar lugar a lo que llamamos creación artística. Así es como actuó la fuerza de la intención para crearte, a alguien nuevo, único, a alguien salido de la nada. Reproducir esto en ti mismo significa encontrarte con el impulso creativo y saber que la fuerza de la intención se está poniendo en contacto para hacer realidad lo que siente, y que se está expresando como tú.

Lo que sientes está en función de cómo piensas, lo que contemplas y cómo se formula tu discurso interior. Si pudieras meterte en la sensación de la fuerza de la intención notarías que aumenta continuamente y que confía en sí misma porque es una fuerza formativa tan infalible que nunca falla. El movimiento hacia delante del Espíritu es algo dado. La fuerza de la intención ansía expresiones de vida más completas, al igual que los sentimientos del pintor se revelan en una expresión más completa de sus ideas y pensamientos. Los sentimientos son las claves de tu destino y tu potencial, en busca de la expresión completa de la vida a través de ti.

¿Cómo entrar en el espíritu de la intención, de los sentimientos que expresan la vida? Puedes alimentarlo con la continua expectativa de la infalible ley espiritual de que el incremento forma parte de tu vida. Lo hemos visto en la capacidad imaginaria de ver vibraciones más altas y lo hemos oído con la voz que le han prestado los maestros espirituales en el transcurso de los siglos. Está por todas partes, y quiere expresar la vida. Es el amor puro en acción. Tiene confianza. ¿Y sabes una cosa? Pues que tú eres ese espíritu, pero se te ha olvidado. Simplemente tienes que basarte en tu capacidad para confiar tranquilamente en que el Espíritu se exprese a través de y por ti. Tu tarea consiste en contemplar las energías de la vida, el amor, la belleza y la amabilidad. Cada acción que esté en armonía con este principio creador de la intención da expresión a tu propia fuerza de la intención.

Tu voluntad y tu imaginación

No cabe duda de la existencia del libre albedrío. Eres un ser con una mente capaz de elegir, de tomar decisiones. Durante toda tu vida te encuentras en un estado en el que continuamente tienes que elegir. No se trata de oponer el libre albedrío al destino predeterminado, sino de observar con sumo cuidado cómo has decidido basarte en tu capacidad para disponer de ti mismo con el fin de alcanzar lo que deseas. En este libro no se habla de la intención en el sentido de sentir un fuerte deseo y apoyarlo con una decisión inquebrantable. Tener una gran fuerza de voluntad y estar dispuesto a todo para alcanzar objetivos personales significa pedirle al ego que sea la fuerza que guíe tu vida. *Voy a hacer esto. Nunca haré tonterías, no me rendiré.* Son características de la personalidad admirables, pero no te volverán a conectar con la intención. Tu fuerza de voluntad es mucho menos eficaz que tu imaginación, que constituye el vínculo con la fuerza de la intención. La imaginación es el movimiento de la mente universal en tu interior. Tu imaginación crea el cuadro interior que te permite participar en el acto de la creación. Es el vínculo invisible que te conecta con la manifestación de tu destino.

Intenta imaginar que te empeñas en hacer algo que tu imaginación no quiere que hagas. Tu voluntad es esa parte del ego que cree que estás separado de los demás, separado de lo que te gustaría conseguir o tener, o separado de Dios. También cree que tú eres tus adquisiciones, tus logros y tus honores. Esa voluntad del ego quiere que continuamente obtengas pruebas de tu importancia. No para de empujarte a que demuestres tu superioridad y a que adquieras cosas que estás dispuesto a conseguir a base de excesiva dedicación y determinación. Por otra parte, tu imaginación es el concepto del Espíritu que existe en tu interior, es tu Dios interior. Leamos la descripción que hace William Blake de la imaginación. Blake creía que con la imaginación tenemos poder para ser cualquier cosa que deseemos ser.

> *¡No descanso de mi gran tarea!*
> *Abrir los Mundos Eternos,*
> *abrir los inmortales Ojos del Hombre*
> *hacia los Mundos del Pensamiento,*
> *a la eternidad, la expansión que no cesa*
> *en el Seno de Dios,*
> *la Humana Imaginación.*

> (*Jerusalén*)

Voy a volver a la idea de que te empeñes en hacer algo cuando tu imaginación te dice que no lo hagas. Se me ocurre un ejemplo, el de andar sobre carbones encendidos. Puedes mirar esos carbones y empeñarte en pasar por encima de ellos, y si solamente dependes de tu fuerza de voluntad acabarás con graves quemaduras y ampollas. Pero si te imaginas que tienes protección divina, o en palabras de Blake, que estás «en el Seno de Dios», y con tu imaginación puedes verte capaz de ser algo más allá de tu cuerpo, puedes andar sobre carbones sin sufrir daños. Al imaginar que no te afecta el calor de los carbones al rojo empiezas a sentirte como algo más allá de tu cuerpo. Te visualizas más fuerte que el fuego. Tu imagen interior de pureza y protección te permite empeñarte en caminar sobre los carbones. Es tu imaginación la que te permite estar seguro. Sin ella, te quemarías.

Recuerdo haber imaginado que era capaz de correr mi primer maratón. No fue mi voluntad lo que me hizo correr sin cesar durante tres horas y media, sino mi imaginación. Sintonicé con la carrera y dejé que mi cuerpo llegara a sus límites mediante mi voluntad. Sin esa imagen, ni toda la voluntad del mundo habría bastado para haber coronado con éxito mis esfuerzos.

Y lo mismo ocurre con todo. Empeñarte en ser feliz, rico, famoso, el número uno, el mejor vendedor o la persona con más dinero de tu comunidad son ideas nacidas del ego y su ensimismamiento. En nombre de esa fuerza de voluntad la gente se lleva por delante a cualquiera que se ponga en su camino, y roba, engaña y traiciona con tal de llevar a cabo su intención personal. Pero esos hábitos solo llevan al desastre. Quizá consigas el objetivo físico de tu propósito individual, pero tu imaginación, ese lugar interior donde haces toda tu vida, no dejará que te sientas tranquilo.

He impuesto esta fuerza de la imaginación sobre mi voluntad para producir todas mis obras. Por ejemplo, me veo como si ya hubiera terminado este libro. *Pensar desde el fin* me hace actuar como si todo lo que querría crear ya estuviera aquí. Mi credo es el siguiente: *imaginar que soy y seré,* una imagen que siempre me acompaña. No termino un libro por una fuerte voluntad de hacerlo. Eso significaría creer que soy yo, el cuerpo llamado Wayne Dyer, quien está haciendo todo esto, mientras que mi imaginación no tiene limitaciones físicas ni se llama Wayne Dyer. Mi imaginación es el «de tal palo, tal astilla» de mi intención. Me proporciona lo que necesito, permite que me siente aquí a escribir, guía mi mano y la pluma y rellena todos los espacios en blanco. Yo, Wayne Dyer, no estoy haciendo realidad este libro con mi voluntad. La imagen que tengo de él es tan clara y precisa que se manifiesta sin más. En la Antigüedad, un ser divino llamado Hermes Trismegisto escribió lo siguiente:

> *Lo que ES es manifiesto;*
> *lo que ha sido o será, no es manifiesto,*
> *mas tampoco muerto,*
> *pues el alma, eterna actividad de Dios,*
> *todo lo anima.*

Son palabras significativas sobre las que reflexionar al pensar en volverse a conectar a la intención y adquirir la fuerza para crear cualquier cosa que tengas en tu imaginación. Tú, tu cuerpo y tu ego no tienen intención, no crean, no dan vida a nada. Deja tu ego a un lado. Por supuesto, debes tener un objetivo en la vida y gran determinación, pero libérate de la ilusión de que eres tú quien va a manifestar los deseos de tu corazón mediante la fuerza de voluntad. Quiero que te concentres en tu imaginación mientras lees este libro y que consideres todos los objetivos y actividades que te has propuesto como funciones de tu imaginación, que te guiará, alentará e incluso te empujará en la dirección que la intención tenía destinada para ti cuando aún te encontrabas en estado *no manifiesto*. Lo que buscas es una correspondencia entre las vibraciones de tu imaginación y la Fuente de toda la Creación.

Tu imaginación te concede el extraordinario lujo de pensar desde el fin. No hay manera de parar a quien puede pensar desde el fin. Creas los medios y superas las limitaciones relacionadas con tus deseos. Con la imaginación, reflexiona sobre el fin, confiando plenamente en que está aquí, en el mundo material y que puedes utilizar los elementos de la Fuente omnicreadora para hacerlo tangible. Como la Fuente de todas las cosas actúa con gentileza y con sus seductoras siete caras podrás utilizar este método y solo este método para contribuir a la creación de cuanto se había dispuesto que fueras. Mantente indiferente ante las dudas y la llamada de tu voluntad. Ten la certeza de que confiando continuamente en tu imaginación, se materializarán tus suposiciones. Volver a conectarse con la intención supone expresar las siete caras de las que se vale la Fuente omnicreadora para manifestar lo no manifiesto. Si la imaginación trabaja para Dios, no cabe duda de que también trabaja para ti. Dios lo imagina todo y lo hace realidad mediante la imaginación. Esta es también tu nueva estrategia.

APLICAR LAS SIETE CARAS A LA CONEXIÓN CON LA INTENCIÓN

Tras haber dedicado la mayor parte de mi vida al desarrollo humano, la pregunta que me plantean con más frecuencia es la siguiente: «¿Qué tengo que hacer para conseguir lo que deseo?». En este momento de mi vida, aquí sentado escribiendo este libro, la respuesta es: si llegas a ser lo que piensas y lo que piensas es conseguir lo que quieres, continuarás en un estado de carencia. De modo que la respuesta a qué hacer para conseguir lo que deseas consiste en reformular la pregunta: «¿Qué tengo que hacer para conseguir lo que tengo intención de crear?». La respuesta a esta pregunta aparece en las siguientes páginas de este capítulo, pero ahora puedo dar una respuesta breve: consigues lo que tienes intención de crear estando en armonía con la fuerza de la intención, responsable de toda la creación. Iguálate con la intención y contribuirás a crear cuanto contemplas. Cuando llegas a ser uno con la intención, trasciendes la mente orientada por el ego y te conviertes en la mente universal que todo lo crea. Dice John Randolph Price en *A Spiritual Philosophy for the New World* [*Una filosofía espiritual para el Nuevo Mundo*]: «Hasta que no trasciendas el ego, no podrás sino contribuir a la locura del mundo. Deberías alegrarte con estas palabras en lugar de desesperarte, porque te quita un peso de encima».

Empieza a quitarte de encima el peso del ego y vuelve a conectarte con la intención. Cuando renuncies al ego y regreses a aquello de lo que emanaste en origen, empezarás a ver inmediatamente que la fuerza de la intención trabaja contigo, y para y por mediación de ti, de múltiples maneras. Vamos a revisar las siete caras para ayudarte a que empiecen a formar parte de tu vida.

1. *Sé creativo.* Ser creativo significa confiar en tu propósito y tener una actitud de firme determinación en tus actividades y pensamientos cotidianos. Seguir siendo creativo significa dar forma a tus intenciones personales. Una manera de empezar a darles forma consiste en ponerlas por escrito, literalmente. Por ejemplo, en la habitación en la que escribo aquí, en Maui, he apuntado mis intenciones, y he aquí unas cuantas que tengo delante todos los días mientras trabajo:

- Mi intención es que todas mis actividades estén dirigidas por el Espíritu.
- Mi intención es amar e irradiar mi amor hacia lo que escribo y hacia cualquiera que lea estas palabras.
- Mi intención es confiar en lo que pasa a través de mí y ser vehículo del Espíritu, sin juzgar nada.

- Mi intención es reconocer el Espíritu como mi Fuente y distanciarme de mi ego.
- Mi intención es hacer cuanto pueda para elevar la consciencia colectiva con el fin de mantener una relación más estrecha con el Espíritu de la suprema fuerza de la intención.

Para expresar tu creatividad y llevar tus intenciones al mundo de lo manifiesto te recomiendo que practiques el *japa*, una técnica que aparece en los antiguos Vedas. La meditación *japa* consiste en repetir el sonido de los nombres de Dios al tiempo que te concentras en lo que tienes intención de manifestar. Repetir el sonido del nombre de Dios mientras buscas lo que quieres genera energía creativa para manifestar tus deseos. Y tus deseos son el movimiento de la mente universal en tu interior. Quizá no te convenza la viabilidad de semejante tarea. Pues bien; te pido que te abras a la idea del *japa* como expresión de tu vínculo creativo con la intención. No voy a describir el método en profundidad porque he escrito un librito al que acompaña un CD titulado *Getting in the Gap: Making Conscious Contact with God Through Meditation* [*Introducirse en el vacío. Establecer contacto consciente con Dios mediante la meditación*]. De momento, baste con saber que considero esenciales la meditación y la práctica del *japa* para reajustarte a la fuerza de la intención. Esa fuerza es la Creación, y debes encontrarte en tu propio estado de creatividad para colaborar con ella. La meditación y el *japa* son métodos infalibles para conseguirlo.

2. *Sé bondadoso.* Uno de los atributos fundamentales de la suprema fuerza creadora es la bondad. Todo lo que se manifiesta llega aquí para crecer. Ha de ser una fuerza bondadosa la que desee que cuanto crea crezca y se multiplique. En otro caso, todo lo creado sería destruido por la misma fuerza que lo creó. Para volver a conectarte a la intención, tienes que estar en la misma onda

de bondad que la intención misma. Haz un esfuerzo por vivir con bondad y alegría. Es una energía mucho más alta que la tristeza o la maldad y posibilita la manifestación de tus deseos. Recibimos cuando damos, y mediante actos de bondad hacia los demás se fortalece nuestro sistema inmunológico e incluso aumentan los niveles de serotonina.

Los pensamientos de baja energía que nos debilitan entran en la categoría de la vergüenza, la ira, el odio, la censura y el miedo. Cada uno de estos pensamientos nos debilita y nos impide atraer lo que deseamos a nuestra vida. Si nos convertimos en lo que pensamos y lo que pensamos es que el mundo anda mal y en lo enfadados, avergonzados y temerosos que nos sentimos, lógicamente actuaremos con esos pensamientos desagradables y nos convertiremos en lo que pensamos. Cuando piensas, sientes y actúas bondadosamente, tienes la oportunidad de ser como la fuerza de la intención. Cuando piensas y actúas de otro modo, dejas el campo de la intención y te sientes engañado por el Espíritu omnicreador de la intención.

—La bondad para contigo mismo. Piensa en ti mismo en los siguientes términos: existe una inteligencia universal que subsiste en la naturaleza inherente a todas y cada una de sus manifestaciones. Tú eres una de esas manifestaciones. Eres una parte de esa inteligencia universal, un trozo de Dios, por así decirlo. Sé bueno con Dios, pues todo lo creado por Dios es bueno. Sé bueno contigo mismo. Tú eres Dios manifiesto, razón suficiente para tratarte a ti mismo con bondad. Recuerda que quieres ser bondadoso contigo mismo en todas las decisiones que tomes en tu vida cotidiana. Trátate con bondad cuando comas, cuando hagas ejercicio, cuando juegues, trabajes, ames y todo lo demás. Tratarte con bondad acelerará tu capacidad para conectarte a la intención.

—La bondad para con los demás. Un principio básico para funcionar y ser feliz, además de conseguir la ayuda de los demás para lograr cuanto deseas atraer, consiste en que la gente quiera ayudarte y hacer cosas por ti. Cuando eres bondadoso con los demás, recibes bondad a cambio. Un jefe poco bondadoso consigue escasa cooperación de sus empleados. No ser bondadoso con los niños los incita a hacer otro tanto en lugar de echarte una mano. La bondad que se da es la que se recibe. Si deseas conectarte a la intención y cumplir todos los objetivos de tu vida, vas a necesitar la ayuda de un montón de personas. Al practicar una bondad extensible en todas partes encontrarás un apoyo que se mostrará de formas que no habías previsto.

Esta idea de la bondad extensible adquiere especial importancia cuando tratas con personas indefensas, ancianas, con problemas mentales, pobres, discapacitadas, etcétera. Estas personas forman parte de la perfección de Dios. También ellas tienen un propósito divino, y como todos estamos conectados entre nosotros por el Espíritu, su propósito e intención también están conectados contigo. A continuación contaré una breve historia que os llegará al corazón. Da a entender que quienes son incapaces de cuidar de sí mismos quizá hayan venido aquí para enseñarnos algo sobre la perfección de la intención. Léela y comprende que esta clase de pensamientos, de sentimientos y comportamientos te permiten conectar con la intención en una correspondencia de su bondad con la tuya:

En Brooklyn, Nueva York, hay una escuela, Chush, que se encarga de niños con discapacidades de aprendizaje. Algunos niños permanecen en Chush durante toda la etapa escolar, mientras que otros pueden pasar a colegios convencionales. En una cena con el fin de recaudar fondos para el colegio, el padre de uno de los niños pronunció un discurso que los asistentes nunca olvidarán. Tras ensalzar al colegio y a su entregado profesorado, exclamó: «¿Dónde está la perfección en mi hijo, Shaya? Dios lo hace todo con perfección, pero mi hijo no puede entender las cosas como los demás niños. Mi hijo no puede recordar datos y números como hacen los demás. ¿Dónde está la perfección de Dios?». El público se quedó asombrado, apenado por la angustia del padre y mudo ante la desgarradora pregunta.

«Yo creo que cuando Dios trae al mundo un niño como este, la perfección que busca está en la forma de reaccionar de la gente ante el niño», se contestó el padre. Después contó la siguiente historia sobre su hijo, Shaya.

Una tarde Shaya y su padre pasaban por un parque en el que estaban jugando al béisbol unos chicos que Shaya conocía. El niño preguntó: «¿Crees que me dejarán jugar?». El padre sabía que Shaya no tenía aptitudes para el deporte, y que la mayoría de los chicos no iban a quererlo en su equipo, pero también comprendió que si admitían a su hijo en el partido se sentiría aceptado. Se acercó a uno de los chicos que estaban en el campo y le preguntó si podía jugar Shaya. El chico miró a todos, buscando apoyo en sus compañeros. Como nadie le hizo caso, lo decidió él solo y dijo: «Vamos perdiendo por seis carreras, y el partido está en la octava entrada. Supongo que puede venir con nuestro equipo, e intentaremos ponerlo a batear en la novena entrada».

El padre de Shaya se quedó extasiado al ver la radiante sonrisa de Shaya. Al chico le dijeron que se pusiera un guante y que fuera a jugar de centrocampista. Al final de la octava entrada el equipo de Shaya se apuntó varias carreras pero aún perdía por tres. En la segunda de la novena volvió a marcar el equipo de Shaya, y, con dos fuera, las bases cargadas y la carrera potencialmente ganadora en base, Shaya tenía que salir a jugar. ¿Dejaría el equipo que Shaya bateara en tal situación y perder así la posibilidad de ganar el partido?

Sorpresa: a Shaya le dieron el bate. Todos sabían que era prácticamente imposible, porque ni siquiera sabía sujetar el bate como es debido, y mucho menos golpear. Sin embargo, Shaya fue hasta la base del bateador y el lanzador avanzó unos pasos para lanzar la pelota con suavidad para que Shaya al menos pudiera tocarla. Llegó el primer lanzamiento; Shaya blandió el bate torpemente y falló. Uno de sus compañeros de equipo se acercó a él y entre los dos sujetaron el bate a la espera del siguiente lanzamiento. El lanzador volvió a adelantarse unos pasos para disparar con suavidad. Cuando llegaba la pelota, Shaya y su compañero de equipo balancearon el bate y juntos devolvieron una pelota lenta al lanzador. El chico recogió el tiro y fácilmente podría haber lanzado la pelota al jugador de primera base. Shaya habría quedado fuera y habría acabado el partido. Pero el lanzador cogió la pelota y la disparó describiendo un alto arco, muy lejos del alcance del jugador de primera base. Todos se pusieron a gritar: «¡Corre a la primera, Shaya! ¡Corre a la primera!». Shaya no había hecho semejante cosa en toda su vida. Correteó por la línea de saque con los ojos como platos, asustado. Cuando llegó a la primera base el extremo derecha tenía la pelota. Podría haberla lanzado al jugador de la segunda base, que habría cogido a Shaya, que seguía corriendo.

Pero el extremo derecha comprendió las intenciones del lanzador y lanzó muy por encima de la cabeza del jugador de tercera base. Todos gritaron: «¡Corre a la segunda!». Shaya se dirigió a la segunda mientras los corredores que iban delante de él daban vueltas como locos en dirección a la meta. Cuando Shaya alcanzó la segunda, el parador contrario corrió hacia él en dirección a la tercera base y gritó: «¡Corre a la tercera!». Mientras Shaya daba la vuelta a la tercera, los chicos de los dos equipos chillaron: «¡Corre a la base de meta!». Shaya entró en la base de meta, y los dieciocho chicos lo llevaron a hombros, todo un héroe, como si fuera un auténtico «barrebases» que había hecho ganar a su equipo.

«Ese día los dieciocho chicos alcanzaron el nivel de la perfección de Dios», concluyó el padre mientras las lágrimas le corrían por las mejillas.

Si no se te encoge el corazón y no se te escapa una lágrima al leer esta historia, es poco probable que llegues a conocer la magia de volver a conectarte con la bondad de la suprema Fuente, origen de todo.

—La bondad para con la vida entera. En las antiguas enseñanzas de Patanjali se nos recuerda que todos los seres vivos se sienten tremendamente afectados por quienes se mantienen impertérritos ante la falta de reflexión sobre el daño que influye en lo externo. Practica la bondad con todos los animales, pequeños y grandes, con el reino de la vida sobre la Tierra, como los bosques, los desiertos, las playas y cuanto tiene en su interior el pulso de la esencia de la vida. No puedes volver a conectarte con tu Fuente y conocer la fuerza de la intención en tu vida sin la ayuda del entorno. Estás conectado a ese entorno. Sin la fuerza de la gravedad no puedes andar. Sin agua no puedes vivir ni un solo día. Sin los bosques, el cielo, la atmósfera, la vegetación, los minerales, todo, tu deseo de manifestar y alcanzar la intención es absurdo.

Extiende los pensamientos de bondad por todas partes. Ejerce la bondad hacia la Tierra recogiendo ese desperdicio que te encuentras por la calle, o rezando una oración silenciosa de gratitud por la existencia de la lluvia, el color de las flores o incluso el papel que tienes en la mano, donado por un árbol. El universo responde en consonancia con lo que tú decides irradiar. Si dices en tu corazón con voz bondadosa: «¿En qué puedo servirte?», el universo responderá: «¿En qué puedo servirte yo?». Es energía atrayente. Es este espíritu de colaboración con la vida entera lo que surge de la esencia de la intención. Y debes aprender a igualarte con este espíritu de bondad si deseas volver a conectarte con la intención. Mi hija Sommer ha escrito algo sobre lo mucho que significan los pequeños actos de bondad basándose en su propia experiencia:

Estaba a punto de salir de la autopista una tarde de lluvia cuando me acerqué al peaje hurgando en el bolso. La empleada me sonrió y me dijo: «El coche que ha pasado antes de usted le ha pagado su peaje». Repliqué que iba sola y le di el dinero. Dijo: «Sí, el conductor me pidió que le dijera a la siguiente persona que pasara por aquí que le deseaba un día más radiante». Desde luego que ese pequeño acto de bondad contribuyó a un día más radiante. Me conmovió profundamente alguien a quien jamás conocería. Me puse a pensar en cómo alegrarle el día a otra persona. Llamé a mi mejor amiga y le conté lo del peaje. Me dijo que nunca se le había ocurrido hacer una cosa así, pero que le parecía una idea estupenda. Estudia en la Universidad de Kentucky y decidió pagar el peaje de la persona que fuera todas las mañanas detrás de ella al salir de la autopista. Me eché a reír por su sinceridad. «Creerás que estoy de broma, pero, como tú has dicho, son solo cincuenta centavos», me dijo. Al colgar, me pregunté si el hombre que había pagado mi peaje se habría planteado que su amabilidad llegaría a Kentucky.

Tuve la oportunidad de extender la bondad en el supermercado, un día que llevaba el carro hasta los topes con la comida que iba a compartir con mi compañera de piso durante las dos semanas siguientes. Detrás de mí había una señora con un niño pequeño muy revoltoso y el carro con la mitad de cosas que yo. Le dije: «Pase usted primero. No lleva tantas cosas como yo». La mujer me miró como si fuera marciana o algo así. Replicó: «Muchísimas gracias. No he visto a mucha gente por aquí que sea amable con los demás. Nos hemos trasladado aquí y estamos pensando en volver a Virginia porque estamos considerando si es el sitio más adecuado para criar a nuestros tres hijos». Después me contó que estaba a punto de dejarlo todo y volver a su pueblo, aunque habría supuesto una terrible carga económica para su familia. Dijo: «Me había prometido a mí misma que, si no veía ninguna señal al final del día, iba a empeñarme en que nos volviéramos a Virginia. Usted es mi señal».

Volvió a darme las gracias y sonrió mientras salía de la tienda. Yo me quedé estupefacta al darme cuenta de que un pequeño gesto había afectado a toda una familia. Mientras me cobraba, la cajera dijo: «Hija, ¿sabes una cosa? Que me has alegrado el día».

Salí sonriente, preguntándome a cuántas personas afectaría mi acción bondadosa.

El otro día estaba comprando un bocadillo y un café para desayunar y pensé que a lo mejor a mis compañeros de trabajo les apetecían unos donuts. Los cuatro chicos con los que trabajo viven en un pequeño apartamento delante de los establos. Ninguno tiene coche, pero sí una moto para todos. Les dije que los dulces eran para ellos. Su expresión de gratitud me compensó enormemente. No llevo mucho tiempo trabajando allí, y creo que esos doce donuts han contribuido a romper un poco el hielo. Mi pequeño acto de bondad se convirtió en algo enorme en el transcurso de la semana. Empezamos a ser más atentos unos con otros y a trabajar como un equipo.

3. *Sé amor.* Reflexiona sobre estas palabras: *Dios es amor* «y aquel que habita en el amor habita en mí, y Yo en él». Así habla Dios, por así decirlo. Tener siempre presente el tema central de este capítulo y, en realidad, de todo el libro: que debes aprender a ser como la energía que te permitió ser en primer lugar, es absolutamente necesario que llegues a un estado de amor para volver a conectarte con la intención. Tú naciste de la intención del amor, y debes amar si quieres tener intención. Muchos libros se han escrito sobre el amor, y siguen existiendo tantas definiciones de esta palabra como personas que la definen. Para los objetivos de este capítulo, me gustaría que pensaras en el amor de la siguiente manera:

—El amor es colaboración, no competición. Lo que me gustaría que pudieras experimentar de forma física, aquí, en el planeta Tierra, es la esencia del plano espiritual. Si fuera posible, significaría que tu vida misma es una manifestación del amor. Si lo consiguieras, verías todas las formas de vida en armonía y colaboración. Notarías que la fuerza de la intención que origina toda la vida colabora con todas las demás formas de vida para garantizar el crecimiento y la supervivencia. Te darías cuenta de que todos compartimos la misma fuerza vital y la misma inteligencia invisible que hace latir tu corazón y el mío, el corazón de todos los seres del planeta.

—El amor es la fuerza tras la voluntad de Dios. No me refiero a la clase de amor que definimos como afecto o sentimentalismo, ni a un sentimiento que inclina a complacer y conceder favores a otros. Imagínate una clase de amor que sea la fuerza de la intención, la energía misma que constituye la causa de toda la creación. Es la vibración espiritual que lleva las intenciones divinas de la expresión amorfa a la concreta. Crea nuevas formas, cambia la materia, vivifica todas las cosas y mantiene unido el cosmos más allá del tiempo y el espacio. Está en cada uno de nosotros. Es lo que es Dios.

Te recomiendo que viertas tu amor en tu entorno más inmediato y que te dediques a ello hora tras hora, si fuera posible. Elimina todos los pensamientos sin amor y ejerce la bondad con todos tus pensamientos, palabras y actos. Cultiva este amor en tu círculo más próximo, el de la familia y los amigos, y en última instancia se extenderá a tu comunidad y al mundo entero. Extiende deliberadamente este amor a quienes creas que te han perjudicado o te hayan causado sufrimiento. Cuanto más extiendas ese amor, más te aproximarás a ser amor, y en el ser del amor se alcanza la intención y florece la manifestación.

4. *Sé belleza.* En palabras de Emily Dickinson: «La belleza no tiene causa. Es...». A medida que vayas despertando a tu naturaleza divina, empezarás a apreciar la belleza en todo cuanto veas, toques y experimentes. Belleza y verdad son sinónimos, como veíamos antes en «Oda a una urna griega», de John Keats: «La belleza es verdad; la verdad, belleza». Por supuesto, esto significa que el Espíritu creativo trae cosas al mundo de las limitaciones para que se desarrollen, crezcan y se multipliquen, y no lo

haría si no estuviera enamorado de la belleza de todo ser manifiesto, como tú. Por eso, para volver al contacto consciente con tu Fuente con el fin de recuperar su fuerza tienes que buscar y experimentar la belleza en todas tus tareas. Vida, verdad, belleza: son símbolos de lo mismo, un aspecto de la fuerza divina.

Cuando dejas de ser consciente de eso, pierdes la posibilidad de conectarte a la intención. Viniste a este mundo gracias a lo que te percibió como expresión de belleza. No lo habría hecho si te hubiera considerado de otra forma, porque si tiene el poder de crear, también posee el poder de no hacerlo. La decisión de hacerlo se basa en la suposición de que tú eres una expresión de la belleza amante, algo aplicable a todos y todo lo que emana de la fuerza de la intención.

A continuación reproduzco un relato que me encanta y que ilustra cómo se aprecia la belleza si antes no lo hacías. Lo cuenta Swami Chidvilasananda, más conocido como Gurumayi, en su hermoso libro titulado *Kindle My Heart* [*Despierta mi corazón*].

Había un hombre al que no le gustaba la familia de su mujer porque le parecía que ocupaba más sitio de lo debido en la casa. Fue a ver a un maestro que vivía cerca, porque había oído hablar mucho de él, y le dijo:

—¡Haz algo, por favor! Ya no aguanto a la familia de mi mujer. Quiero a mi esposa, pero a su familia... ¡no puedo! Ocupan tanto sitio en la casa que me da la impresión de que están por todas partes.

El maestro le preguntó:

—¿Tienes gallinas?

—Sí —contestó el hombre.

—Pues mete todas las gallinas en la casa.

El hombre hizo lo que le había aconsejado el maestro y volvió a verlo.

—¿Se ha resuelto el problema?

El hombre dijo:

—¡No, es todavía peor!

—¿Tienes ovejas?

—Sí.

—Pues mete todas las ovejas en la casa.

El hombre hizo lo que le había ordenado el maestro, quien la siguiente vez que volvió le preguntó:

—¿Qué? ¿Todo resuelto?

—¡No! ¡Todavía peor!

—¿Tienes perro?

—Sí, varios.

—Mételos a todos en la casa.

El hombre volvió a casa del maestro y le dijo:

—¡He venido a pedirte ayuda y mi vida es peor que nunca!

El maestro le dijo:

—Vuelve a sacar los perros, las gallinas y las ovejas.

El hombre volvió a casa y sacó todos los animales. ¡Qué cantidad de espacio! Volvió a ver al maestro y dijo:

—¡Gracias, gracias! Has resuelto todos mis problemas.

5. *Sé expansivo.* La próxima vez que veas un jardín lleno de flores, observa las que están vivas y compáralas con las que creas que están muertas. ¿Cuál es la diferencia? Las flores secas, muertas, ya no crecen, mientras que las vivas siguen creciendo. La fuerza universal de la que todo emerge, que tuvo la intención de darte el ser y que crea la vida, crece y se expande continuamente. Como las siete caras de la intención, en razón de su universalidad, ha de tener una naturaleza común con la tuya. Al encontrarte en un estado de continua expansión y crecer intelectual, emocional y espiritualmente, te identificas con la mente universal.

Manteniéndote dispuesto a no sentirte apegado a lo que pensabas o eras antes, pensando desde el fin y manteniendo una actitud abierta para recibir la orientación divina, acatas la ley del crecimiento y eres receptivo a la fuerza de la intención.

6. *Sé abundante.* La intención es infinitamente abundante. En el mundo invisible y universal del Espíritu no existe la escasez. El cosmos no conoce límites. ¿Cómo podrían existir límites en el universo? ¿Cuál sería el final? ¿Un muro? ¿Un muro de qué grosor? ¿Y qué hay al otro lado? Mientras contemplas la conexión con la intención, debes saber en lo más profundo de tu corazón que cualquier actitud que refleje una escasa consciencia te frenará. Creo conveniente recordar una cosa: que debes igualar los atributos de la intención con los tuyos con el fin de aprovechar esas fuerzas en tu vida.

En la abundancia consiste el reino de Dios. Imagínate que Dios pensara: «Hoy no puedo producir más oxígeno. Estoy demasiado cansado. Este universo ya es suficientemente grande. Me parece que voy a erigir ese muro y a poner fin a esta expansión». ¡Imposible! Tú surgiste de una consciencia que era y sigue siendo ilimitada. Entonces, ¿qué te impide volver a unirte mentalmente con esa consciencia ilimitada y aferrarte a esas imágenes, a pesar de lo que ocurra ante ti? Lo que te obstaculiza es el condicionamiento al que has estado sometido durante toda tu vida, que puedes cambiar hoy mismo, en los próximos minutos si lo deseas.

Cuando adoptas un modo de pensar distinto, de abundancia, te repites una y otra vez que eres ilimitado porque has emanado de la inagotable provisión de la intención. A medida que esa imagen se solidifique, empezarás a actuar con un firme propósito. No existe otra posibilidad. Nos convertimos en lo que pensamos, y como nos recuerda Emerson: «El antecesor de todo acto es un pensamiento». A medida que hagas tuyos estos pensamientos de plenitud y de superabundancia, empezará a funcionar contigo la fuerza omnicreadora a la que siempre estás conectado, en armonía con tus pensamientos, igual que funcionaba en armonía con tus pensamientos de escasez. Si piensas que no puedes manifestar la abundancia en tu vida, verás que la intención coincide contigo y que te ayuda a cumplir tus expectativas menos ambiciosas.

Me parece que he llegado a este mundo plenamente conectado a los atributos de abundancia del mundo espiritual del que he emanado. De niño, cuando vivía en casas de acogida, con la consciencia de la pobreza que me rodeaba, yo era el chico más «rico» del orfanato, por así decirlo. Siempre pensé que podía tener un dinerito en el bolsillo. Me lo imaginaba allí y actuaba en consecuencia con esa imagen. Recogía botellas de soda, retiraba la nieve, llevaba paquetes a las casas, cortaba el césped, sacaba las cenizas de las calderas de las casas, limpiaba jardines, pintaba verjas, cuidaba niños, repartía periódicos... Y siempre la fuerza universal de la abundancia funcionaba conmigo para proporcionarme oportunidades. Una nevada era una auténtica bendición para mí, y lo mismo puedo decir de las botellas que tiraban en la acera, y las viejecitas que necesitaban ayuda para llevar la compra hasta sus coches.

Hoy en día, más de cincuenta años después, conservo esa mentalidad de la abundancia. Ni en mis peores épocas económicas he dejado de tener varios trabajillos. Gané mucho dinero cuando era maestro con un curso de educación vial en horas no lectivas. Empecé a dar conferencias en Port Washington, Nueva York, los lunes por la noche, para unas treinta personas, con la idea de redondear un poco mi sueldo de profesor en St. John's University, y el público de esas sesiones de los lunes acabó en más de mil personas en el auditorio del instituto. Un docente grababa las charlas y con esas cintas empecé el borrador del primer libro que publiqué, con el título *Tus zonas erróneas*.

Entre los asistentes se encontraba la esposa de un agente literario de Nueva York que le animó a que se pusiera en contacto conmigo para que escribiera un libro. Ese hombre, Arthur Pine, llegó a ser una especie de padre para mí y me ayudó a encontrar a las personas clave en el mundo editorial de Nueva York. Esta historia de pensamiento ilimitado ha seguido su curso. Vi *desde el fin* que el libro sería un instrumento para el país entero, y fui a todas las grandes ciudades de Estados Unidos para hablar a la gente.

El Espíritu universal siempre ha colaborado conmigo para traer a la vida mis pensamientos de abundancia ilimitada. Aparecían las personas adecuadas como por arte de magia. Se presentaba la oportunidad que esperaba; se manifestaba la ayuda que necesitaba, como surgida de la nada. Y, en cierto sentido, hoy sigo recogiendo botellas de soda, quitando nieve y llevando las bolsas a las viejecitas. Mi visión no ha cambiado, si bien se ha ampliado el campo de juego. Se trata de tener una imagen interior de abundancia, pensando de un modo ilimitado, abriéndose a la orientación que proporciona la intención cuando te encuentras en una relación de comunicación con ella y después en un estado de gratitud y respeto extáticos por el funcionamiento de todo esto. Cada vez que veo una moneda en la calle, me paro, la recojo, la guardo en un bolsillo y digo en voz alta: «Gracias, Dios, por este símbolo de la abundancia que fluye continuamente hasta mi vida». Ni una sola vez he preguntado: «¿Por qué solo un centavo, Dios? Sabes que necesito mucho más».

Hoy me he levantado a las cuatro de la mañana sabiendo que con la escritura completaré lo que ya he previsto en mi imaginación. La escritura fluye, llegan cartas, en la abundancia que manifiesta la intención, que me impulsan a leer un libro concreto o a hablar con una persona determinada, y sé que todo funciona con una unidad perfecta, abundante. Suena el teléfono y en mis oídos resuena precisamente lo que necesito escuchar. Me levanto para tomarme un vaso de agua y mi mirada recae sobre un libro que lleva veinte años en mi biblioteca, pero en esta ocasión me veo obligado a cogerlo. Lo abro, y una vez más me dejo guiar por el Espíritu, siempre dispuesto a ayudarme mientras me mantenga en armonía con él. Es algo que no cesa, y me recuerda las poéticas palabras de Yalal ud-Din Rumi, escritas hace ochocientos años: «Vende tu inteligencia y adquiere desconcierto».

7. *Sé receptivo.* La mente universal está dispuesta a responder a cualquiera que reconozca su verdadera relación con ella. Reproducirá cualquier concepción de sí misma que tú le inculques. En otras palabras: es receptiva a cuanto se mantiene en armonía con ella y mantiene una relación de respeto hacia ella. Se trata de tu receptividad hacia la fuerza de la intención. Mantente conectado y ten por seguro que recibirás cuanto esta fuerza es capaz de ofrecer. Si te lo tomas como algo distinto de la mente universal (es imposible, pero de todos modos el ego lo cree firmemente), seguirás desconectado para toda la eternidad.

La mente universal tiene un carácter pacífico; no es receptiva a la violencia y funciona con su propio ritmo, dejando que todo emane poco a poco. No tiene prisa, porque es ajena al tiempo. Está siempre en el ahora eterno. Intenta ponerte a cuatro patas y acelerar el crecimiento de una diminuta planta de tomate. El Espíritu universal funciona con tranquilidad, y si intentas acelerar la nueva vida para que florezca plenamente destruirás el proceso. Ser receptivo significa dejar que tu «jefe» controle tu vida. *Acepto la orientación y la ayuda de la fuerza que me creó, me desprendo del ego y confío en esta sabiduría para moverme a su tranquilo paso. No le exijo nada.* Así es como crea el campo omnicreador de la intención, y así es como debes pensar para volver a conectarte con tu Fuente. Haces meditación porque te permite recibir el conocimiento interno de establecer contacto consciente con Dios. Al estar tranquilo, receptivo y en silencio, te modelas a imagen y semejanza de Dios y recuperas el poder de tu Fuente.

Sobre eso trata este capítulo, y en realidad todo este libro: conectarte a la esencia del Espíritu creador, emular los atributos de la fuerza creativa de la intención y manifestar en tu vida cualquier cosa que desees y que concuerde con la mente universal, es decir, la creatividad, la bondad, el amor, la belleza, la expansión, la abundancia y la receptividad pacífica.

Una hermosa mujer nacida en India en 1923 llamada Shri Mataji Nirmala Devi llegó a la Tierra en estado de plena realización y vivió en el *ashram* del *mahatma* Gandhi, que a menudo le consultaba sobre asuntos espirituales. Ha dedicado su vida a trabajar por la paz y descubrió un sencillo método para que todo el mundo pueda llegar a la autorrealización. Enseña yoga *sahaja* y jamás ha cobrado dinero por sus clases. Da importancia a los siguientes puntos, que constituyen un perfecto resumen de este capítulo sobre la conexión con la intención:

- No puedes conocer el significado de tu vida hasta que te hayas conectado al poder que te creó.
- No eres este cuerpo, no eres esta mente; eres el Espíritu... esa es la mayor verdad.
- Tienes que conocer tu Espíritu... pues sin conocer tu Espíritu no puedes conocer la verdad.
- La meditación es la única forma de crecer. No existe otra salida, porque cuando meditas, estás en silencio, estás en la consciencia sin reflexión. Es entonces cuando tiene lugar el crecimiento de la consciencia.

Conéctate a la fuerza que te creó, ten la certeza de que tú eres esa fuerza, comulga íntimamente con esa fuerza y medita para que se produzca ese crecimiento de la consciencia. Desde luego, un gran resumen de un ser humano plenamente realizado; ni más ni menos.

CINCO SUGERENCIAS PARA PONER EN PRÁCTICA
LAS IDEAS DE ESTE CAPÍTULO

1. *Para hacer realidad tus deseos, ajústalos a tu discurso interno.* Mantén todo lo que hablas en tu interior centrado en la buena información y los buenos resultados. Tu discurso interior refleja tu imaginación, y tu imaginación es el vínculo con el Espíritu. Si tu discurso interior entra en conflicto con tus deseos, vencerá tu voz interior, de modo que si igualas los deseos con el discurso interior, esos deseos acabarán por hacerse realidad.

2. *Piensa desde el fin.* Es decir, interioriza la sensación del deseo cumplido y mantén esa visión independientemente de los obstáculos que surjan. Acabarás actuando según este *pensar desde el fin,* y el Espíritu de la Creación colaborará contigo.

3. *Para llegar a un estado de impecabilidad has de tener un propósito firme.* Así te igualarás con el firme propósito de la mente universal y omnicreadora. Por ejemplo, si me propongo escribir un libro, mantengo una continua imagen mental del libro ya terminado, y me niego a que esa intención desaparezca. Nada puede evitar que se haga realidad esa intención. Algunas personas dicen que tengo gran disciplina, pero yo sé que funciona de otra manera. Mi firme propósito no me permitirá otra cosa que expresarlo hasta el final. Me siento empujado, como a codazos, impulsado y casi místicamente atraído hasta el sitio en el que escribo. Todos mis pensamientos, durante el sueño y durante la vigilia, se centran en esta imagen, y no dejo de sentir respeto por cómo todo me viene dado.

4. *Copia las siete caras de la intención en tarjetas de ocho por doce centímetros.* Plastifícalas y colócalas en sitios cruciales, en los que tengas que mirar todos los días. Te servirán de recordatorios para mantenerte en hermandad con el Espíritu creador. Necesitas una relación de camaradería con la intención. Los siete re-

cordatorios, estratégicamente situados en tu entorno vital y laboral, lo conseguirán.

5. *Ten siempre en mente el pensamiento de la abundancia de Dios. Si se te ocurre otro pensamiento, sustitúyelo por el de la abundancia de Dios.* Recuerda día tras día que el universo no puede ser mezquino, no puede tener carencias. No contiene sino abundancia, o como lo expresa san Pablo, perfectamente: «Dios es capaz de prodigar sus bendiciones en abundancia». Repite estas ideas de abundancia hasta que irradien de ti como tu verdad interior.

Con esto concluyen los pasos para conectarse a la intención, pero, antes de dar ese salto mortal hacia lo inconcebible, te sugiero que examines todos y cada uno de los obstáculos autoimpuestos a los que hay que enfrentarse y erradicar para empezar a vivir y respirar desde el principio esta fuerza de la intención que fue situada en tu corazón aun antes de que el corazón estuviera formado. Tal y como lo expresó William Penn: «Quienes no son gobernados por Dios serán dominados por los tiranos». Mientras sigues leyendo este libro, recuerda que esos tiranos son en muchas ocasiones los controles autoimpuestos por tu ser inferior.

4

Los obstáculos para conectarse a la intención

> ¿Acaso la firme convicción de que tal cosa es así la hace así? Él contestó: «Todos los poetas lo creen, y en épocas de imaginación, esta firme convicción movió montañas. Mas son muchos los incapaces de una firme convicción en algo.
>
> WILLIAM BLAKE,
> *El matrimonio del Cielo y el Infierno*

Este fragmento constituye la base del presente capítulo sobre cómo superar los obstáculos a la ilimitada fuerza de la intención. Blake nos dice que los poetas tienen una imaginación inagotable y en consecuencia una capacidad ilimitada de hacer realidad cualquier cosa. También nos recuerda que son muchos los incapaces de semejante convicción.

En el capítulo anterior ofrecía consejos para establecer conexiones positivas con la intención. He distribuido así los capítulos a propósito, para que sepas de lo que eres capaz antes de examinar las barreras que has erigido y que te apartan de la dicha de tu intención. Cuando antes ejercía de orientador y terapeuta, alentaba a mis clientes a que en primer lugar reflexionaran sobre lo que deseaban manifestar en su vida y a que se aferraran a ese pensamiento con la imaginación. Hasta que esto no se solidificaba no les hacía examinar y considerar los obstáculos. En muchos casos, los clientes no eran conscientes de los impedimentos, incluso si eran autoimpuestos. Aprender a identificar cómo creas tus propios obstáculos resulta tremendamente esclarecedor si estás dispuesto a explorar esta zona de tu vida. Puedes descubrir los obstáculos que te impiden tener *una firme convicción en algo*.

Dedico este capítulo a las tres zonas que pueden ser obstáculos para tu conexión con la fuerza de la intención y que tú no has reconocido. Tienes que examinar *tu discurso interior, tu nivel de energía* y *tu vanidad*. Estas categorías pueden crear impedimentos casi insalvables para conectar con la intención cuando no se corresponden. Considerándolas una por una, tendrás la oportunidad de tomar conciencia de esos impedimentos y explorar maneras de superarlos.

Hay un programa de televisión que se emite desde hace décadas en Estados Unidos llamado *El juego de las correspondencias*. El objeto del concurso consiste en que tus pensamientos y respuestas potenciales se correspondan con los de alguien de tu equipo, por lo general la pareja o un miembro de la familia. Se le presenta una pregunta o una declaración a uno de los compañeros, junto con varias posibles respuestas. Cuantas más correspondencias haya, en competición con otras dos parejas, más puntos se obtienen. Gana quien tiene más correspondencias.

Me gustaría participar en este concurso contigo, lector. Según mi versión, te pido que te correspondas con el Espíritu universal de la intención. Mientras repasamos las tres categorías de obstáculos que te impiden conectarte a la intención, describiré las zonas que no se corresponden y ofreceré sugerencias para crear esa correspondencia. Recuerda que tu capacidad para activar la fuerza de la intención en tu vida depende de tu correspondencia con la Fuente creativa de toda la vida. Correspóndete con esa Fuente y obtendrás el premio de ser como la Fuente, y la fuerza de la intención. Si no logras la correspondencia... se te escapará la fuerza de la intención.

TU DISCURSO INTERIOR: ¿SE CORRESPONDE O NO?

Podemos retrotraernos al Antiguo Testamento para encontrar un recordatorio de nuestro diálogo interior. Por ejemplo: «Como pensare un hombre, así será». Solemos aplicar esta idea de convertirnos en lo que pensamos a los pensamientos positivos, es decir, piensa positivamente y obtendrás resultados positivos. Pero el pensamiento también crea trabas que producen resultados negativos. A continuación expongo cuatro maneras de pensar que pueden evitar que intentes conectar con el Espíritu de la intención, universal y creativo.

1. *Pensar en lo que te falta en la vida.* Para corresponderte con la intención, en primer lugar tienes que sorprenderte en el momento en el que estás pensando en *lo que te falta*, y entonces trasladarte a la intención. No se trata de *lo que me parece que me falta en la vida,* sino de *lo que tengo firme intención de atraer a mi vida y que se manifieste en ella*, sin dudas, sin palabrería, sin explicaciones. Ofrezco varias sugerencias para ayudarte a acabar con la costumbre de centrar tus pensamientos en lo que te falta. Juega a una versión del concurso y establece la correspondencia con la fuerza omnicreadora:

No correspondencia: No tengo suficiente dinero.
Correspondencia: Tengo intención de atraer una abundancia ilimitada a mi vida.

No correspondencia: Mi pareja es un cascarrabias y un aburrido.

Correspondencia: Tengo intención de centrar mis pensamientos en lo que me gusta de mi pareja.

No correspondencia: No soy tan atractivo como me gustaría ser.

Correspondencia: Soy perfecto a los ojos de Dios, una manifestación divina del proceso de la creación.

No correspondencia: No tengo vitalidad y energía suficientes.

Correspondencia: Formo parte del flujo y reflujo de la ilimitada Fuente de la vida entera.

No se trata de un juego de afirmaciones vacías. Es una forma de corresponderte con la fuerza de la intención y de reconocer que lo que piensas se expande. Si te pasas todo el tiempo pensando en lo que te falta, eso es lo que se expande en tu vida. Escucha tu diálogo interior y establece una correspondencia de tus pensamientos con lo que deseas y tienes intención de crear.

2. *Pensar en las circunstancias de tu vida.* Si no te gustan algunas circunstancias de tu vida, no pienses en ellas en ningún momento. En este juego de la correspondencia puede parecerte una paradoja, pues quieres corresponderte con el Espíritu de la creación. Debes entrenar tu imaginación (que es la mente universal que funciona a través de ti) para pasar de lo que no quieres a lo que quieres. Toda esa energía mental que dedicas a quejarte, a cualquiera dispuesto a escucharte, de *lo que es*, atrae como un imán a tu vida *más de eso que es.* Tú y solo tú puedes vencer ese impedimento porque tú lo has interpuesto en el camino hacia la intención. Cambia tu discurso interior a lo que intentas que sean las nuevas circunstancias de tu vida. Ejercítate en pensar desde el fin participando en el concurso de las correspondencias y volviendo a ajustarte al campo de la intención.

He aquí algunos ejemplos de no correspondencia y correspondencia en el diálogo interior sobre las circunstancias de tu vida:

No correspondencia: Detesto la casa en la que vivimos. Me pone los pelos de punta.
Correspondencia: Veo mentalmente nuestra nueva casa, y tengo intención de vivir en ella dentro de seis meses.

No correspondencia: Cuando me miro al espejo, me horroriza ser miope y gordo.
Correspondencia: Voy a colocar este dibujo de cómo tengo intención de aparecer en el espejo.

No correspondencia: Me desagrada el trabajo que hago y el hecho de que no me valoren.
Correspondencia: Seguiré mis impulsos intuitivos internos para crear el trabajo o el empleo de mis sueños.

No correspondencia: Detesto estar enfermo con tanta frecuencia y resfriarme continuamente.
Correspondencia: Soy la salud divina. Tengo intención de actuar saludablemente y atraer la fuerza que fortalezca mi sistema inmunológico de todas las maneras posibles.

Debes aprender a asumir la responsabilidad de las circunstancias de tu vida sin ningún tipo de culpabilidad. Las circunstancias de tu vida no son como son por una deuda kármica ni porque estés recibiendo un castigo. Las circunstancias de tu vida, incluyendo la salud, son tuyas. Se han puesto de manifiesto en tu vida, y tienes que asumir que tú has participado en todo el asunto. Tu discurso interno es única y exclusivamente creación tuya, responsable de atraer más circunstancias que tú no deseas. Conéctate con la intención, sírvete de tu discurso interior para mantenerte centrado en lo que intentas crear y verás como recuperas el poder de tu Fuente.

3. *Pensar en lo que siempre ha sido.* Cuando tu discurso interior se centra en cómo han sido siempre las cosas, actúas en consecuencia con tus pensamientos sobre lo que siempre ha sido, y la fuerza universal y omnicreadora sigue repartiendo lo que siempre ha sido. ¿Por qué? Porque tu imaginación forma parte de aquello que de la imaginación te trajo a la existencia. Es la fuerza de la creación, y la estás utilizando en tu contra con tu discurso interior.

Imagina que el Espíritu absoluto piensa de la siguiente manera: «No puedo crear más vida porque en el pasado no me han funcionado las cosas. ¡Ha habido tantos errores en el pasado que no puedo dejar de pensar en ellos!». ¿Cuánta creación crees que podría haber si el Espíritu pensara así? ¿Cómo vas a conectarte con la fuerza de la intención si tus pensamientos, que son responsables de tu intención, se centran en todo lo que ha ocurrido antes, que tú aborreces? La respuesta es evidente, como lo es la solución. Cambia de marcha y obsérvate cuando estás centrándote en *lo que siempre ha sido* y traslada tu discurso interior a *lo que tienes intención de manifestar.* En este concurso obtendrás puntos si estás en el equipo del Espíritu absoluto.

No correspondencia: Siempre he sido pobre. En mi infancia todo eran necesidades.
Correspondencia: Tengo intención de atraer la riqueza y la prosperidad con una abundancia ilimitada.

No correspondencia: Siempre nos hemos peleado en nuestra relación.

Correspondencia: Me voy a esforzar por ser pacífico y no consentir que nadie me hunda.

No correspondencia: Mis hijos nunca me han mostrado respeto.
Correspondencia: Tengo la intención de enseñar a mis hijos a respetar la vida entera, y yo los trataré de la misma manera.

No correspondencia: No puedo evitar sentirme así. Es mi carácter, y siempre he sido así.
Correspondencia: Soy una creación divina, capaz de pensar como mi Creador. Tengo intención de sustituir los sentimientos de impotencia por el amor y la bondad. Es mi decisión.

Los puntos de la «correspondencia» reflejan una relación de comunicación con el Espíritu creador. Los de la «no correspondencia» representan las interferencias que te has inventado para evitar corresponderte con la intención. Todo pensamiento que te haga retroceder es un impedimento para que manifiestes tus deseos. Las personas con un funcionamiento más elevado comprenden que, si no tienes una historia, no tienes que vivir de acuerdo con ella. Líbrate de cualesquiera partes de tu historia que te mantengan centrado en *lo que siempre ha sido.*

4. *Pensar en lo que «ellos» quieren para ti.* Probablemente tengas una larga lista de personas, en su mayoría familiares, con arraigadas ideas sobre lo que deberías hacer, lo que deberías pensar y qué religión tener, dónde deberías vivir, cómo planear tu vida y cuánto tiempo deberías pasar con ellos, sobre todo en ocasiones especiales y en las vacaciones. Menos mal que en nuestra definición de la amistad se excluyen la manipulación y la culpabilidad que con tanta frecuencia tenemos que soportar con la familia.

Con el diálogo interior que se autocompadece de las expectativas y las manipulaciones de los demás, ten por seguro que seguirá afluyendo a tu vida esa clase de comportamiento. Si tus pensamientos se centran en lo que los demás esperan de ti, aunque desprecies esas expectativas, continuarás actuando según lo que quieren y esperan para ti y atrayéndolo. Eliminar el obstáculo significa decidir cambiar tu discurso interior hacia lo que te propones crear y atraer en tu vida. Debes hacerlo con un propósito inquebrantable y el compromiso de no prestar tu energía mental a lo que los demás piensen sobre cómo tienes que vivir tu vida. Al principio podrá parecerte una ardua tarea, pero agradecerás el cambio cuando lo consigas.

Acostúmbrate a pararte cuando te asalta un pensamiento sobre lo que quieren los demás de ti y a preguntarte: «¿Se corresponden estas expectativas con las mías?». Si no es así, sencillamente ríete de lo absurdo que es preocuparte o sentirte frustrado por las expectativas de los demás sobre tu propia vida. Es una forma de correspondencia y de hacerte impermeable a las críticas de los demás, al tiempo que pones fin a la insidiosa costumbre de atraer a tu vida lo que no deseas. Pero la compensación consiste en que, como esos críticos se dan cuenta de que sus juicios y críticas son inútiles, abandonarán. Y tú saldrás ganando por partida doble, al dejar de pensar en lo que los demás quieren o esperan de ti y centrarte en cómo quieres vivir tu vida.

He aquí unos ejemplos para ganar el juego:

No correspondencia: Estoy harto de mi familia. No me comprenden, y nunca me han comprendido .

Correspondencia: Quiero a mi familia. No ven las cosas como yo, pero no espero que lo hagan. Estoy totalmente centrado en mis intenciones, y les doy amor.

No correspondencia: Ya no sé qué hacer para complacer a todos.
Correspondencia: Tengo un propósito y hago lo que me comprometí a hacer en esta vida.

Sin correspondencia: Me siento tan infravalorado por las personas para las que trabajo que a veces siento ganas de llorar.
Correspondencia: Hago lo que hago porque es mi objetivo y mi destino.

Sin correspondencia: Por mucho que haga o diga, parece que no puedo ganar.
Correspondencia: Hago lo que mi corazón me dice que haga, con amor, bondad y belleza.

Tu nivel de energía: ¿hay correspondencia o no?

Un científico dirá que la energía se mide por la velocidad y el tamaño de la onda que se crea. El tamaño de la onda se mide desde lo bajo hasta lo alto, y de lo lento a lo rápido. Cualquier otra cosa que atribuyamos a las condiciones que vemos en nuestro mundo es un juicio impuesto sobre esas frecuencias oscilantes. Una vez dicho esto, me gustaría apuntar una opinión propia: que la alta energía es mejor que la baja. ¿Por qué? Porque este libro está escrito por un hombre que se identifica con la curación, el amor, la bondad, la salud, la abundancia, la belleza, la compasión y otros términos similares, y estos términos van asociados a las energías más altas y más rápidas.

Se puede medir el efecto de las frecuencias más altas y más rápidas sobre las bajas y lentas, y en este sentido puedes influir tremendamente en la erradicación de los factores energéticos de tu vida que obstaculizan tu conexión a la intención. El objetivo de ascender en la escala de frecuencia consiste en cambiar el nivel vibratorio de tu energía para situarte en frecuencias más altas y más rápidas, donde el nivel energético se corresponde con las frecuencias más altas: la energía del omnicreador Espíritu de la intención. Como dijo Albert Einstein: «Nada ocurre hasta que algo se mueve».

Todo en este universo es un movimiento de energía. La energía más alta y más rápida disuelve y transforma la más baja y lenta. Con esto en mente, me gustaría que te considerases a ti mismo y tus pensamientos en el contexto de un organismo de energía. Sí; tú eres un sistema de energía, no solo un organismo compuesto de huesos, fluidos y células, sino una multitud de organismos de energía que rodean un organismo de energía interior formado por pensamientos, sentimientos y emociones. Y ese organismo de energía que tú constituyes puede medirse y calibrarse. Cada pensamiento tuyo puede ser calibrado energéticamente, junto con el impacto que tiene en tu cuerpo y en tu entorno. Cuanto más alta es tu energía, más capaz eres de anular y transformar las energías inferiores, que te debilitan, y causar un impacto positivo en todos los de tu entorno inmediato e incluso lejano.

El objetivo de este capítulo consiste en que tomes conciencia de tu propio nivel de energía y de las frecuencias reales de pensamiento que sueles emplear en la vida cotidiana. Puedes llegar a ser competente en la tarea de elevar tu nivel energético y borrar permanentemente las expresiones energéticas que debilitan o impiden tu conexión con la intención. En última instancia, tu meta consiste en conseguir una perfecta correspondencia con la más alta de las energías. A continuación veremos una sencilla explicación de los cinco niveles de energía con los que funcionas, pasando desde las frecuencias más bajas y lentas a las más altas y rápidas.

1. *El mundo material.* El estado sólido es la energía desacelerada hasta el punto de ser aproximadamente proporcional a la

percepción que puedes tener del mundo de las limitaciones. Cuanto vemos y tocamos es energía desacelerada para que parezca masa fusionada. Nuestros ojos y nuestros dedos la reconocen: ahí tenemos el mundo físico.

2. *El mundo del sonido.* Raramente percibimos ondas sonoras con los ojos, pero sí pueden sentirse. Esas ondas invisibles también son altas o bajas y rápidas o lentas. En este nivel sonoro de la energía es donde nos conectamos con las frecuencias más altas del Espíritu mediante la práctica de la meditación *japa* o la repetición del sonido de Dios, como explico ampliamente en *Getting in the Gap.*

3. *El mundo de la luz.* La luz se mueve a mayor velocidad que el mundo material y que el sonido; sin embargo, no existen partículas reales que formen una sustancia llamada luz. Lo que vemos rojo es cierta frecuencia vibrante que percibe el ojo, y lo que percibe como violeta es una frecuencia aún más rápida y alta. Cuando se lleva luz a la oscuridad, la oscuridad se convierte en luz. Las consecuencias son asombrosas. Cuando se enfrenta con la alta energía, la baja energía experimenta una transformación automática.

4. *El mundo del pensamiento.* Los pensamientos son pulsaciones de frecuencia extraordinariamente alta que se mueven a mayor velocidad que la del sonido e incluso de la luz. Se puede medir la frecuencia de los pensamientos y calcular el impacto que producen en nuestro cuerpo y nuestro entorno. Las mismas normas son aplicables en este caso. Las frecuencias más altas anulan las más bajas; la energías más rápidas transforman las más lentas. El doctor David Hawkins, colega al que admiro extraordinariamente, ha escrito un libro, citado por mí con frecuencia, titulado *Power vs. Force* [*El poder frente a la fuerza*]. En este excepcional

libro Hawkins explica con detalle las frecuencias bajas del pensamiento y las emociones que lo acompañan, y cómo se puede ejercer una influencia sobre ellas y transformarlas sometiéndolas a frecuencias más altas y más rápidas. Recomiendo vivamente la lectura de este libro, y explicaré algunos de sus hallazgos en el capítulo dedicado a elevar los niveles de energía. Se puede calcular todo pensamiento para determinar si fortalece o debilita la capacidad para volver a conectarse con la energía más alta y más rápida del universo.

5. *El mundo del Espíritu.* En él se encuentra la energía máxima. Estas frecuencias tienen una velocidad tan supersónicamente rápida que es imposible la presencia del desorden, la desarmonía, el desasosiego e incluso la enfermedad. Estas energías mensurables consisten en las siete caras de la intención sobre las que se habla en este libro. Son las energías de la creación. Cuando las reproduces en ti, reproduces la misma cualidad creativa de la vida que te dio la existencia. Son las cualidades de la creatividad, la bondad, el amor, la belleza, la expansión, la abundancia pacífica y la receptividad, las más altas energías del Espíritu universal. Tú existes gracias a esta energía, y puedes corresponderte con ella energéticamente al eliminar las pulsaciones de baja energía de tus pensamientos y sentimientos.

Fijémonos en las palabras de Max Planck al recibir el premio Nobel de física por sus estudios sobre el átomo: «Como hombre que ha dedicado toda su vida a la ciencia más lúcida, el estudio de la materia, puedo decirles lo siguiente sobre los resultados de mis investigaciones sobre los átomos: ¡que la materia como tal no existe! Toda la materia se origina y existe únicamente en virtud de una fuerza que hace vibrar las partículas de un átomo y mantiene unido ese minúsculo sistema solar del átomo... Hemos de asumir la existencia de una mente consciente e inteligente tras esta fuerza, que es la matriz de toda la materia». Con esa mente deseo que te correspondas.

ELEVAR TU NIVEL DE ENERGÍA

Todo pensamiento tuyo posee una energía que te fortalecerá o te debilitará. Evidentemente, es buena idea eliminar los pensamientos que te debilitan, pues son obstáculos para crear una correspondencia ganadora con la suprema Fuente universal de la intención. Párate unos momentos a reflexionar sobre el significado de la observación de Anthony de Mello en *One Minute Wisdom* [*Sabiduría de un minuto*]:

> —¿Por qué aquí todo el mundo es tan feliz menos yo?
> —Porque han aprendido a ver bondad y belleza en todas partes —contestó el Maestro.
>
> —¿Por qué no veo yo bondad y belleza en todas partes?
> —Porque no puedes ver fuera de ti lo que no logras ver dentro de ti.

Lo que quizá no logres ver dentro es consecuencia de cómo decidas procesar todo y a todos en tu mundo. Proyectas sobre el mundo lo que ves dentro, y no puedes proyectar sobre el mundo lo que no ves dentro. Si supieras que eres una expresión del Espíritu universal de la intención, eso es lo que verías. Elevarías tu nivel de energía para conectarte a la fuerza de la intención sin posibilidad de que surgieran obstáculos. Es la discordancia que actúa en tus propios sentimientos lo que te privará de lo bueno que te aguarda en la vida. Si comprendes esta sencilla observación, someterás las interferencias a la intención.

Hay una acción vibratoria que afecta a tus pensamientos, tus sentimientos y tu cuerpo. Te pido que aumentes esas frecuencias de modo que se eleven lo suficiente como para permitirte que te conectes a la fuerza de la intención. Puede parecer una simplificación excesiva, pero espero que intentes elevar tu nivel de energía como método para eliminar los obstáculos que te impiden experimentar la perfección de la que formas parte. No puedes remediar nada condenándolo; solo aumentarás la energía destructiva que ya está impregnando la atmósfera de tu vida. Cuando reaccionas ante las energías más bajas te topas con tus propias energías bajas, preparas una situación que atrae más energía baja. Por ejemplo, si alguien se porta contigo de una forma odiosa y tú respondes odiándolo porque te odia, estás participando en un campo de energía más baja y afectando a cuantos entran en ese campo. Si te enfadas con los que te rodean porque ellos se enfadan, intentas remediar la situación condenándola.

No emplees las mismas energías debilitadoras que los que te rodean. Los demás no pueden abatirte si funcionas con las energías más altas. ¿Por qué? Porque las energías más altas y más rápidas anulan y transforman las más bajas y lentas, no al revés. Si sientes que las energías más bajas de quienes te rodean te están derribando, se debe a que te sumas a ellos en sus niveles energéticos.

Quizá tu firme propósito consista en estar delgado y sano. Sabes que el Espíritu universal y omnicreador no te dio la existencia en ese punto microscópico de tejido celular humano para estar enfermo, obeso o ser feo, sino para crear amor, ser bondadoso y expresar la belleza. Esto es lo que la fuerza de la intención dispuso que fueras. Has de comprender una cosa: que no puedes atraer lo atractivo a tu vida detestando nada de lo que tú has permitido llegar a ser. ¿Por qué? Porque el odio crea una contrafuerza de odio que anula tus esfuerzos. Así lo describe Hawkins en *Power vs. Force*:

La simple bondad para con uno mismo y para todo ser vivo es la fuerza de transformación más poderosa. No produce reacciones adversas ni tiene desventajas, y nunca desemboca en la pérdida ni la desesperación. Aumenta el verdadero poder de la persona sin exigir nada a cambio. Pero, para alcanzar el máximo poder, esa bondad no admite excepciones, ni se puede ejercer con la expectativa de una recompensa egoísta. Y sus efectos son tan extensos como sutiles. [Obsérvese que la bondad es una de las siete caras de la intención.]

Y añade:

Lo perjudicial pierde su capacidad de hacer daño cuando se saca a la luz, y atraemos hacia nosotros lo que emanamos.

La lección está clara en cuanto a eliminar los obstáculos de la energía más baja. Debemos elevarnos hasta los niveles de energía en los que *somos* la luz que buscamos, donde somos la felicidad que buscamos, donde somos el amor que parece faltarnos, donde somos la ilimitada abundancia que ansiamos. Al serlo, lo atraemos hacia nosotros. Al condenar su ausencia, garantizamos que la condenación y la discordia sigan fluyendo en nuestras vidas.

Si experimentas escasez, angustia, depresión, falta de amor o incapacidad para atraer lo que deseas, reflexiona seriamente sobre cómo has atraído esas circunstancias a tu vida. La baja energía es una pauta atrayente. Aparece porque tú la has pedido, aunque sea en un nivel inconsciente. Sigue siendo algo tuyo. Sin embargo, si deliberadamente elevas tu nivel de energía con el conocimiento de tu entorno inmediato, avanzarás rápidamente hacia la intención y eliminarás todos los obstáculos que te has autoimpuesto. Los impedimentos se encuentran en el espectro de la baja energía.

MINIPROGRAMA PARA ELEVAR TUS VIBRACIONES ENERGÉTICAS

A continuación presento una breve lista de sugerencias para elevar el campo de energía a una vibración más alta y más rápida, algo que te ayudará a alcanzar un doble objetivo: eliminar las barreras y permitir que la fuerza de la intención funcione contigo y a través de ti.

Toma conciencia de tus pensamientos. Todos y cada uno de tus pensamientos te afectan. Si en medio de un pensamiento debilitador cambias a otro que te fortalece, elevas tu vibración energética y te fortaleces, a ti mismo y a tu campo energético inmediato. Por ejemplo; un día, cuando estaba diciéndole algo a una de mis hijas adolescentes para que se avergonzara de su conducta, me callé y recordé que la condena no es ningún remedio. Lo que añadí sirvió para extender el amor y la comprensión, preguntándole qué sentía ante su conducta contraproducente y qué le gustaría hacer para corregirla. El cambio elevó el nivel de energía y desembocó en una conversación productiva.

Tardé un segundo en tomar conciencia de mi pensamiento de baja energía y la decisión de elevarla hasta donde mi hija y yo nos conectamos con la fuerza de la intención. Todos tenemos la capacidad de invocar esta presencia y la fuerza de la intención para que actúe cuando tomamos conciencia de nuestros pensamientos.

Practica la meditación con regularidad. Aunque solo sea unos momentos cada día mientras esperas en un semáforo, esta costumbre es vital. Dedica un rato a estar en silencio y repite el sonido de Dios como un mantra interno. La meditación te permite el contacto consciente con tu Fuente y recuperar la fuerza de la intención ayudándote a cultivar una receptividad que se corresponde con la fuerza de la creación.

Toma conciencia de los alimentos que consumes. Hay alimentos de baja y de alta energía. Los alimentos a los que se han aplicado sustancias químicas tóxicas te debilitarán aunque no sepas que contienen toxinas. Las sustancias artificiales, como los edulcorantes, son productos de baja energía. Por lo general, los alimentos de elevada alcalinidad, como las frutas, las verduras, los frutos secos, la soja, el pan sin levadura y el aceite de oliva virgen se consideran de alta energía y fortalecedores de los músculos, mientras que los alimentos de alto porcentaje ácido, como los cereales con base de harina, las carnes, los lácteos y los azúcares se sitúan en la categoría de las energías más bajas, que debilitan. No es una verdad absoluta, aplicable a todo el mundo, pero puedes comprobar cómo te sientes tras haber consumido ciertos alimentos, y, si te sientes débil, aletargado y cansado, puedes tener la seguridad de que has consentido convertirte en un organismo de baja energía, que atraerá a tu vida más baja energía.

Abstente de las sustancias de baja energía. En el primer capítulo explico cómo aprendí que, para alcanzar el nivel de consciencia que ansiaba y que estaba destinado a alcanzar, la sobriedad constituía un elemento esencial. El alcohol, y prácticamente todas las drogas artificiales, legales o no, rebajan el nivel de la energía corporal y debilitan. Además, te ponen en la situación de seguir atrayendo a tu vida más energía inhabilitadora. Por el simple hecho de consumir sustancias de baja energía, verás que cada dos por tres empiezan a aparecer en tu vida personas de baja energía. Querrán invitarte a tomar esas sustancias, divertirse contigo cuando te coloques y te animarán a repetir cuando tu cuerpo se recupere de los estragos producidos por esas sustancias de baja energía.

Toma conciencia del nivel de energía de la música que escuchas. Las vibraciones musicales discordantes, martilleantes, repetitivas y fuertes disminuyen tu nivel de energía y te debilitan, a ti y tu capacidad para establecer contacto consciente con la intención. Lo mismo ocurre con las letras de canciones que reflejan odio, angustia, miedo y violencia, porque son bajas energías que envían mensajes debilitadores a tu subconsciente e impregnan tu vida de energías semejantes. Si quieres atraer violencia, escucha canciones con letras violentas, y esa música pasará a formar parte de tu vida. Si quieres atraer paz y amor, escucha las vibraciones musicales y las letras de canciones que reflejen tus deseos.

Toma conciencia de los niveles energéticos del entorno de tu casa. Las oraciones, los cuadros, los cristales, las estatuas, las frases espirituales, los libros, las revistas, los colores de las paredes de tu casa e incluso la disposición de los muebles crean una energía a la que te ves abocado al menos durante la mitad del tiempo que pasas despierto. Si bien puede parecer una estupidez, te ruego que trasciendas tu pensamiento condicionado y abras tu mente a todo. El antiguo arte chino del *feng shui* es conocido desde hace miles de años y es un regalo de nuestros ancestros. Describe diferentes formas de aumentar el campo energético de nuestra casa y nuestro lugar de trabajo. Debes tomar conciencia de cómo afecta un ambiente de alta energía al fortalecimiento de nuestra vida y la eliminación de barreras para conectarnos a la intención.

Reduce el contacto con las cadenas de televisión comerciales y por cable, de muy baja energía. En Estados Unidos, los niños ven doce mil simulacros de asesinatos en el televisor de su casa antes de cumplir catorce años. Las noticias de la televisión se empeñan en llevarte lo malo y lo feo a tu casa y, en gran medida, se olvidan de lo bueno. Es una constante corriente de negatividad que invade tu espacio vital y atrae otro tanto a tu vida. La violencia es el principal ingrediente de los programas, y entre medias te ofrecen anuncios patrocinados por las grandes empresas farmacéuticas que intentan convencerte de que se puede encontrar la felicidad en sus píldoras. Se les dice a los espectadores que necesitan toda clase de medicinas de baja energía para superar cualquier enfermedad física y mental conocida por la humanidad.

Yo he llegado a la conclusión de que la mayoría de los programas de televisión proporcionan un flujo continuo de baja energía. Es una de las razones por las que he decidido dedicar gran parte de mi tiempo y de mis esfuerzos a apoyar la televisión pública no comercial y contribuir a sustituir los mensajes de negatividad, desesperanza, violencia, grosería y falta de respeto por los principios más elevados que concuerdan con el principio de la intención.

Amplía tu campo energético con fotografías. A lo mejor te cuesta trabajo creer que la fotografía es una forma de reproducción de la energía y que toda fotografía contiene energía. Compruébalo situando estratégicamente fotografías tomadas en momentos de felicidad, de amor y receptividad hacia la ayuda espiritual en tu casa, en tu lugar de trabajo, en tu coche o incluso en tu ropa o en la billetera. Pon fotografías de la naturaleza, de animales, de expresiones de alegría y amor en tu entorno y la energía irradiará hacia tu corazón y te donará su alta frecuencia.

Toma conciencia de los niveles de energía de tus amigos, conocidos, de tu gente. Puedes elevar tus niveles de energía estando en el campo de energía de otras personas con una resonancia próxima a la consciencia espiritual. Mantente muy próximo a las personas que fortalecen, que atraen tu sentido de la conexión con la intención, que ven tu grandeza, que se sienten conectados con Dios y llevan una vida que testimonia que el Espíritu se regocija en ellos. Recuerda que la energía más alta anula y transforma la energía más baja, y procura estar en presencia de personas de alta energía, conectadas con el Espíritu, que llevan la vida para la que los había destinado la intención, e interactúa con ellas. Mantente en el campo energético de las personas de más alta energía y desaparecerán el odio, la ira, el temor y la depresión, que se transformarán como por arte de magia en las más elevadas expresiones de la intención.

Controla tus actividades y dónde se desarrollan. Evita los campos de baja energía donde haya demasiado alcohol, consumo de drogas o conducta violenta, así como las reuniones centradas en exclusiones de tipo religioso, étnico o por prejuicios. Estos actos te influirán para que no eleves tu energía y también para que te correspondas con la energía más baja, la debilitadora. Sumérgete en la naturaleza, aprecia su belleza, vete de acampada, de excursión, a nadar, disfruta de la naturaleza. Asiste a conferencias sobre la espiritualidad, a clases de yoga, da o recibe masajes, ve a monasterios o centros de meditación y ayuda a los demás, visitando a los ancianos de centros geriátricos o a niños enfermos en los hospitales. Toda actividad tiene su campo energético. Elige los lugares en los que los campos de energía reflejen las siete caras de la intención.

Prodiga actos de bondad sin pedir nada a cambio. Presta ayuda económica anónimamente a los desfavorecidos, y hazlo por bondad, sin siquiera esperar que te den las gracias. Activa tu *obsesión de esplendidez* aprendiendo a ser bondadoso mientras te desprendes por completo de tu ego, que espera que te digan lo maravilloso que eres. Se trata de una actividad fundamental para conectar con la intención, porque el Espíritu universal y omnicreador devuelve los actos de bondad con la siguiente pregunta: «¿En qué puedo servirte?».

Recoge algo que te encuentres tirado por la calle, deposítalo en un contenedor de basura y no se lo cuentes a nadie. Aún más: dedica varias horas a limpiar y recoger desechos que tú no has tirado. Cualquier acto de bondad que se extienda hacia ti mismo, hacia los demás o hacia tu entorno te corresponderá con la bondad inherente a la fuerza universal de la intención. Es energético y hace que esta clase de energía vuelva a fluir hacia tu vida.

El conmovedor relato «The Valentine» [«El regalo del día de san Valentín»], de Ruth McDonald, ilustra la forma de dar que yo sugiero. El niño simboliza la obsesión de esplendidez que acabo de mencionar.

Era un niño muy tímido que no caía demasiado bien a los demás niños de primer curso. Cuando se aproximaba el día de San Valentín, a su madre le encantó que una tarde le pidiera que escribiera el nombre de todos los niños de su clase para hacerle un regalo a cada uno. Fue recordando lentamente los nombres en voz alta, mientras su madre tomaba nota en una hoja de papel. Al niño le preocupaba terriblemente que se le olvidara alguno.

Pertrechado con un cuaderno de tarjetas recortables de San Valentín, tijeras, lápices de colores y pegamento, se puso a trabajar concienzudamente, siguiendo la lista. Cada vez que terminaba una tarjeta, su madre escribía el nombre con letra de imprenta en un trozo de papel y observaba al niño mientras lo copiaba laboriosamente. La satisfacción del niño aumentaba en la misma medida que el montón de tarjetas.

Entonces la madre empezó a preocuparse, pensando si los demás niños también le regalarían tarjetas de San Valentín. Su hijo volvía tan rápido a casa todas las tardes para seguir con su tarea que parecía probable que los demás niños que jugaban en la calle se olvidaran de su existencia. ¡Qué espantoso sería que su hijo fuera a la fiesta con treinta y siete regalos como prueba de cariño y nadie se hubiera acordado de él! Pensó si habría alguna forma de meter unas tarjetas entre las que estaba preparando para asegurarse de que al menos recibiera unas cuantas, pero el niño vigilaba su tesoro con tal celo y las contaba una y otra vez con tanto cuidado que no había forma de colarle ninguna. Adoptó el papel más normal de una madre, el de la paciente espera.

Por fin llegó el día de San Valentín, y observó a su hijo mientras caminaba pesadamente por la calle cubierta de nieve, con una caja de galletas en forma de corazón en una mano y una bolsa firmemente agarrada con la otra con los treinta y siete regalos que tan laboriosamente había preparado. «¡Dios mío, por favor, que le den al menos unas cuantas!», rogó.

Pasó toda la mañana entretenida, haciendo cosas con las manos, pero su corazón estaba en el colegio. A las tres y media se sentó a hacer punto, en la silla que, como sin quererlo, le proporcionaba una visión completa de la calle.

Por fin apareció el niño, solo. A su madre se le cayó el alma a los pies. Subía por la calle, volviéndose de espaldas de vez en cuando para dar unos pasos protegiéndose del viento. La mujer forzó la vista para verle la cara. Desde lejos era una simple mancha rosada.

Hasta que el niño entró en el sendero no la vio, una solitaria tarjeta que aferraba con la pequeña manopla roja. Solo una. Con todo el trabajo que se había tomado. Y probablemente del maestro. La labor de punto se le quedó borrosa ante los ojos. ¡Ojalá pudiera interponerse entre su hijo y la vida! Dejó la labor y fue a recibirlo a la puerta.

—¡Qué colorado vienes! —dijo—. Venga, voy a quitarte la bufanda. ¿Estaban buenas las galletas?

El niño la miró con cara resplandeciente de felicidad y satisfacción.

—¿A que no sabes una cosa? —dijo—. ¡Que no me he olvidado de ninguna! ¡Ni de una sola!

Sé concreto cuando declares tus intenciones de elevar tu nivel de energía y crear tus deseos. Coloca tus propósitos en lugares estratégicos donde puedas verlos y leerlos durante todo el día. Por ejemplo: «Tengo intención de atraer a mi vida el trabajo que deseo. Tengo intención de poder adquirir ese automóvil concreto que me imagino conduciendo antes del 30 del próximo mes. Tengo intención de dedicar dos horas de mi tiempo esta semana a los más desfavorecidos. Tengo intención de curarme de este cansancio persistente».

Cuando declaras tus intenciones por escrito tienen energía propia y te orientan para elevar el nivel de la tuya. Yo lo hago. Una señora llamada Lynn Hall, que vive en Toronto, me envió una placa preciosa que leo todos los días. En su carta decía: «Aquí tiene un regalo, escrito únicamente para usted con la intención de expresarle mi más profundo agradecimiento por la bendición que ha supuesto su presencia en mi vida. Estoy segura de que el sentimiento es universal y habla en nombre de todas las almas del planeta que han experimentado la misma buena fortuna. Que la luz y el amor que usted emite se reflejen para siempre en su persona con gozosa abundancia, doctor Dyer». La placa, que es preciosa, dice lo siguiente:

> El Espíritu
> ha encontrado su voz
> en ti,
> en vibrantes verdades
> y gozoso esplendor.
> El Espíritu ha encontrado
> la revelación a través de ti,
> por vías reflexivas y resonantes.
> El Espíritu ha encontrado
> el regocijo a través de ti,
> en espacios infinitos
> de magnitud sin fin.
> Para cuantos han despertado
> a la gracia de tus dones...
> El Espíritu ha encontrado
> alas y luz.

Leo estas palabras todos los días para recordar la conexión con el Espíritu y dejo que estas palabras fluyan desde mi corazón al tuyo, para hacer realidad mis intenciones y ayudarte con todas mis fuerzas a que tú hagas lo mismo.

Ten pensamientos de perdón con la mayor frecuencia posible. En las pruebas de fuerza muscular, cuando tienes pensamientos de venganza, te debilitas, mientras que un pensamiento de perdón te mantiene fuerte. La venganza, la ira y el odio son energías extraordinariamente bajas que te impiden corresponderte con los atributos de la fuerza universal. Un solo pensamiento de perdón hacia alguien que quizá te haya hecho enfadar —sin que tú hayas tomado ninguna acción— te elevará hasta el nivel del Espíritu y te ayudará con tus intenciones individuales.

Tienes dos posibilidades: o servir al Espíritu con tu mente o utilizar esa mente para divorciarte del Espíritu. Casado con las siete caras de la intención espiritual, conectas con esa fuerza. Divorciado, se hacen dueños de la situación la vanidad y el ego.

En esto consiste el último obstáculo para conectarte a la intención.

TU VANIDAD

En *El fuego interior*, Carlos Castaneda oye las siguientes palabras de su maestro hechicero: «La vanidad es el peor enemigo del hombre. Lo que lo debilita es sentirse ofendido por las buenas y malas acciones del prójimo. La vanidad requiere pasar la mayor parte de la vida sintiéndose ofendido por algo o por alguien». Es uno de los mayores impedimentos para conectarse a la intención, que podría producir tranquilamente una *no correspondencia.*

Tu vanidad es fundamentalmente lo que hace que te sientas especial; por tanto, vamos a ver en qué consiste ese concepto de ser especial. Es esencial que tengas un gran concepto de ti mismo y que te sientas único. El problema lo hallas cuando identificas mal tu verdadera personalidad y te identificas con tu cuerpo, tus logros y tus posesiones. Entonces consideras inferiores a las personas que han conseguido menos cosas, y tu superioridad vanidosa te hace sentirte continuamente ofendido, de una u otra forma. Este error en la identificación es la causa de la mayoría de tus problemas, y de la mayoría de los problemas de la humanidad. Sentirse especial nos lleva a la vanidad. Muchos años después de su iniciación a la hechicería, Castaneda escribe sobre la inutilidad de la vanidad. «Cuanto más pensaba en ello, y cuanto más hablaba con mis semejantes y los observaba, a ellos y a mí mismo, más me convencía de que algo nos estaba incapacitando para cualquier actividad, interacción o pensamiento que no tuviera el yo como centro.»

Con el yo como centro, mantienes la ilusión de que tú eres tu cuerpo, una entidad totalmente separada de los demás. Esta sensación de estar separado te lleva a competir con los demás en lugar de colaborar con ellos. En última instancia se produce una falta de correspondencia con el Espíritu, que se transforma en un tremendo obstáculo para que te conectes a la fuerza de la intención. Para renunciar a la vanidad, tienes que tomar conciencia de lo afianzada que está en tu vida. El ego es simplemente una idea de quién eres que llevas a cuestas. Como tal, no se te puede quitar con una operación quirúrgica de «egoectomía». Esta idea de quién eres debilitará continuamente cualquier posibilidad de conexión con la intención.

SIETE PASOS PARA VENCER EL DOMINIO DEL EGO

He aquí siete recomendaciones para ayudarte a trascender esas arraigadas ideas de la vanidad. Todas ellas están destinadas a evitar que te identifiques en una clave falsa con el ego y la vanidad.

1. *No te sientas ofendido.* La conducta de los demás no es razón para quedarte inmovilizado. Lo que te ofende solo contribuye a debilitarte. Si buscas ocasiones para sentirte ofendido, las encontrarás cada dos por tres. Es tu ego en plena acción, convenciéndote de que el mundo no debería ser como es. Pero puedes convertirte en degustador de la vida y corresponderte con el Espíritu universal de la Creación. No puedes alcanzar la fuerza de la intención sintiéndote ofendido. Por supuesto, actúa para erradicar los horrores del mundo, que emanan de la identificación masiva con el ego, pero vive en paz. Como nos recuerda *A Course in Miracles* [*Curso de milagros*]: «La paz es de Dios; quienes formáis parte de Dios no estáis a gusto salvo en su paz». Sentirse ofendido crea la misma energía destructiva que te ofendió y que lleva al ataque, al contraataque y a la guerra.

2. *Libérate de la necesidad de ganar.* Al ego le encanta dividirnos entre ganadores y perdedores. Empeñarte en ganar es un método infalible para evitar el contacto consciente con la intención. ¿Por qué? Porque, en última instancia, es imposible ganar todo el tiempo. Siempre habrá alguien más rápido, más joven, más fuerte, más listo y con más suerte que tú, y siempre volverás a sentirte insignificante y despreciable.

Tú no eres tus victorias. Puede que te guste la competición y que te diviertas en un mundo en el que ganar lo es todo, pero no tienes por qué estar allí con tus pensamientos. No existen perdedores en un mundo en el que todos compartimos la misma fuente de energía. Lo más que puedes decir es que en determinado día rendiste a cierto nivel en comparación con el nivel de otras personas ese mismo día. Pero hoy es otro día, y hay que tener en cuenta otros competidores y otras circunstancias. Tú sigues siendo la presencia infinita en un cuerpo que es un día (o una década) mayor. Olvídate de la necesidad de ganar no aceptando que lo opuesto de ganar es perder. Ese es el miedo del ego. Si tu cuerpo no rinde para ganar ese día, sencillamente no importa, si no te identificas exclusivamente con tu ego. Adopta el papel de observador, mira y disfrútalo todo sin necesitar ganar un trofeo. Vive en paz, correspóndete con la energía de la intención e, irónicamente, aunque apenas lo notes, en tu vida surgirán más victorias a medida que dejes de ir tras ellas.

3. *Libérate de la necesidad de tener razón.* El ego es fuente de conflictos y disensiones porque te empuja a hacer que los demás se equivoquen. Cuando eres hostil, te has desconectado de la fuerza de la intención. El Espíritu creativo es bondadoso, cariñoso y receptivo, y está libre de ira, resentimiento y amargura. Olvidarse de la necesidad de tener siempre razón en las discusiones y las relaciones es como decirle al ego: «No soy tu esclavo. Quiero abrazar la bondad y rechazo tu necesidad de tener razón. Aún más; voy a ofrecerle a esta persona la posibilidad de que se sienta mejor diciéndole que tiene razón y darle las gracias por haberme encaminado hacia la verdad».

Cuando te olvidas de la necesidad de tener razón puedes fortalecer la conexión con la fuerza de la intención, pero ten en cuenta que el ego es un combatiente muy resuelto. He visto personas dispuestas a morir antes que dejar de tener razón. He visto cómo acababan relaciones maravillosas por la necesidad de ciertas personas de llevar siempre la razón. Te propongo que te olvides de esta necesidad impulsada por el ego parándote en medio de una discusión para preguntarte: «¿Qué quiero? ¿Ser feliz o tener razón?». Cuando eliges el modo feliz, cariñoso y espiritual, se fortalece tu conexión con la intención. En última instancia, estos momentos expanden tu nueva conexión con la fuerza de la intención. La Fuente universal empezará a colaborar contigo en la creación de la vida que la intención quiere que lleves.

4. *Libérate de la necesidad de ser superior.* La verdadera nobleza no tiene nada que ver con ser mejor que los demás. Se trata de ser mejor de lo que eras antes. Céntrate en tu crecimiento, con constante conciencia de que no hay nadie mejor que nadie en este planeta. Todos emanamos de la misma fuerza vital. Todos tenemos la misión de cumplir la esencia para la que estamos destinados, y tenemos cuanto necesitamos para cumplir ese destino. Nada de esto es posible cuando te consideras superior a los demás. No por viejo es menos cierto este dicho: *Todos somos iguales ante los ojos de Dios.* Olvídate de la necesidad de sentirte superior al ver a Dios revelándose en todos. No valores a los demás basándote en su aspecto, sus logros, posesiones y otros baremos impuestos por el ego. Cuando proyectas sentimientos de superioridad, eso es lo que te devuelven, y te lleva al resentimiento y en última instancia a sentimientos de hostilidad. Estos sentimientos se convierten en el vehículo que te aleja de la intención. *A Course in Miracles* habla de esa necesidad de ser especial y superior: «El sentirse especial siempre establece comparaciones. Se produce por una carencia que se ve en el otro y que se mantiene buscando y no perdiendo de vista las carencias que puede percibir».

5. *Libérate de la necesidad de tener más.* El mantra del ego es *más.* Por mucho que logres o adquieras, tu ego insistirá en que no es suficiente. Te verás luchando continuamente y eliminarás la posibilidad de alcanzar la meta, pero en realidad ya la has alcanzado, y es asunto tuyo decidir cómo utilizar el momento presente de tu vida. Irónicamente, cuando dejas de necesitar más, parece como si te llegara más de lo que deseas. Como estás desapegado de esa necesidad, te resulta más fácil transmitírselo a los demás, porque te das cuenta de lo poco que necesitas para sentirte satisfecho y en paz.

La Fuente universal está satisfecha de sí misma, en continua expansión y creando nueva vida, sin intentar jamás aferrarse a sus creaciones por sus recursos egoístas. Crea y se desliga. Cuando te desligas de la necesidad del ego de tener más, te unificas con la fuente. Creas, atraes lo que deseas hacia ti y te desligas, sin exigir que se te presente nada más. Si valoras todo lo que surge, aprendes la gran lección que nos dio san Francisco de Asís: «... es dar cuando recibimos». Al permitir que la abundancia fluya hasta ti y a través de ti, estableces correspondencia con la Fuente y aseguras que esa energía siga fluyendo.

6. *Libérate de la necesidad de identificarte con tus logros.* Puede resultar un concepto difícil si piensas que tú y tus logros sois lo mismo. *Dios escribe toda la música, Dios canta todas las canciones, Dios construye todos los edificios, Dios es la fuente de todos tus logros.* Y ya oigo las protestas de tu ego, pero sigue sintonizado con esta idea. Todo emana de la Fuente. ¡Tú y tu Fuente sois uno y lo mismo! No eres ese cuerpo y sus logros. Eres el observador. Fíjate en todo y agradece las capacidades que te han sido concedidas, la motivación para lograr cosas y las cosas que has acumulado, pero atribúyele todo el mérito a la fuerza de la intención que te dio la existencia y de la que formas parte materializada. Cuanto menos necesites atribuirte el mérito de tus logros más conectado estarás con las siete caras de la intención, más libre serás de conseguir cosas, que te surgirán con más frecuencia. Cuando te apegas a esos logros y crees que lo estás consiguiendo tú solo es cuando abandonas la paz y la gratitud de tu Fuente.

7. *Libérate de tu fama.* La fama que tienes no está localizada en ti, sino en la mente de los demás y, por consiguiente, no ejerces ningún control sobre ella. Si hablas con treinta personas, tendrás treinta famas distintas. Conectarse a la intención significa escuchar los dictados de tu corazón y actuar basándote en lo que tu voz interior te dice que es tu meta aquí. Si te preocupas demasiado por cómo te van a percibir los demás, te habrás desconectado

de la intención y permitido que te guíen las opiniones de los demás. Así funciona el ego. Es una ilusión que se alza entre ti y la fuerza de la intención. No hay nada que no puedas hacer, a menos que te desconectes de la fuerza y te convenzas de que tu meta consiste en demostrarles a los demás tu superioridad y autoridad y dediques tu energía a intentar ganar una fama extraordinaria entre el ego de los demás. Haz lo que haces según la orientación de tu voz interior, siempre conectada con tu Fuente y agradecida a ella. Mantén tu propósito, deslígate de los resultados y acepta la responsabilidad de lo que reside en ti: tu carácter. Deja que otros discutan sobre tu fama; no tiene nada que ver contigo. O como dice el título de un libro: *Lo que pienses de mí no es asunto mío*.

Este es el último de los tres grandes obstáculos para conectarte a la intención: tus pensamientos, tu energía y tu vanidad. A continuación expongo cinco sugerencias para superar esos obstáculos y mantenerte permanentemente conectado con la fuerza de la intención.

CINCO SUGERENCIAS PARA PONER EN PRÁCTICA LAS IDEAS DE ESTE CAPÍTULO

1. *Controla tu diálogo interior.* Observa qué parte de tu diálogo interior se centra en lo que te falta, en las circunstancias negativas, el pasado y las opiniones de los demás. Cuanto mayor conocimiento tengas de tu diálogo interior, más pronto podrás cambiar en mitad del desarrollo interior habitual, y pasar de *me molesta lo que me falta* a *tengo intención de atraer lo que deseo y dejar de pensar en lo que no me gusta.* Ese nuevo diálogo interior se transformará en el vínculo que te conecte a la intención.

2. *Ilumina los momentos de duda y depresión.* Observa los momentos que no forman parte de tu naturaleza más elevada. Rechaza los pensamientos que fortalezcan tu incapacidad para corresponder-

te con la intención. Un buen consejo: *Mantente fiel a la luz.* Hace poco un amigo y maestro mío se enteró de que yo tenía cierto problema y me escribió lo siguiente: «Wayne, recuerda que el sol brilla tras las nubes». Mantente fiel a la luz que siempre está ahí.

3. *Sé consciente de la baja energía.* Recuerda que todo, incluidos tus pensamientos, posee una frecuencia energética que puede calibrarse para determinar si te va a fortalecer o a debilitar. Cuando veas que tienes pensamientos de baja energía o que estás inmerso en una energía baja, debilitadora, decide llevar una vibración más alta a esa situación que te debilita.

4. *Habla con tu ego y dile que hoy no ejerce ningún control sobre ti.* En la habitación de mis hijos aquí en Maui he enmarcado la siguiente observación, que ven todas las mañanas. Aunque se ríen de ella y hacen bromas, reciben el mensaje fundamental y lo dicen en voz alta cuando cualquiera (incluso yo) se disgusta durante el día.

> Buenos días,
> soy Dios.
> Hoy voy a ocuparme
> de todos tus problemas.
> Como no necesito tu ayuda,
> que pases un maravilloso día.

5. *Considera los obstáculos oportunidades para poner en práctica tu firme propósito.* Ya sabes lo que significa firme. *Tengo intención de mantenerme conectado con mi Fuente y obtener el poder de mi Fuente.* Esto significa estar en paz, distanciarte de las circunstancias y verte como el observador, no como la víctima... para a continuación devolvérselo todo a tu Fuente y saber que recibirás cuanta orientación y ayuda necesites.

Acabas de examinar minuciosamente los tres grandes obstáculos para conectarse a la fuerza de la intención y las sugerencias para eliminarlos. En el siguiente capítulo explico cómo influimos en quienes nos rodean cuando elevamos el nivel de energía a las más altas frecuencias espirituales y vivimos día a día conectados a la intención. Cuando estás conectado con la fuerza de la intención, tú y la energía que irradias afectan a todo lugar al que vas y a toda persona que ves. Cuando te transformes en la fuerza de la intención, verás que tus sueños se cumplen casi como por arte de magia y que creas enormes ondas en el campo de energía de los demás con tu simple presencia.

5

El impacto sobre los demás al estar conectado con la intención

> Una de las más hermosas compensaciones de la vida consiste en que nadie puede intentar sinceramente ayudar a otro sin ayudarse a sí mismo... Sirve y serás servido.
>
> RALPH WALDO EMERSON

A medida que te encuentres más armonizado con las caras de la intención descubrirás que influyes sobre los demás de nuevas maneras. El carácter de este impacto tiene una profunda importancia en tu búsqueda de cómo utilizar la fuerza de la intención. Empezarás a ver en los demás lo que sientes en tu interior. Esta nueva forma de ver permitirá a las personas que estén en tu presencia sentirse reconfortadas y tranquilas y ser cómplices indirectos y cariñosos de tu conexión con la intención.

Como leerás a continuación, el poeta Hafiz asegura que no quiere nada, aunque la persona sea «una inmundicia babeante» y una potencial víctima. Lo único que percibe es su valía divina, lo mismo que tú verás en los demás al conectarte con la fuerza de la intención.

EL JOYERO

Si un hombre desesperado y cándido
lleva una piedra preciosa
al único joyero de la ciudad
con intención de venderla,
los ojos del joyero iniciarán un juego,
como casi todos los ojos
que en el mundo te miran.
El rostro del joyero estará tranquilo.
No querrá desvelar el verdadero valor de la piedra,
sino mantener al hombre preso del temor y la avaricia
mientras calcula la transacción.
Mas un solo momento conmigo, amigo mío,
te mostrará que Hafiz no quiere nada,
nada de ti.
Cuando estás ante un maestro como yo,
aunque seas una inmundicia babeante,
mis ojos se alborotan de entusiasmo
al ver tu valía divina.

RECIBES LO QUE DESEAS PARA LOS DEMÁS

Cuando examinas los atributos de la intención universal al tiempo que te comprometes a ser esos atributos empiezas a comprender la importancia de lo que deseas para los demás. Si les deseas la paz, tú la recibirás. Si les deseas que sean queridos, tú serás el objeto del amor. Si solo ves belleza y valía en los demás, recibirás otro tanto. Te desprenderás de lo que tienes en el corazón y atraerás aquello de lo que te desprendes. Es algo muy importante. El impacto que tienes sobre los demás, ya sean desconocidos, miembros de la familia, compañeros de trabajo o vecinos, es prueba de la fortaleza de tu conexión con la fuerza de la intención. Piensa en tus relaciones, si son sagradas o profanas.

Las relaciones sagradas facilitan la fuerza de la intención en un alto nivel de energía para todas las personas implicadas, mientras que las relaciones profanas lo mantienen en los niveles más bajos y más lentos. Conocerás tu potencial para la grandeza cuando empieces a ver la perfección en todas las relaciones. Cuando reconozcas lo sagrado en los demás, empezarás a tratarlos como expresiones divinas de la fuerza de la intención y no querrás nada de ellos. La ironía está en que se convierten en colaboradores de la creación al manifestar todos tus deseos. No quieras ni exijas nada de ellos, no tengas expectativas para ellos, y te devolverán esa bondad. Exígeles, empéñate en que te complazcan, considéralos inferiores, siervos, y recibirás lo mismo. Es tu deber tener clara conciencia de lo que realmente quieres para los demás y saber si mantienes una relación sagrada o profana con todas las personas a las que tratas.

La relación sagrada. Una verdad que he llegado a reconocer durante mis años de desarrollo es que resulta imposible conocer la propia perfección si no se es capaz de ver y honrar esa misma perfección en los demás. La capacidad de verte como expresión temporal de la intención y de verte en toda la humanidad es una característica de la relación sagrada, es la capacidad para celebrar y honrar cuanto existe en todos los demás, el lugar en el que todos somos uno.

En una relación profana te consideras separado de los demás, tienes la sensación de que fundamentalmente te resultan útiles para satisfacer los deseos del ego, y que las personas están ahí para ayudarte a conseguir lo que falta en tu vida. En cualquier clase de relación, esta actitud de separación y potencial manipulación crea una barrera entre la fuerza de la intención y tú. Los signos de las relaciones profanas son muy claros: las personas se ponen a la defensiva, tienen miedo, son hostiles y no desean tu compañía.

Al cambiar las pautas de pensamiento para elevar tus vibraciones energéticas y reducir las exigencias del ego, empezarás a desarrollar una relación reverente o sagrada con los demás. Entonces cada persona se percibe como una totalidad. Cuando puedes aceptar las diferencias en los demás y considerarlas interesantes o agradables, estás debilitando tu identidad con el ego. La relación sagrada es una forma de corresponderte con la Fuerza de la Creación universal y de sentirte alegre y en paz. Cualquier relación —o incluso un encuentro— desde la perspectiva sagrada supone reunirse con un aspecto querido de nuestra persona y descubrir una estimulante conexión con la fuerza de la intención.

Hace poco le pregunté a un dependiente muy atareado que estaba tras el mostrador del marisco de un supermercado si sabía dónde podía encontrar salmón ahumado. Me vi conectado con él a pesar de la irritación que manifestaba su conducta. Un hombre que estaba a mi lado oyó lo que preguntaba y vio el agobio reflejado en la cara del dependiente. Aquel desconocido me sonrió y se fue a otra sección del supermercado; volvió con un paquete de salmón ahumado y me lo dio. ¡Me trajo lo que yo estaba buscando! ¿Coincidencia? No lo creo. Cuando me siento conectado con los demás e irradio la energía de la relación sagrada, la gente reacciona bondadosamente y se toma molestias para ayudarme con mis propósitos.

Otro ejemplo de lo mismo. Un día me trasladaron de una compañía aérea a otra debido a un problema mecánico que acabó en la cancelación del vuelo. En la primera compañía, que está en mi ciudad natal, los empleados me conocen y se desviven por ayudarme. He practicado una relación sagrada con todos los que trabajan en el mostrador, en la facturación de equipajes, en el avión, etcétera. Aquel día me mandaron al otro extremo del aeropuerto con siete cajas de libros y cintas que había que facturar como equipaje. Mientras Maya, mi ayudante, y yo nos arrastramos como pudimos hasta el mostrador de la otra compañía aérea con un carro cargado de equipaje y siete pesadas cajas, la representante anunció que su compañía no permitía que se facturasen más de dos bultos como equipaje y que tendría que dejar en tierra tres cajas. Podía facturar dos bultos por mí y otros dos por Maya. «Son las normas.»

Es en estas situaciones cuando una relación sagrada con un desconocido tiene mayor potencial de ayudarte con tus intenciones que una relación profana. En lugar de responder a la representante con la intención de que ella era una empleada cuyo trabajo consistía en cubrir mis necesidades, decidí unirme a ella donde los dos somos uno. Le dije que no me molestaba aquella norma y me imaginé cómo se sentiría, teniendo que ocuparse de tantas personas que no estaban previstas para aquel vuelo. Me sentí conectado y expresé mis sentimientos de angustia ante el reto de qué hacer con aquellas tres cajas de más, que mi compañía aérea había accedido a transportar. La invité a una conferencia que iba a dar el mes siguiente. Toda nuestra conversación e interacción se guió por mi propósito de que aquella relación siguiera siendo sagrada.

La energía de esta interacción cambió, pasando de débil a fuerte. Establecimos vínculos, reconocimos nuestro *propio ser* en el otro, y facturó todas mis cajas con una sonrisa. No he olvidado lo que me dijo al darme las tarjetas de embarque: «Cuando lo vi venir con el carro lleno de cajas, estaba decidida a que no las metiera en el avión, pero tras unos momentos con usted, si lo hubiera tenido que hacer, yo misma habría llevado las cajas al avión. Encantada de conocerlo. Gracias por lo que hace, y espero que en futuras ocasiones tenga en cuenta nuestra compañía».

Son dos sencillos ejemplos de lo que ocurre cuando pasas conscientemente de las relaciones profanas a experimentar tu conexión mediante la fuerza de la intención. Te recomiendo que establezcas una relación sagrada con tu Fuente, la comunidad mundial, tus vecinos, conocidos, familiares, el reino animal, nuestro planeta y tú mismo. Al igual que en los ejemplos del hombre que me trajo el salmón ahumado que estaba buscando y la empleada de las líneas aéreas que me ayudó a hacer realidad mi propósito, tú disfrutarás de la fuerza de la intención por mediación de las relaciones sagradas. En eso consisten las relaciones.

SOLOS NO PODEMOS HACER NADA

Cuando conozcas a alguien, considéralo un encuentro sagrado. Es a través de los demás como encontramos o amamos nuestro *ser*, porque sin los demás no se consigue nada. En *A Course in Miracles* se expresa muy bien:

> *Nada podemos hacer solos,*
> *pero juntos nuestras mentes se funden en algo*
> *cuyo poder rebasa con mucho*
> *el poder de cada una de sus partes.*
> *Solo no se puede encontrar el reino,*
> *y tú, que eres el reino,*
> *no puedes encontrarte a ti mismo solo.*

Cuando eliminas el concepto de separación de tus pensamientos y tu conducta, empiezas a sentir la conexión con todo y con todos. Empezarás a tener la sensación de estar en tu sitio, lo que te permitirá burlarte de cualquier pensamiento de ser una persona aparte. Esa sensación de conexión se origina cuando empiezas a procesar todas tus interacciones desde el punto de vista de la igualdad, y te ayuda a ello. Al reconocer a los demás como personas que colaboran en la creación te correspondes con la Fuente y pasas al estado de gracia. Si te consideras inferior o superior, significa que te has desconectado de la fuerza de la intención. Tus deseos quedarán frustrados a menos que conectes con otras personas y las apoyes.

Es muy significativo cómo interactúas con tu grupo de apoyo universal. Cómo consideras a los demás es una proyección de cómo te consideras a ti mismo. Si sistemáticamente consideras despreciables a los demás, estarás erigiendo una barrera para tus potenciales aliados. Si consideras débiles a los demás, atraerás energías débiles. Considerar continuamente a los demás deshonestos, perezosos, pecadores, etcétera, puede significar que necesitas sentirte superior. Criticar constantemente a los demás puede ser una forma de compensar algo que temes; pero ni siquiera hace falta que comprendas este mecanismo psicológico. Lo único que tienes que reconocer es cómo consideras a los demás. Si tu norma de comportamiento consiste en considerarlos unos fracasados, solo tienes que fijarte en esa pauta que demuestra lo que estás atrayendo a tu vida.

Es muy importante ver las interacciones como encuentros sagrados, porque activa una pauta que atrae la energía. En una relación sagrada atraes la colaboración de energías más altas. En una relación profana, también se establece la pauta de atracción, que atrae bajas energías y más relaciones profanas. Al llevar energía espiritual más alta a cuantas personas conozcas, disuelves las energías más bajas. Cuando aparecen en tus relaciones las energías de la bondad, el amor, la receptividad y la abundancia, significa que has añadido a la mezcla el elixir de la Creación espiritual o el amor del Creador. A partir de entonces empezarán a funcionar esas fuerzas con todas las personas de tu entorno. Se te presentan las personas adecuadas como por arte de magia. Aparecen los materiales adecuados. Suena el teléfono y alguien te da una información por la que llevabas meses esperando. Unas personas desconocidas te hacen sugerencias que tienen mucha importancia para ti. Como ya he dicho antes, esta clase de coincidencias son como los ángulos geométricos que coinciden, que se ajustan perfectamente. Trata a los demás como colaboradores en la creación y mantén expectativas divinas para ellos. No consideres a nadie común y corriente, ordinario, a menos que desees que se manifieste lo mismo en tu mundo.

DE LO ORDINARIO A LO EXTRAORDINARIO

El famoso relato de Lev Tolstoi *La muerte de Ivan Ilich* es uno de mis favoritos. Tolstoi describe a Ivan Ilich como un hombre motivado casi exclusivamente por las expectativas de los demás, incapaz de hacer realidad sus sueños. La primera frase del segundo capítulo de este fascinante relato dice lo siguiente: «La historia de la vida de Ivan Ilich era de lo más sencillo, de lo más ordinario y, por consiguiente, de lo más terrible». Tolstoi califica una vida ordinaria de terrible, y yo estoy completamente de acuerdo con él.

Si las expectativas que tienes para tu vida se centran en ser normal, ir tirando, adaptarte, ser una persona normal y corriente, resonarás con las frecuencias ordinarias y atraerás lo normal y corriente a tu vida. También la influencia que ejerzas sobre otras personas como potenciales aliados para colaborar en la creación de tus intenciones girarán en torno a lo ordinario. La fuerza de la intención surge cuando te sincronizas con la fuerza universal y omnicreadora, que es cualquier cosa menos normal y corriente, ordinaria. Esa es la fuerza responsable de toda la creación. Se expande continuamente y piensa y crea en términos de infinita abundancia. Cuando te trasladas a esa energía más alta y resuenas más armonizado con la intención, te conviertes en un imán que atrae esa energía a tu mundo, y también ejerces esa influencia sobre todo y todos los que te rodean.

Uno de los métodos más eficaces para trascender lo *ordinario* y trasladarte al mundo de lo *extraordinario* consiste en decir *sí* con más frecuencia y eliminar el *no* casi por completo. Yo lo llamo «decir sí a la vida». Di sí a ti mismo, a tu familia, a tus hijos, a tus compañeros de trabajo, a tus asuntos. Lo ordinario dice: «No, no creo que pueda hacerlo. No, eso no va a funcionar». *No, ya lo he intentado y no me funciona. No, ese objetivo es imposible para mí.* Con la idea del *no*, atraes más *noes*, y la influencia sobre otras personas a las que podrías ayudar y en quien podrías confiar en que te ayudarán también es negativa. Te invito una vez más a que adoptes la actitud del poeta Hafiz.

> *Rara vez sale de mi boca un no,*
> *porque bien sabe mi alma*
> *que Dios ha gritado sí, sí, sí,*
> *a todo movimiento luminoso de la Existencia.*

Grita *sí* a todo el mundo siempre que puedas. Cuando alguien te pida permiso para hacer algo, antes de decir «no» pregúntate si quieres que esa persona continúe en los niveles normales y corrientes de la vida. La semana pasada mi hijo Sands quería ir a otra playa para hacer surf, y lo primero que pensé fue: «Es muy peligroso, nunca has ido allí, igual te pasa algo». Pero me lo pensé dos veces y acompañé a mi hijo en una nueva aventura. Mi *sí* afectó a su vida y a la mía positivamente.

Si haces del *sí* tu mantra interior podrás expandir ese *sí* y atraer más *síes* a tus propósitos personales. El *sí* es el aliento de la Creación. Piensa en una gota de lluvia fundiéndose con un río en el momento en que se convierte en río. Piensa en el río fundiéndose con el mar en el momento en que se convierte en el mar. Casi puedes oír el susurro del *sí* en esos momentos. Al fundirte con la fuerza universal de la Creación extendiendo el *sí* por donde sea posible, te transformas en esa fuerza de la Creación. En eso consistirá tu influencia sobre los demás. Se acabaron los *noes* ordinarios en tu vida. Adelante con lo extraordinario.

Lo ordinario supone estancarse en una rutina, como Ivan Ilich. Mientras sigas con esa rutina, atraerás a otras personas rutinarias, y la influencia mutua que ejerceréis será quedaros donde estáis, quejándoos, encontrando defectos en todo y esperando y deseando mejores tiempos. La fuerza universal de la intención nunca se queja; crea y ofrece opciones para la grandeza. No juzga a nadie ni se queda anquilosada deseando y esperando que las cosas mejoren. Está demasiado ocupada en crear belleza como para dedicarse a tales tonterías. A medida que eleves tu nivel de energía, apartándote de la mentalidad rutinaria, ejercerás un efecto que elevará igualmente a todas las personas rutinarias que hay en tu vida. Además, ayudarás a muchas de ellas a ejercer una influencia semejante y te surgirán nuevos aliados para llevar a cabo tus propósitos. Toma conciencia de tu identificación con lo normal y corriente, lo ordinario, y empieza a vibrar con frecuencias energéticas cada vez más altas, que constituyen un cambio, una elevación hacia las dimensiones extraordinarias de la pura intención.

EL IMPACTO DE TUS ENERGÍAS EN LOS DEMÁS

Cuando te sientes conectado y en armonía con la intención notas una gran diferencia ante la forma que reaccionan las personas hacia ti. Sé consciente de esas reacciones, porque afectarán directamente a tu capacidad para llevar a cabo tus propósitos individuales. Cuanto más estrecha y automática sea tu sintonía con las frecuencias de la Fuente universal y omnicreadora, más impacto tendrás en los demás y más contribuirás a anular su baja energía. Serás un polo de atracción para ellos, y traerán paz, alegría, amor, belleza y abundancia a tu vida. A continuación voy exponer mi opinión sobre tu impacto en los demás cuando estás sintonizado con la intención y la diferencia de ese impacto cuando estás dominado por la actitud separatista de tu ego.

He aquí algunas de las formas más significativas para tener impacto en los demás:

Tu presencia transmite calma. Cuando coincides con la intención, ejerces una influencia tranquilizadora sobre los demás. La gente suele sentirse más tranquila, menos amenazada y más a gusto. La fuerza de la intención es la fuerza del amor y de la receptividad. No pide nada a nadie, no juzga a nadie y alienta a los demás a ser libres, a ser ellos mismos. Como las personas se sienten más tranquilas en tu presencia, también se sienten seguras, en virtud de las frecuencias energéticas que irradias. Sus sensaciones se alimentan con tu energía de amor y receptividad, y desean acercarse a ti, estar contigo. Como dice Walt Whitman: «Convencemos con nuestra presencia».

Si por el contrario llevas a tus interacciones las calibraciones más bajas, la crítica, la hostilidad, la ira, el odio o la depresión, atraes ese nivel de energía si está latente en las personas con las que interactúas, lo que funciona como fuerza contraria a esas mismas energías si están presentes en otras personas. El impacto intensifica las energías más bajas en ese nivel y crea un campo en el que se sitúan ciertas exigencias como consecuencia de los sentimientos de inferioridad o de rivalidad.

La intención no interactúa contra nada. Es como la gravedad, que no se mueve en contra de nada ni se mueve por sí misma. Debes pensar en impactar a los demás como la gravedad, sin tener que atacar a nadie ni moverte en contra de nadie. Las personas que se sienten energizadas por tu presencia se transforman en almas gemelas, y eso únicamente ocurre si se sienten a salvo en lugar de atacadas, seguras y no juzgadas, tranquilas y no acosadas.

Tu presencia da energía a los demás. Recuerdo cuando, al salir de una sesión de dos horas con una maestra espiritual, me sentía como si pudiera conquistar el mundo, emocional y espiritualmente. Era la madre Meera, que me sujetó la cabeza entre sus manos y me miró a los ojos con su divinidad desprovista de ego. Sentí tal energía que no dormí durante toda la noche; necesitaba más de lo que aquel ser jubiloso me había mostrado tan solo con su presencia.

Cuando llevas las frecuencias de la intención ante la presencia de los demás, sentirán mayor energía por el simple hecho de encontrarse en tu círculo. No tienes que decir ni una sola palabra, ni actuar de ninguna forma prescrita. Únicamente con tu energía de la intención lograrás que los que están en tu campo se sientan con un poder que se les ha concedido de una forma misteriosa. A medida que empieces a expresar conscientemente las siete caras de la intención descubrirás que los demás empiezan a hacer comentarios sobre el impacto que tienes sobre ellos. Querrán ayudarte a que cumplas tus sueños. Se llenarán de energía y se ofrecerán a ayudarte; incluso empezarán a ofrecerse a financiar tus sueños con sus ideas nuevas, energizadas. A medida que he ido desarrollando mi consciencia de la fuerza de la intención, me han dicho que ejerzo influencia sin necesidad de hacer otra cosa que cenar una noche en un restaurante con alguien. Algunas personas me han contado que han sentido la energía con más confianza, determinación e inspiración tras el rato que pasamos juntos. Yo no hago nada, pero ellos sienten el impacto del campo de alta energía que compartimos.

Tu presencia permite a los demás sentirse mejor con ellos mismos. ¿Has notado alguna vez que en presencia de ciertas personas te sientes mejor contigo mismo? Su energía compasiva surte un efecto perceptiblemente agradable, sencillamente el de sentirte bien contigo mismo. Tendrás un impacto en los demás con esta energía de la compasión a medida que desarrolles tu conexión con la intención. Los que te rodean notarán que los comprendes, que te preocupas y te interesas por ellos como individuos. Con esta clase de conexión con la intención es menos probable que centres la conversación en ti mismo y utilices a los demás para complacer a tu ego.

Por el contrario, estar en compañía de alguien que se muestra desdeñoso o indiferente te influye de una forma completamente distinta. Si esa es la baja energía que transmites a los demás, es bastante probable que después del encuentro contigo no se sientan precisamente bien con ellos mismos, a menos que estén tan fuertemente conectados a la intención que puedan anular el efecto de la baja energía. Estos pensamientos y conductas de energía sumamente baja son evidentes si te sirves de cualquier tema de conversación que surja para hablar de ti mismo. Cualquier conducta similar despliega una energía dominada por el ego que tiene un impacto desagradable en los demás. Además, los deja con la sensación de ser insignificantes, y evidentemente se sienten peor cuando se trata de una pauta que se repite en una relación importante.

Tu presencia permite a los demás sentirse unidos. El efecto de estar en presencia de personas que expresan altas frecuencias consiste en sentirse unidos y conectados con toda la naturaleza, la humanidad y la intención. A medida que elevas tus frecuencias, el efecto que tienes sobre los demás los invita a estar en el mismo equipo. Os sentís unidos y deseáis ayudaros mutuamente para cumplir un objetivo común.

El sentimiento contrario al de la unidad consiste en sentirse polarizado y aislado. La baja energía exige mucho y siempre va en contra de los demás. Por consiguiente, es inevitable que derive en una situación de victoria o derrota. Las energías del antagonismo, la censura, el odio y similares crean una fuerza contraria en la que alguien tiene que perder. Cuando tienes un enemigo, necesitas establecer un sistema de defensa, y la defensa llega a ser lo que caracteriza tu relación. La necesidad de una persona de llevar la contra y polarizar pone en movimiento las condiciones de la guerra. La guerra siempre es cara. Todo eso puede evitarse manteniéndose conectado a la intención y llevando esa energía más alta a tus relaciones, permitiendo a cuantos conozcas que sientan la unidad contigo, con todos los demás, con la naturaleza y con Dios.

Tu presencia transmite la sensación de un propósito. Cuando te encuentras en las energías espirituales más altas, proporcionas a los demás algo casi inexplicable. Tu presencia y tu conducta en un espacio de amor, aceptación, generosidad, sin crítica, se convierte en catalizador para que los demás sientan que tienen un *propósito* en la vida.

Al mantenerte en las energías más altas del optimismo, el perdón, la comprensión, la veneración por el Espíritu, la creatividad, la serenidad y la dicha, irradias esa energía y llevas las energías más bajas a tus vibraciones superiores. Esas personas, a quienes no influyes a propósito, empiezan a notar tu veneración y tu serenidad. Cumples tu propio objetivo, que gira en torno al servicio a los demás y por consiguiente a Dios; y por añadidura, ganas aliados.

Me han dicho miles de personas que el simple hecho de asistir a un sermón o una charla en una iglesia cuyo principal mensaje es la esperanza, el amor y la generosidad les motiva lo suficiente como para comprometerse a cumplir su propósito. Cuando yo soy el orador, siempre entro por la parte trasera de la habitación para tener tiempo de beber de la energía de la esperanza, el optimismo y el amor. Literalmente siento su energía colectiva. Es como una tranquila oleada de placer, como si por mi interior corriera el agua tibia de una ducha. Eso es la energía. En eso consiste la intención, y la poderosa motivación que ayuda a todos a tener esperanza y un propósito.

Tu presencia permite a los demás confiar en las auténticas conexiones personales. Al transmitir los rasgos de la intención a los demás, permites la presencia de la confianza. Observarás la tendencia y la disposición de los demás a confiar en ti y abrirse a ti. Esto guarda relación con la cualidad de la confianza. En la atmósfera de la energía superior, las personas confían y desean compartir contigo su historia personal. Al estar tan conectado con la intención, eres más como Dios, ¿y en quién confiarías más que en Dios para compartir tus secretos?

Recientemente, en el transcurso de una excursión para observar ballenas, una mujer que no sabía nada de mí me desveló la historia de sus relaciones fracasadas y lo insatisfecha que se sentía. Durante la conversación, en un campo de energía que permite y alienta la confianza, se arriesgó a abrir su corazón a un desconocido. (Me ha ocurrido con frecuencia desde que vivo los principios de las siete caras de la intención.) Como decía san Francisco de Asís: «De nada sirve caminar hasta un sitio para predicar a menos que el caminar sea la prédica». Al final descubrirás que al llevar esta energía de la intención, incluso los desconocidos harán todo lo posible para servirte y ayudarte a lograr tus intenciones.

Se ponen de manifiesto los resultados opuestos cuando emites las frecuencias de la energía inferior. Si tu energía de desconfianza se muestra de una forma ansiosa, crítica, dictatorial, superior o exigente, los demás no se sentirán dispuestos a ayudarte a conseguir lo que quieres. La verdad es que tus emisiones de baja energía a veces fomentan en los demás el deseo de obstaculizar tus intenciones. ¿Por qué? Porque tus bajas energías contribuyen a crear una contrafuerza, estalla el conflicto, se necesitan ganadores y perdedores y surgen los enemigos, todo ello por no estar dispuesto a mantenerte conectado con las caras de la intención.

Tu presencia sirve de inspiración a los demás para alcanzar la grandeza. Cuando estás conectado con el Espíritu y reflejas sosegadamente esa consciencia, te conviertes en fuente de inspiración para los demás. En cierto sentido, es uno de los efectos más potentes que transmite a los demás el estar conectado con la intención. La palabra *inspiración* significa «en el espíritu». El hecho de que estés en el espíritu significa que más que informar inspiras con tu presencia. No inspiras a los demás insistiendo o exigiendo para que te presten atención.

Durante los años que llevo dando clases, escribiendo, dando conferencias y produciendo cintas y vídeos, he observado que se da un proceso doble. Me siento con un propósito, inspirado y conectado con el Espíritu universal en todo mi trabajo, y miles o incluso millones de personas se sienten inspiradas por mi propia inspiración. El segundo factor es la cantidad de personas que me han ayudado en mi trabajo. Me han enviado material, me han enviado relatos que me han servido de inspiración y, literalmente, han colaborado conmigo en la creación. Cuando inspiras a los demás con tu presencia, utilizas la fuerza creadora de la intención en beneficio de todas las personas con las que tienes contacto, incluido tú mismo. Apoyo con entusiasmo esta forma de ser, y no me cabe duda de que todos podemos ser una presencia que inspire a los demás.

Tu presencia alinea a los demás con la belleza. Cuando estás conectado a la intención, ves belleza por todas partes porque irradias la cualidad de la belleza. Tu percepción del mundo cambia drásticamente. En la energía más alta de la intención ves la belleza en todos, jóvenes y viejos, ricos y pobres, blancos y negros, sin distinciones. Todo se percibe desde la perspectiva del reconocimiento, no de la crítica. Cuando transmites esa sensación de apreciación de la belleza a los demás, las personas tienden a verse como tú las ves. Se sienten más atractivas y mejor consigo mismas al propagar la alta energía de la belleza. Cuando las personas se sienten bellas actúan de una forma bella. Tu consciencia de la belleza impulsa a otros a ver el mundo que los rodea de la misma manera. El beneficio es doble también en este caso. En primer lugar, ayudas a los demás a apreciar la vida y a que sean más felices gracias a su inmersión en un mundo de belleza. En segundo lugar, tus propias intenciones cuentan con la ayuda de las personas que han incrementado su autoestima recientemente. La belleza prolifera en los demás gracias a tu presencia cuando estás conectado a la intención.

Tu presencia transmite salud en lugar de enfermedad. La conexión con tu Fuente te mantiene centrado en lo que intentas poner de manifiesto en tu vida, evitando dedicar energía a lo que no deseas. Ese centro interno no te permite lamentarte de tus achaques ni pensar en la enfermedad, el dolor o los problemas físicos. Tu energía está siempre centrada en crear amor y en expandir la perfección de la que surgiste, lo que incluye tu cuerpo y todas tus creencias sobre tu ser físico. En el fondo sabes que tu cuerpo es un sistema de milagros. Sientes gran respeto por su prodigiosa capacidad de autocuración y de funcionar por sí mismo sin tu intervención. Sabes que tu ser físico está inspirado por una fuerza divina que hace que lata su corazón, que digiera su comida y que sus uñas crezcan, y que esa misma fuerza es receptiva a una salud infinitamente abundante.

Cuando llevas ante la presencia de los demás un reconocimiento sano del milagro que representa tu cuerpo, desactivas sus esfuerzos por pensar en la enfermedad, la mala salud y el deterioro. Aún más; cuanto más alta sea la resonancia de tu campo de energía, más podrás influir en los demás con tu energía curativa. (Véase el capítulo 13 para una exposición más amplia de la curación y la intención.) Toma conciencia de tu prodigiosa capacidad para influir en la curación y la salud de quienes te rodean sencillamente con la presencia silenciosa de tu conexión de alta energía a la intención. Es una energía que literalmente emana de ti.

Con la esperanza de que reconozcas la importancia de elevar tu nivel de energía, concluiré este capítulo con un breve vistazo al impacto que recibe nuestra civilización cuando los niveles de energía están sincronizados con la Fuente de nuestra Creación. Se necesita una mente abierta y un poquito de imaginación, pero yo sé que es verdad, y sería una negligencia por mi parte no decirlo. Quizá les parezca extraño, incluso descabellado, a quienes no pueden comprender cómo todos los que habitamos este planeta estamos conectados y, por consiguiente, nos influimos recíprocamente a distancias que nuestros sentidos no pueden percibir.

Tu impacto en la consciencia de toda la humanidad

Hace muchos años estuve con una de mis hijas cuando asistía a un largo programa en un campamento para ayudarla a enfrentarse con algunos de los problemas de la adolescencia. Lo último que le dijo el monitor del campamento fue lo siguiente: «Recuerda en todo momento que lo que piensas y lo que haces afecta a otras personas». Esto no solo es aplicable a los amigos, la familia, los vecinos y los compañeros de trabajo. Estoy convencido de que influimos a toda la humanidad. Por eso, mientras lees este capítulo, ten en cuenta que lo que piensas y haces afecta a todos los demás.

En *Power vs. Force*, David Hawkins dice lo siguiente: «En este universo interconectado, toda mejora que hacemos en nuestro mundo privado mejora el mundo en general. Todos flotamos en el nivel colectivo de la consciencia de la humanidad, de modo que cualquier incremento que añadimos vuelve a nosotros. Todos incrementamos la prosperidad común con nuestros esfuerzos para beneficiar a la vida. Es un hecho científico que lo que es bueno para ti es bueno para mí». Los comentarios y conclusiones del doctor Hawkins cuentan con el respaldo de veintinueve años de intensa investigación, e invito al lector a que los estudie. A continuación voy a resumir algunas de esas conclusiones y su relación con el impacto que tenemos en los demás cuando estamos conectados a la intención.

En esencia, cada persona individual, y también los grupos, pueden calibrarse por sus niveles de energía. En términos generales, las personas de energía baja no saben distinguir entre lo verdadero y lo falso. Se les puede decir cómo tienen que pensar, a quién tienen que odiar, a quién matar, y se las puede aborregar en una mentalidad de pensamiento de grupo basada en detalles tan triviales como a qué lado del río nacieron, qué creían sus padres y sus abuelos, la forma de sus ojos y cientos de factores relacionados con la apariencia y la total identificación con su mundo material. Según Hawkins, aproximadamente el 87 por ciento de la humanidad se calibra en un nivel colectivo de energía que los debilita. Cuanto más altos los niveles de la vibración de frecuencia, menos personas hay en ellos. Los niveles más elevados están representados por las personas realmente grandes que crearon las pautas espirituales que llevan siguiendo verdaderas multitudes desde hace siglos. Están asociadas a la divinidad y ponen en acción los campos que atraen la energía y que influyen a toda la humanidad.

Justo por debajo del nivel de energía de la pura iluminación se encuentran los niveles asociados con la experiencia denominada trascendencia, autorrealización o consciencia de Dios. Ahí es donde habitan los llamados santos. Justo por debajo de este nivel se sitúa la pura alegría, y el distintivo de ese estado es la compasión. Quienes alcanzan ese nivel sienten un mayor deseo de poner su consciencia al servicio de la vida misma que de los individuos concretos.

Por debajo de estos niveles supremos, en los que pocos consiguen mantenerse permanentemente, se encuentran los niveles del amor incondicional, la generosidad, la aceptación de todos y la apreciación de la belleza, y, en un nivel más limitado pero también profundo, las siete caras de la intención que se describen en los primeros capítulos de este libro. Por debajo de los niveles de energía que nos fortalecen están los niveles de baja energía de la ira, el miedo, el dolor, la apatía, la culpa, el odio, la crítica y la vergüenza; todo eso nos debilita y nos influye de tal manera que inhibe nuestra conexión con el nivel de energía universal de la intención.

Lo que me gustaría es que dieras un gran salto de fe conmigo, al tiempo que expongo algunas de las conclusiones a las que llega el doctor Hawkins en su segundo libro, titulado *The Eye of the I* [*El ojo del yo*]. Mediante su método quinesiológico, muy preciso para pruebas de verdad y mentira, ha calibrado el número aproximado de personas cuya energía se encuentra en el nivel que debilita, o por debajo de él. Me gustaría que reflexionases sobre sus hallazgos y las conclusiones que saca sobre nuestra influencia en la civilización. Hawkins sugiere que es crucial para todos nosotros comprender la importancia de elevar nuestra frecuencia de vibración hasta el nivel en el que empezamos a coincidir con la energía de la Fuente universal o, en otras palabras, a establecer conexión con la fuerza de la intención.

Uno de los aspectos más fascinantes de esta línea de investigación es la idea del contrapeso. Las personas de alta energía sirven de contrapeso al efecto negativo de las personas de baja energía, pero no se da sobre una base de uno a uno, por ese 87 por ciento de la humanidad que se encuentra en las frecuencias bajas, debilitadoras. Como ya he explicado anteriormente, una persona conectada a la intención puede ejercer una enorme influencia sobre muchas personas de energías más bajas. Cuanto más asciendas en la escala para convertirte en la luz de la iluminación y conocer la consciencia de Dios, más energía de vibraciones negativas podrás contrapesar. A continuación presento unos datos fascinantes de las investigaciones del doctor Hawkins para que los estudies mientras reflexionas sobre el impacto que puedes tener en la humanidad simplemente por estar en los peldaños más altos de la escalera de la intención.

- Un individuo que vive y vibra con la energía del optimismo y la disposición de no criticar a los demás servirá de contrapeso para la negatividad de 90.000 individuos que se sitúan en los niveles debilitadores más bajos.
- Un individuo que vive y vibra con la energía del amor y el respeto puros por la vida entera servirá de contrapeso a la negatividad de 750.000 individuos que se sitúan en los niveles debilitadores más bajos.
- Un individuo que vive y vibra con la energía de la iluminación, de la dicha y la paz infinitas servirá de contrapeso a la negatividad de diez millones de personas que se sitúan en los niveles debilitadores más bajos (hay aproximadamente veintidós de esos sabios vivos en la actualidad).
- Un individuo que vive y vibra con la energía de la gracia, el espíritu puro más allá del cuerpo, en un mundo de no dualidad o absoluta unidad, servirá de contrapeso a la negatividad de setenta millones de personas que se sitúan en los niveles debilitadores más bajos (hay aproximadamente diez de esos sabios vivos en la actualidad).

A continuación veremos dos convincentes estadísticas realizadas por el doctor Hawkins tras veintinueve años de estudio sobre los factores determinantes de la conducta humana.

1. Una sola encarnación del nivel más elevado de la consciencia en este período de la historia al que pueda conce-

derse el título de «Señor», como Señor Krisna, Señor Buda o Señor Jesucristo, servirá de contrapeso a la negatividad colectiva de toda la humanidad en el mundo actual.

2. La negatividad de toda la población humana se autodestruiría si no fuera por los efectos de contrapeso de esos campos de energía más alta.

Las implicaciones de estos datos son muy importantes para descubrir formas de mejorar la consciencia humana y elevarnos hasta el lugar donde coincidimos con la energía de la intención de la que procedemos. Al elevar tu frecuencia vibratoria siquiera ligeramente, hasta un lugar en el que practiques regularmente la generosidad, el amor y la receptividad, y en el que veas la belleza y el infinito potencial para el bien en los demás y en ti mismo, servirás de contrapeso a 90.000 personas de este planeta que viven en los niveles de baja energía de la vergüenza, la ira, el odio, la culpa, la desesperación, la depresión, etcétera.

Me viene a la cabeza cómo gestionó John F. Kennedy la crisis de los misiles en Cuba, en los años sesenta. Estaba rodeado de asesores que lo alentaban a que recurriera a las bombas nucleares en caso necesario. Pero su energía y la de unos cuantos colegas de confianza empapados del potencial para una solución pacífica sirvieron de contrapeso a la inmensa mayoría de quienes abogaban por el ataque y la belicosidad. Una persona con una energía espiritual muy alta puede lograr que la posibilidad de la guerra quede en la categoría del último recurso. Esto también es aplicable a nuestras vidas. Lleva la energía de la intención ante la presencia del conflicto, incluso en las cuestiones familiares, y podrás anular y transformar la baja energía hostil con tu presencia.

Eso es lo que hago yo en una situación hostil, cuando unos jóvenes bajo la influencia de las drogas y el alcohol estaban a punto de pelearse mientras un montón de gente los jaleaba. En una ocasión me limité a pasar entre dos potenciales combatientes tarareando una canción: «Sin duda Dios está presente aquí». Y con esa simple energía se tranquilizó el ambiente y se elevó el nivel de energía para la paz.

Otra vez me acerqué a una mujer en pleno ataque de ira contra su hijo de dos años en una tienda de comestibles, y le estaba gritando las cosas más espantosas que se puedan imaginar. Me trasladé silenciosamente al campo de la energía, sin decir nada, pero irradiando mi deseo de una energía de amor más alta, y eso anuló la baja energía del odio. Considera la importancia de tomar conciencia de la influencia que ejerces sobre los demás y recuerda que al elevar tu nivel de energía hasta un lugar en el que estás en armonía con la intención te transformas en instrumento, o canal, de la paz. Esto funciona en todas partes, de modo que debes ser parte del contrapeso a la negatividad humana que encuentres en tu vida.

CINCO SUGERENCIAS PARA PONER EN PRÁCTICA LAS IDEAS DE ESTE CAPÍTULO

1. *Toma conciencia de la importancia de hacer divinas todas tus relaciones.* La relación sagrada no se basa en ninguna religión. La relación sagrada resalta el despliegue del Espíritu en todas las personas. Tus hijos son seres espirituales que aparecen a través de ti, no por ti. Tu relación amorosa puede centrarse en desear para tu pareja lo que deseas para ti. Si deseas libertad, deséala para todos cuantos amas. Si deseas abundancia, deséala en primer lugar para los demás. Si deseas felicidad, deséala aún más para otros, y házselo saber. Cuanto más sea la santidad el eje de tus relaciones, más te fundirás con la intención.

2. *Cuando se plantea una cuestión moral sobre cómo actuar con otros, simplemente pregúntate: ¿qué haría el Mesías?* Esta pregunta interior te devuelve a la tranquilidad de la intención. El

Mesías representa las siete caras de la intención manifestadas en un ser espiritual con una experiencia humana. De esto modo honras al Jesucristo que hay en ti y en todos los demás. Practica el desear para otros lo que deseas para ti siendo como Cristo más que cristiano, como Mahoma más que musulmán y como Buda más que budista.

3. *Ten cuidado con las críticas que te diriges a ti mismo y a otros.* Haz un esfuerzo consciente por trasladarte a unos pensamientos y sentimientos compasivos. Da una bendición silenciosa a los mendigos en lugar de considerarlos unos vagos o una sangría de la economía. Los pensamientos de compasión elevan el nivel de energía y contribuyen a mantenerse conectados a la intención. Sé compasivo con cuantos te encuentres, con toda la humanidad, con todo el reino animal, con nuestro planeta y nuestro cosmos. A cambio, la Fuente universal de la vida te concederá su compasión, ayudándote a manifestar tu intención individual. Es la ley de la atracción. Irradia compasión, vuelve a atraerla, irradia hostilidad y crítica y vuelve a atraerlas. Observa tus pensamientos, y cuando no sean compasivos, cámbialos.

4. *Sea lo que quieren los demás, deséaselo con tanta fuerza que disperses esa energía hacia fuera y puedas actuar desde ese nivel de consciencia espiritual.* Intenta sentir qué haría más felices y satisfechos a los demás. Después envía la alta energía de la intención a esa sensación y concéntrate en emitir esa energía, sobre todo cuando estés en presencia de otros. Eso contribuirá a crear un campo doblemente alto para que se manifiesten tales intenciones.

5. *Ten continuamente presente que por el simple hecho de pensar y sentir en armonía con las siete caras de la intención estarás contrarrestando la negatividad colectiva de al menos 90.000 personas, y quizá de millones.* No hay que hacer nada, ni convertir a nadie. No hay metas que alcanzar. Solo elevar tu nivel de energía hasta

las frecuencias de la creación, la generosidad, el amor, la belleza, en continua expansión, inagotablemente abundantes y receptivas a todo sin criticar. Esas actitudes internas te elevarán al nivel en el que tu presencia influirá positivamente en la humanidad. En *Autobiografía de un yogui*, Swami Sri Yukteswar le dice a Paramahansa Yogananda: «Cuanto más profunda es la autorrealización de una persona, más influye esa persona en el universo entero con sus sutiles vibraciones espirituales y menos la afecta el flujo de los fenómenos».

Tienes una responsabilidad con toda la familia humana, la de mantenerte conectado a la intención. Si no, en este mismo momento podrías estar deprimiendo a alguien en Bulgaria, por ejemplo.

El *mahatma* Gandhi resume con las siguientes palabras este capítulo sobre cómo podemos influir en el mundo manteniéndonos conectados a lo que dispuso que viniéramos aquí: «Debemos ser el cambio que deseamos ver en el mundo». Siéndolo, nos conectamos con la parte eterna de nosotros que surge en la infinitud. Esa idea de la infinitud y de aceptar cómo afecta a nuestra capacidad para conocer y utilizar la fuerza de la intención es tremendamente misteriosa. Es el tema del último capítulo de la primera parte de este libro. Estudiaremos el infinito a partir de un cuerpo y una mente que comienzan y acaban en el tiempo, pero que de todos modos saben que el *yo* está, ha estado y siempre estará aquí.

6

La intención y el infinito

La eternidad no es el más allá... es esto. Si no la
alcanzas aquí, no la alcanzarás en ninguna parte.

JOSEPH CAMPBELL

Voy a aconsejarte que hagas un pequeño ejercicio aquí y ahora. Cierra este libro y di en voz alta: «No soy de aquí». Deja que el significado de las palabras te llegue claramente. El significado es que tú estás en este mundo, pero no eres de este mundo. Te han enseñado que quien eres es un cuerpo con tu nombre, compuesto de moléculas, huesos, tejidos, oxígeno, hidrógeno y nitrógeno. Te conoces como la persona con tu nombre y te identificas con la persona con las cosas y los logros que has acumulado. Ese *yo* también posee una información terrible. Sabe que, si tiene suerte, está destinado a envejecer, enfermar y perder todo lo que ha amado. Y que después morirá. Se trata de una versión abreviada de lo que te ha ofrecido el mundo, que probablemente te ha dejado confuso, atónito, por lo absurdo de lo que llamamos «vida». Ante tan sombría perspectiva, que infunde miedo, incluso terror, quisiera explicar un concepto que disipará el terror. Quiero que sepas que no tienes por qué compartir la idea de que somos solo un montón de huesos y tejidos destinado a ser aniquilado en el proceso de envejecimiento.

Hemos surgido de un campo universal de la Creación que yo llamo *intención*. En cierto sentido, esa mente universal es completamente impersonal. Es puro amor, cariño, belleza y creatividad, en continua expansión e infinita abundancia. Tú has emanado de esa mente universal, y, como digo incesantemente, lo universal significa en todo tiempo y en todo lugar, o en otras palabras, el *infinito*. Mientras tus deseos estén alineados con el movimiento hacia ese principio imperecedero, no existe nada en la naturaleza que te impida satisfacer esos deseos. Solamente cuando decides que el ego se oponga al movimiento expansivo y receptivo de la mente infinita de la intención es cuando no se realizan tus deseos. La vida en sí misma es eterna, y tú surges de esa *nada,* de esa *no cosa* llamada vida. Tu capacidad para conectar con lo eterno y vivir en el aquí y el ahora decidirá si sigues conectado a la intención.

LA VIDA ES ETERNA

Todos vivimos en un escenario en el que convergen múltiples infinitudes. Echa un vistazo esta noche y contempla la infinitud del espacio. Hay estrellas tan lejanas que se miden por la distancia que recorre la luz en un año terrestre. Más allá de esas estrellas que puedes ver hay infinidad de galaxias que se extienden hasta lo que llamamos eternidad. Y el espacio que tú ocupas es infinito. Su inmensidad es tan excesiva que no podemos abarcarla. Estamos en un universo infinito, sin principio ni fin.

Fíjate en esta frase: «Si la vida es infinita, esta no es la vida». Vuelve a leerla y ten cuenta que la vida es realmente infinita. Podemos verlo en todo, si lo observamos meticulosamente. Por consiguiente, tenemos que llegar a la conclusión de que la vida, en cuanto a nuestro cuerpo y todos sus logros y posesiones, que sin excepción comienzan y acaban siendo polvo, no es la vida misma. Comprender la verdadera esencia de la vida podría cambiar drásticamente tu vida, para mejor. Se trata de un tremendo cambio interior que elimina el miedo a la muerte (¿cómo vas a temer algo que no puede existir?) y te conecta permanentemente con la Fuente infinita de la Creación que lo dispone todo desde el mundo del Espíritu infinito hasta un mundo finito. Aprende a sentirte cómodo con el concepto de la infinitud y a verte como un ser infinito.

Mientras que nosotros estamos en este mundo finito de principios y fines, la fuerza de la intención mantiene su naturaleza infinita porque es eterna. Cualquier cosa que experimentes que no sea eterna, sencillamente no es vida. Es una ilusión creada por tu ego, que intenta mantener una identidad y un domicilio distintos de su Fuente infinita. Este cambio para verte a ti mismo como un ser espiritual infinito con una experiencia humana y no lo contrario, es decir, un ser humano con una experiencia espiritual ocasional, conlleva una carga de miedo para la mayoría de las personas. Te ruego que examines esos temores y te enfrentes con ellos inmediatamente; el resultado será una conexión permanente con la abundancia y la receptividad de la Fuente universal que dispone toda la Creación en la forma temporal.

TU MIEDO AL INFINITO

Todos estamos en un cuerpo que va a morir, y lo sabemos; sin embargo, como no podemos imaginárnoslo para nosotros mismos, actuamos como si no fuera así. Es casi como si nos dijéramos: «Todos se mueren menos yo». Esto se puede atribuir a algo que observó Freud. Como nuestra propia muerte nos resulta inimaginable, nos limitamos a negarla y a vivir la vida como si no fuéramos a morir... por el terror que nos infunde nuestra propia muerte. Al ponerme a escribir este capítulo, le dije a un amigo que mi objetivo consistía en dejar al lector con una ausencia total del miedo a la muerte. Me gustaría saber, lector, si te afecta de ese modo, incluso a pequeña escala.

Cuando tenía siete años vivía con mi hermano mayor, David, en una casa de acogida en Michigan, en el 231 de Townhall Road, Mt. Clemens. Las personas que nos acogieron mientras mi madre trabajaba para reunir a su familia eran el señor y la señora Scarf. Hay algo que recuerdo como si hubiera ocurrido ayer. David y yo estábamos sentados en la galería de atrás de nuestra casa, y la señora Scarf salió llorando, con dos plátanos en la mano. Nos dio uno a cada uno y dijo: «El señor Scarf ha muerto esta mañana». Era la primera vez que yo experimentaba el concepto de la muerte en un ser humano. Con la inocencia de mis siete años, intentando aliviar su dolor, que era evidente, le pregunté: «¿Cuándo va a volver?». La señora Scarf respondió con una palabra que no olvidaré jamás. Simplemente dijo: «Nunca».

Me fui arriba, a mi litera, pelé el plátano, e intenté comprender el concepto de «nunca». ¿Qué significa realmente estar muerto para siempre? Podría haberme hecho a la idea de mil años, o mil años luz, pero la idea de «nunca» era tan aplastante, tan sin final, que casi me dieron ganas de vomitar. ¿Qué hice para enfrentarme con esa idea incomprensible de «nunca»? Sencillamente me olvidé del asunto y me dediqué a ser un niño de siete años en una casa de acogida. A eso se refería Castaneda cuando dijo que todos estamos en unos cuerpos camino de la muerte, pero actuamos como si no fuera así, y esa es nuestra mayor perdición.

La propia muerte. Existen dos puntos de vista fundamentales sobre el dilema de la propia muerte. Según el primero, somos cuerpos físicos que nacen y viven durante cierto tiempo; por último nos deterioramos, la carne se desgasta, morimos y seguimos muertos para siempre. Tanto si aceptas esta perspectiva de una forma consciente o no, resulta espantoso desde el punto de vista de los vivos. A menos que aceptes el segundo punto de vista, es muy comprensible el temor a la muerte. O quizá la acojas si detestas o temes la vida. Según el segundo punto de vista, sencillamente somos eternos, un alma eterna en una expresión temporal de carne, es decir, que solo muere el cuerpo físico, que somos perfectos como somos creados, y que nuestra condición física emana de la mente universal de la intención. Esa mente universal es y sigue siendo amorfa, la energía pura del amor, la belleza, la generosidad, la creatividad, y no puede morir, puesto que no posee forma: ni forma, ni muerte, ni límites ni deterioro, ni carne, ni posibilidad de consumirse.

¿Cuál de estos dos puntos de vista te ofrece más consuelo? ¿Cuál va asociado a la paz y el amor? ¿Cuál provoca miedo y angustia? No cabe duda de que la idea de un yo infinito te mantiene en buenas relaciones con la infinitud. Saber que, en primer lugar, y por encima de todo, eres un ser infinito conectado conscientemente con tu Fuente, que es eterna y omnipresente, es la perspectiva más reconfortante. Por su naturaleza infinita, está en todas partes, y de ahí se deduce que la totalidad del Espíritu debe estar presente en cada punto del espacio en el mismo momento.

El Espíritu está presente, enteramente, en todas partes, tú incluido. Jamás puedes estar separado de él. Aprenderás a reírte de la absurda idea de que puedes estar separado de la mente universal. Es tu Fuente. Tú eres ella. Dios es la mente por mediación de la cual piensas y existes. Está siempre conectada contigo, incluso si no crees en ella. Ni siquiera un ateo tiene que creer en Dios para experimentarlo. La cuestión que se plantea no es si tu cuerpo va a morir, sino en qué lado de la infinitud deseas vivir. Tienes dos posibilidades: vivir en el lado inactivo o en el lado activo de la infinitud. En cualquier caso, tienes una cita con el infinito, y no hay forma de evitarla.

Tu cita con la infinitud. Vuelve a leer la cita de Joseph Camp-bell al principio de este capítulo. ¡La eternidad es ahora! Ahora mismo, aquí mismo, eres un ser infinito. Una vez superado el te-mor a la muerte como final, te fusionas con el infinito y sientes el alivio y el consuelo que proporciona darte cuenta de eso. En este mundo material todo lo identificamos con un continuo espacio-temporal. Sin embargo, la infinitud no tiene preferencia ni por el tiempo ni por el espacio. Tú no eres los elementos que constitu-yen tu cuerpo; simplemente utilizas esos elementos. Traspasas el espacio y el tiempo y te fundes con la mente infinita, universal. Si todavía no lo has reconocido es porque tienes miedo. Puedes mantener tu cita con la infinitud mientras estás en tu cuerpo tem-poral, con su adhesión esclava al tiempo y al espacio. El objetivo que persigo en este capítulo es ayudarte a tomar conciencia de esto y a que lo hagas. Si llegas a esa fusión, te garantizo una vida sin temor a la muerte.

Vamos a echar un vistazo a los elementos de la prisión espa-cio-temporal en la que encontramos nuestro cuerpo material y todos sus tesoros. El factor del espacio significa que experimen-tamos una separación de todos y de todo. Según mis límites, este es *mi* espacio; ese es *tu* espacio. Incluso tu amigo del alma vive en un mundo distinto del tuyo. Por mucho que te acerques en el espacio, os separan los límites. En el espacio, siempre estamos separados. Intentar imaginar un mundo infinito sin espacio y se-paración resulta sumamente difícil, hasta que concertamos una cita con la infinitud.

El tiempo también constituye un factor de separación. Esta-mos separados de todos los acontecimientos y recuerdos de nues-tro pasado. Todo lo que ha ocurrido está separado de lo que ocu-rre ahora. El futuro también está separado del aquí y el ahora en que vivimos. No podemos conocer el futuro, y el pasado se ha per-dido. Por consiguiente, estamos separados de todo lo que ha sido y de lo que será por esa misteriosa ilusión llamada tiempo.

Cuando el alma infinita abandona el cuerpo, deja de estar sometida a las restricciones del tiempo y el espacio. La separación ya no puede intervenir. De modo que la pregunta que planteo no es si crees tener una cita con la infinitud, sino cuándo acudirás a esa cita inevitable. Puedes hacerlo ahora, mientras estás vivo en tu cuerpo, en la ilusión del espacio y el tiempo, o puedes hacerlo a la hora de la muerte. Si decides acudir a la cita con la infinitud cuando aún estés vivo y respirando, será como aprender a morir mientras estás vivo. Una vez hecha esa transición al lado activo de la infinitud, se disuelve el miedo a la muerte y te ríes de su estupidez.

Comprende tu verdadera esencia, mira a la muerte a los ojos y rompe las ataduras que te esclavizan a ese temor. No morimos. Anúncialo. Medita sobre ello. Considéralo desde este punto de vista: si no fueras un ser infinito, ¿de qué serviría tu vida? Sin duda, no solo realizar los movimientos de nacer, trabajar, acumular, perderlo todo, enfermar y morir. Al despertar ante tu esencia infinita y mantenerte conectado a las siete caras de la intención empiezas a liberarte de las limitaciones que te ha impuesto el ego. Pones en movimiento la orientación de la mente universal infinita, que te ayudará y, sobre todo, sientes la paz que se apodera de ti cuando expulsas el temor a la muerte y la condición de ser mortal. Me conmueven las historias de grandes maestros espirituales cuando abandonan este plano terrenal sintiéndose dichosos y sin temor. He aquí las últimas palabras de algunas de las personas que admiro:

Ha llegado la hora que tanto había esperado.

Teresa de Ávila

Seamos más amables los unos con los otros.

Aldous Huxley

Si esto es la muerte, es más fácil que la vida.

ROBERT LOUIS STEVENSON

¡Se acabó la tierra! Estoy contento.

JOHN QUINCY ADAMS

Oiré en el cielo.

LUDWIG VAN BEETHOVEN

Luz, luz; el mundo necesita más luz.

JOHANN WOLFGANG VON GOETHE

Voy a ese país al que he deseado ir toda la vida.

WILLIAM BLAKE

Allí es muy hermoso.

THOMAS EDISON

Ram, Ram, Ram, [Dios, Dios, Dios]

MAHATMA GANDHI

¿Por qué no escribes tus últimas palabras y te conviertes en un ser infinito mientras aún ocupas tu cuerpo? Mientras reflexionas sobre tu cita con la infinitud, fíjate en cómo vivimos la mayoría de nosotros. Sabemos que estamos en un cuerpo que morirá, pero nos comportamos como si no fuera a ocurrirnos a nosotros. Este punto de vista pertenece al lado inactivo de la infinitud, donde no vemos la conexión con la intención ni nuestra capacidad para mantenernos en armonía con el Espíritu creativo. Examinemos la diferencia fundamental entre mantener la cita con la infinitud ahora o en la hora de la muerte. En el primer caso, estarás en el lado activo de la infinitud; en el otro, la evitarás quedándote en el lado inactivo.

EL LADO ACTIVO E INACTIVO DE LA INFINITUD

En el lado activo de la infinitud tienes plena conciencia de estar en un cuerpo que va a morir. Además, en el fondo sabes que no eres ese cuerpo, su mente, ni ninguno de sus logros y posesiones. En el lado activo de la infinitud te aferras a esa correa del trolebús del que hablaba antes, que está conectada a la intención, y eres observador de todas tus experiencias sensoriales. Quizá no te parezca gran cosa, pero te aseguro que en cuanto trasladas tu consciencia interior al lado activo de la infinitud empiezas a notar sucesos milagrosos en tu vida cotidiana. En el lado activo de la infinitud eres, en primer lugar y por encima de todo, un ser espiritual viviendo una experiencia humana temporal y vives todas tus relaciones desde esa perspectiva. En el lado inactivo de la infinitud tu experiencia de la vida es la contraria. Ahí, en primer lugar y por encima de todo, eres un ser humano que ocasionalmente vive una experiencia espiritual. Tu vida se guía por el miedo a la muerte, la separación de los demás, una actitud competitiva y la necesidad de dominar y ganar. El lado inactivo de la infinitud te separa de la fuerza de la intención.

A continuación explico algunas de las diferencias que observo entre quienes viven en el lado activo de la infinitud y quienes niegan su naturaleza eterna y optan por el lado inactivo.

El sentido de destino. En el lado activo de la infinitud tu conexión con la intención dejará de considerarse una opción para convertirse en una llamada a la que tienes que contestar. El lado inactivo te lleva a ver la vida como un caos, un sinsentido, mientras que situarte en el lado activo te lleva a cumplir un destino que sientes en lo más profundo de tu ser.

Cuando pienso en mi vida pasada, me doy cuenta de que mi sentido del destino me mostró el camino desde edad temprana. Sabía desde niño que podía manifestar la abundancia en mi vida. Mientras estaba en las aulas del colegio y la universidad, mortalmente aburrido con los profesores que transmitían su falta de pasión a las deprimentes clases, yo soñaba con hablar ante un amplio público. Juré en aquellos días de juventud que viviría mi pasión, y sabía que estaba aquí por una razón. No podía consentir que nada ni nadie me apartara de mi camino. Siempre he sentido que era un alma infinita, disfrazada en diversas épocas de marido, padre, escritor, conferenciante y norteamericano de más de 1,80 de estatura. Porque vivo en el lado activo de la infinitud, tengo un sentido del destino que no me permitirá morir con toda la música que aún llevo en mí.

Todos podemos elegir lo mismo. Simplemente abandona la idea de que eres un cuerpo destinado a morir y busca tomar conciencia de tu ser inmortal. En el lado activo de la infinitud encontrarás tu ser más grande, una pequeña parte del cual se ha materializado en tu cuerpo. Te garantizo que simplemente por reconocer que eres un ser infinito y, por consiguiente, indestructible, tu conexión con la intención y la capacidad de manifestar cuanto deseas dentro de los confines de tu Fuente universal se convertirán en tu realidad. No hay otra forma.

El sentido del destino te permite saber que estás jugando este juego de la vida en el lado activo de la infinitud. Antes de acceder al sentido del destino, tu motivación era lo que deseabas de la vida y lo que te gustaría hacer. En el lado activo de la infinitud, comprendes que ya es hora de hacer lo que tu destino dispuso que hicieras. Deja de parecerte bien tontear con la esperanza de que las cosas salgan bien, esperando a que cambie tu suerte y a que otros vengan a ayudarte. El sentido del destino te permite comprender lo siguiente: *soy eterno*, y eso significa que aparecí aquí procedente de la infinitud de la intención espiritual para cumplir un destino y obrar en consecuencia. Empiezas a declarar tus objetivos en el lenguaje de la intención, sabiendo que se materializarán. Consigues el apoyo de la fuerza de la intención para seguir tu camino. No puedes fallar, porque en el infinito no existen los fallos.

Este poema del siglo XIII quizá te haga comprender que tienes tu propio destino.

> *Naciste con potencial.*
> *Naciste con confianza y bondad.*
> *Naciste con sueños e ideales.*
> *Naciste con grandeza.*
> *Naciste con alas.*
> *No estás destinado a arrastrarte;*
> *Tienes alas.*
> *Aprende a usarlas y vuela.*

RUMI

Si Rumi hubiera escrito este poema desde el lado inactivo de la infinitud, sus palabras podrían parecerse más a las siguientes:

> *Eres una casualidad de la naturaleza.*
> *Estás sometido a las leyes de la suerte y el azar.*
> *Te pueden mangonear fácilmente.*
> *Tus sueños son absurdos.*
> *Estabas destinado a vivir una vida normal.*
> *No tienes alas.*
> *Olvídate de volar y sigue en tierra.*

El sentido de lo posible. La creación actúa sobre la imperecedera posibilidad de que cuanto se piensa puede ser. Piensa en algunos de los grandes inventos que actualmente son algo cotidiano: los aviones, la luz eléctrica, el teléfono, la televisión, las máquinas de fax, los ordenadores. Son resultado de ideas creativas de individuos que no hicieron caso del ridículo al que se expusieron cuando se centraban en lo posible en lugar de en lo imposible. En otras palabras, el sentimiento de lo posible crece en el terreno fértil del lado activo de la infinitud.

Tengo en mi zona de trabajo la maravillosa historia de cuatro niños que se negaron a permitir que la palabra «imposible» entrase en su corazón.

Eddie nació sin manos ni pies. A los cinco años, cuando fue a Sudáfrica, vio una montaña y quiso subir a la cima; lo hizo en tres horas. A los trece años de edad decidió tocar el trombón. No ve razón alguna para no conseguir lo que se propone. Vive en el lado activo de la infinitud, teniendo en cuenta ese mundo de posibilidades infinitas.

Abby estaba terriblemente enferma; necesitaba un transplante de corazón. Al ver a su madre llorando, le dijo: «No llores, mamá. Me pondré mejor». Cuando tenía once años, se le ofreció milagrosamente un corazón, y Abby está mejor. La intención de Abby procedía de ese mundo de posibilidades infinitas. Es el lado activo de la infinitud donde se manifiestan las intenciones.

Stephanie tenía cinco años cuando enfermó de meningitis y tuvieron que amputarle las dos piernas. Hoy, con doce años, monta en bicicleta y tiene sueños que superan los de la mayoría de los adolescentes completamente sanos. Su lema personal es: «Llega hasta el límite».

Tras dos importantes operaciones de corazón cuando era muy pequeña, los médicos les dijeron a los padres de Frankie que ya no podían hacer nada más. Frankie vivía gracias a una máquina que mantenía sus constantes vitales. Cuando aconsejaron a los padres que desconectaran la máquina porque si Frankie sobrevivía sería a base de sufrimientos, ellos accedieron. Pero Frankie sobrevivió. De alguna manera estaba en el lado activo del mundo de las posibilidades infinitas. Bajo su foto hay una leyenda que lo dice todo: «No pensaríais que os ibais a librar de mí así como así, ¿verdad?».

La fuerza de la intención supone mantenerse en el lado activo de las posibilidades infinitas. Se cuenta que George Bernard Shaw, que seguía creando a sus noventa y tantos años, decía: «Ves las cosas como son y preguntas: "¿Por qué?". Pero yo sueño cosas que nunca fueron y pregunto: "¿Por qué no?"». Piensa en las palabras de Shaw mientras practicas el mantenerte en el lado activo de la infinitud y ver las infinitas posibilidades accesibles para todos.

El sentido de la reverencia. Hay que reconocer que el concepto de infinitud inspira reverencia y respeto. Ni principio, ni fin, ni tiempo. Todos los sitios a la vez. Y todo aquí y ahora. El hecho de que formes parte del universo infinito y que hayas pasado a lo finito resulta inconcebible, indescriptible. El lado activo de la infinitud infunde un sentido de reverencia y respeto. Cuando te encuentras en ese estado, también te encuentras en un estado constante de gratitud. Quizá el camino más seguro hacia la felicidad y la realización en la vida consista en dar gracias y alabar a tu Fuente por todo lo que te ocurre. Entonces, incluso cuando sobreviene un desastre, puedes tener la certeza de que lo transformarás en una bendición.

En el lado inactivo de la infinitud asumes que estás aquí temporalmente, y por consiguiente no tienes ninguna obligación con el universo, el planeta y sus habitantes. Al negar tu naturaleza infinita, pasas por la vida como si los milagros cotidianos fueran lo más normal del mundo. A medida que te familiarizas con tu naturaleza eterna va cambiando tu punto de vista. Te encuentras en un continuo estado de gratitud por todo lo que se te presenta. Este estado es el secreto para llevar a cabo todas tus intenciones individuales, y, sin él, tus más sinceros esfuerzos quedarán reducidos a nada.

Encontrarse en un estado de gratitud crea magnetismo y, naturalmente, un imán atrae las cosas. Agradeciendo de corazón todo lo bueno que te llega, así como los desafíos, empezarán a fluir más cosas buenas a tu vida gracias a ese magnetismo. Todas las personas de éxito que conozco están agradecidas por todo lo que tienen. Este proceso de agradecimiento abre las puertas a más cosas. Así funciona el lado activo de la infinitud. El sentido de la reverencia y el respeto ante los milagros que ves a tu alrededor te permite pensar más en esos sucesos milagrosos, verlos y vivirlos más. Por el contrario, un estado de ingratitud interrumpe el flujo infinito de la abundancia y la salud. Es una puerta cerrada.

El sentido de la humildad. El lado activo de la infinitud fomenta el sentido de la humildad. Cuando la humildad entra en tu alma, sabes que no estás solo en este mundo, porque sientes el corazón de la fuerza de la intención, que existe en todos y cada uno de nosotros. Como dice el Talmud: «Incluso si eres perfecto en otros sentidos, fallas si te falta la humildad». Cuando aceptas el lado activo de la infinitud, te encuentras ante algo tan inmenso que tu pequeño ego queda eclipsado. Estás contemplando la *eternidad*, y tu pequeña vida no es sino un minúsculo paréntesis en la eternidad.

Una de las razones de tanta depresión y tanto hastío en la actualidad es la incapacidad de vernos conectados a algo más grande y más importante que nuestro insignificante ego. Los jóvenes que se centran fundamentalmente en sus posesiones, su aspecto, la imagen ante sus iguales —en definitiva, su ego—, tienen muy poco sentido de la humildad. Cuando solo piensas en ti mismo y en cómo apareces ante los demás, te distancias de la fuerza de la intención. Si quieres sentirte conectado a tu intención, ten por seguro lo siguiente: solo encontrarás tu propósito en el servicio a los demás, y en estar conectado a algo mucho más amplio que tu cuerpo, mente o ego.

En las sesiones de orientación siempre les decía a mis clientes jóvenes, algunos de los cuales buscaban desesperadamente la aceptación de los de su edad, que cuanto más intentaran obtener esa aceptación menos la lograrían, porque a nadie le gusta estar con los que van en su busca. Las personas más aceptadas son las que se despreocupan de que las acepten. De modo que si de verdad quieres que te acepten, deja de pensar en ti y céntrate en tender una mano a los demás. El lado activo de la infinitud te mantiene humilde. El lado inactivo te mantiene centrado en «yo, yo, y nadie más que yo», y en última instancia supone un obstáculo para que te conectes a la intención.

Wilhelm Stekel dijo unas frases extraordinarias sobre la importancia de la humildad (recogidas por J. D. Salinger en *El guardián en el centeno*): «Lo que distingue al hombre inmaduro es que quiere morir noblemente por una causa, mientras que lo que distingue al hombre maduro es que quiere vivir humildemente por ella».

El sentido de la generosidad. Si le preguntara al sol: «¿Por qué nos das luz y calor?», creo que me respondería: «Porque es mi naturaleza». Debemos ser como el sol, y situar y ofrecer nuestra naturaleza dadivosa.

Cuanto más des de ti mismo, por poco que sea, más abrirás la puerta para que la vida entre a raudales. Esto no solo te compensa por tu regalo, sino que aumenta el deseo de dar y, en consecuencia, la capacidad de recibir. Cuando te encuentras en el lado inactivo de la infinitud, enfocas la vida fijándote en la escasez y acumular se convierte en un modo de vida. Cuando piensas en estos términos, pierdes la generosidad, así como la inclinación a lograr tus intenciones. Si no eres capaz de ver un universo infinito, con un suministro, un tiempo y una Fuente igualmente infinitos, tenderás a acumular y a ser tacaño. Paradójicamente, la fuerza de la intención se experimenta a través de lo que estás dispuesto a dar a los demás. La intención es un campo de energía, con un suministro infinito. ¿Qué puedes dar si no tienes dinero que dar? Me gusta el consejo de Swami Sivananda, y pienso que deberías reflexionar sobre él. Poseerás cuanto él sugiere en cantidades infinitas.

> Lo mejor que puedes dar
> a tu enemigo es el perdón;
> a tu adversario, la tolerancia;
> a un amigo, tu corazón;
> a tu hijo, el buen ejemplo;
> a tu padre, consideración;
> a tu madre, la conducta que le haga sentirse orgullosa de ti;
> a ti mismo, respeto;
> a todos, caridad.

Que dar se convierta en tu modo de vida. Al fin y al cabo, es lo que hacen eternamente la Fuente y la naturaleza. Los árboles se doblan con la fruta madura; las nubes se cargan de delicada lluvia; los hombres nobles hacen una graciosa reverencia: así es la naturaleza, así funciona la generosidad.

El sentido del saber. La Fuente infinita de la intención no alberga ninguna duda. Sabe y, en consecuencia, actúa según ese saber. Eso es lo que te ocurrirá cuando vivas en el lado activo de la infinitud. Todas las dudas se disipan, para siempre. Como ser infinito en una forma humana temporal, te identificarás fundamentalmente con tu naturaleza espiritual.

Este sentido del saber que surge del lado activo de la infinitud significa que ya no tienes que pensar de una forma limitada. *Tú* eres la Fuente. La Fuente es ilimitada. No conoce límites; es ilimitadamente expansiva e ilimitadamente abundante. Así eres tú. Desechar la duda es una decisión para volver a conectarte con tu ser original. Eso distingue a las personas que llevan una vida de autorrealización. Piensan de una forma sin límites, infinita. Una de las cualidades sin límites consiste en la habilidad para pensar y actuar como si lo que quisieran tener ya estuviera aquí. Este es otro de mis diez secretos para el éxito y la paz interior en el libro del mismo título. La fuerza de la intención carece de dudas hasta tal punto que cuando estás conectado a ella tu sentido del saber ve lo que te gustaría tener como si ya estuviera presente. No existen opiniones encontradas.

He aquí mi consejo para llegar a la fuerza de la intención: mantenerse en el lado activo de la infinitud, donde existe un eterno suministro de energía de la creación. Sueña noche y día en lo que tienes intención de hacer y de ser, y esos sueños interpretarán tus intenciones. No permitas que la duda entre en tus sueños e intenciones. Los soñadores son los salvadores del mundo. Igual que el mundo visible se sostiene gracias al invisible, las manifestaciones del hombre se nutren de las visiones de nuestros soñadores solitarios. Sé uno de esos soñadores.

El sentido de la pasión. Los griegos han aportado una de las palabras más hermosas en varios idiomas: «entusiasmo». La palabra «entusiasmo» se traduce como «un Dios interior». En tu interior hay un alma infinita y apasionada que desea expresarse. Es el Dios que existe en tu interior, alentándote a satisfacer un profundo sentido de lo que estabas destinado a ser. Todos nuestros actos se miden por la inspiración de la que surgen. Cuando tus actos muestran las caras de la intención, provienen de un Dios que reside dentro de ti. Eso es el entusiasmo. Cuando emulas la fuerza de la intención es cuando sientes la pasión que estabas destinado a sentir y vivir.

La belleza de sentirse apasionado y entusiasta consiste en el maravilloso sentimiento de alegría y júbilo que la acompaña. Nada me da tanta alegría como estar aquí escribiendo para vosotros de todo corazón. Me entusiasma dejar que estas enseñanzas de la Fuente de toda intención, la mente universal de toda la creatividad, se transmitan a través de mí. Dicho más sencillamente, me siento bien, estoy de buen humor y mi inspiración me da alegría. Si quieres sentirte estupendamente, mírate al espejo y dile a tu reflejo: «Soy eterno; esta imagen se desvanecerá, pero yo soy infinito. Estoy aquí temporalmente por una razón. Seré apasionado en todo lo que haga». Fíjate en cómo te sientes mientras contemplas tu reflejo. Sentirse alegre es un maravilloso efecto secundario del entusiasmo, que deriva de estar en el lado activo de la infinitud, donde no existe nada por lo que sentirse mal.

El sentido de formar parte de algo. En un mundo que dura eternamente, tienes que sentirte parte de él. El lado activo de la infinitud no solo inspira este fuerte sentimiento, sino también una fuerte sensación de conexión con todos y con todo lo que hay en el cosmos. Es imposible que no formes parte del mundo, porque tu presencia aquí es prueba de que una Fuente universal y divina dispuso que vinieras aquí. Sin embargo, cuando vives en el lado inactivo de la infinitud te sientes alienado de los demás. La idea de que todo esto es temporal y de que no eres una pieza de la infinita perfección de Dios te lleva a dudar de ti mismo, a rechazarte, a la depresión, a la angustia y muchas otras energías bajas de las que hablo en este libro. Lo que se necesita para abandonar esa sensación dolorosa es trasladarse a la consciencia infinita. Como enseñaba Sivananda a sus devotos:

> Toda la vida es una. El mundo es un solo hogar.
> Todos son miembros de una sola familia humana.
> La creación es un todo orgánico.
> Ningún hombre es independiente de ese todo.
> El hombre se inflige dolor al separarse
>   de los demás. La separación es la muerte.
> La unidad es la vida eterna.

Con esto termino de exponer mis ideas sobre los lados activo e inactivo de la infinitud. Te ruego que recuerdes a diario, con la mayor frecuencia posible, tu naturaleza infinita. Puede parecer un cambio intelectual de escasa repercusión, pero te aseguro que mantenerte en el lado activo de la infinitud y recordarlo regularmente te pondrá en situación de manifestar tus deseos. De todas las citas sobre este tema que he leído, destaca una frase de William Blake: «Si se limpiaran las puertas de la percepción, todo se le aparecería al hombre tal y como es: infinito». Recuérdalo: estamos intentando limpiar el vínculo que nos conecta con el campo de la intención.

Cinco sugerencias para poner en práctica las ideas de este capítulo

1. *Como ya sabes que tienes una cita con la infinitud y que en última instancia se te exigirá que abandones este mundo corpóreo, toma la decisión de hacerlo lo más pronto posible.* En realidad, hoy, ahora mismo, es buen momento para acudir a esa cita y arreglar el asunto de una vez por todas. Sencillamente proclama para tus adentros: *Ya no me identifica este cuerpo/mente, y rechazo esa clasificación a partir de ahora. Soy infinito. Soy uno con toda la humanidad. Soy uno con mi Fuente, y así es como he decidido considerarme a partir de este mismo día.*

2. *Repite este* mantra *para tus adentros todos los días mientras recuerdas que Dios no querría y no podría crear algo que no durase: existiré para toda la eternidad. Igual que el amor es eterno, así es mi verdadera naturaleza. Nunca volveré a tener miedo, porque soy para siempre.* Esta afirmación interior te alinea con el lado activo de la infinitud y disipa las dudas sobre tu verdadera identidad más elevada.

3. *En una postura meditativa, considera las dos opciones sobre la creencia en el concepto de la infinitud.* Como ya he dicho, eres, en el sentido más auténtico, un ser humano que vive una experiencia espiritual ocasionalmente, o un ser espiritual infinito que vive temporalmente una experiencia humana. ¿Cuál de las dos te aporta un sentimiento de amor y cuál te inspira temor? Como el amor es nuestra verdadera naturaleza y la Fuente de todo, cualquier cosa que provoque temor no puede ser real. Como ves, el sentimiento de amor va asociado a ti como ser infinito. Por eso debes confiar en que ese sentimiento te diga la verdad. Tu lugar en el lado activo de la infinitud te garantiza una sensación de seguridad, de amor y una conexión permanente con la intención.

4. *En el momento en que te asalten pensamientos de baja energía como el miedo, la desesperación, la preocupación, la tristeza, la angustia o la culpa, párate un momento a pensar si tiene sentido desde la perspectiva del lado activo de la infinitud.* Saber que estás aquí para siempre y siempre conectado a tu Fuente te proporcionará una perspectiva completamente distinta. En el contexto de la infinitud, vivir cualquier momento de tu vida que no sea en medio del amor y el agradecimiento es una pérdida de energía vital. Puedes disipar rápidamente esas energías bajas y conectarte al mismo tiempo a la fuerza de la intención limpiando las lentes de la percepción y viéndolo todo tal y como es: infinito, como dice William Blake.

5. *Dedica unos minutos a reflexionar sobre las personas fallecidas que amaste y a las que estuviste próximo.* Ser consciente de tu naturaleza infinita y mantenerte en el lado activo de la infinitud te permite sentir la presencia de esas almas, que no pueden morir y no han muerto. En su libro sobre la sabiduría celta titulado *Anam Cara*, John O'Donohue ofrece estas palabras, con las que no solo estoy de acuerdo, sino que sé que son ciertas por mi experiencia personal:

> Creo que nuestros amigos entre los muertos se preocupan de verdad por nosotros y nos cuidan... Podríamos conectarnos de una forma muy creativa con nuestros amigos en el mundo invisible. No tenemos por qué llorar a los muertos. ¿Por qué habríamos de hacerlo? Ahora están en un lugar donde ya no existen las sombras, ni la oscuridad, ni la soledad, ni el aislamiento ni el dolor. Están en casa. Están con Dios, de donde vinieron.

No solo puedes comunicarte con los difuntos y sentir su presencia; puedes morir mientras estás vivo y librarte ahora mismo de esas sombras y esa oscuridad viviendo en el lado activo de la infinitud.

Aquí concluye la primera parte de *La fuerza de la intención*. La segunda parte consiste en una serie de capítulos en los que se explica cómo poner a funcionar en tu vida esta nueva conexión con la intención, de diversas formas. Como la primera parte, léela con la mente no solo abierta a la posibilidad de que puedes lograr cuanto imagines, sino de saber que en el lado activo de la infinitud todo es posible.

Entonces, ¿qué queda excluido?

PONER LA INTENCIÓN EN FUNCIONAMIENTO

Ya somos uno e imaginamos no serlo.
Y lo que hemos de recuperar es nuestra unidad original.
Lo que tengamos que ser es lo que somos.

THOMAS MERTON

7

Es mi intención respetarme a mí mismo en toda ocasión

> Una persona no puede sentirse cómoda sin aceptarse a sí misma.
>
> MARK TWAIN

He aquí una sencilla verdad para empezar este capítulo: no surgiste de una partícula material como te han hecho creer. Tu concepción en el momento de la gozosa unión de tus padres no fue tu comienzo. No tuviste comienzo. Esa partícula emanó del campo de la energía universal de la intención, como todas las partículas. Tú eres una pieza de esa mente universal de la Creación; debes ver a Dios en tu interior y considerarte una creación divina para tener acceso a la fuerza de la intención en tu vida.

Presta mucha atención a esta idea –ahora mismo, en este momento–, mientras lees estas palabras. Medita sobre la importancia de lo que estás leyendo. Eres una parte de Dios. Eres una creación viva emanada de la mente universal de la Fuente omnicreadora. Dios y tú sois lo mismo. En palabras muy sencillas, cuando te amas a ti mismo y confías en ti, amas la sabiduría que te creó y confías en ella, y, cuando no consigues amarte ni confiar en ti mismo, estás negando esa sabiduría infinita en favor de tu ego. Es muy importante recordar que en todo momento de tu vida tienes la posibilidad de ser huésped de Dios o rehén de tu ego.

¿Huésped o rehén?

Tu ego es la serie de creencias sobre las que he hablado anteriormente, que te definen como lo que logras y acumulas en un sentido material. Tu ego es el único responsable de los sentimientos de duda y rechazo de ti mismo. Cuando intentas vivir según los baremos de bajo nivel de tu ego, eres rehén de ese mismo ego. Se calibra tu valía como persona por lo que has adquirido y lo que has logrado. Si tienes menos cosas eres menos valioso y, por consiguiente, no mereces el respeto de los demás. Si los demás no te respetan y tu valía depende de cómo te vean los demás, no puedes siquiera concebir el respeto de ti mismo. Te conviertes en rehén de esa baja energía del ego, que te impulsa constantemente a respetarte a ti mismo a través del respeto de los demás.

La convicción de tu ego de que estás separado de todos, separado de lo que te falta en la vida, y algo aun más atroz, que estás separado de Dios, pone todavía más obstáculos a tu capacidad para estar a la altura de la intención del respeto a ti mismo. La idea que mantiene el ego de la separación fomenta los sentimientos de competir con todos y de calibrar tu valía por las veces que acabas siendo el vencedor. Como rehén del ego no lograrás respetarte a ti mismo porque te sientes juzgado por tus fracasos. De esta sombría situación, provocada por el ego negativo, surge el rechazo de ti mismo. Te captura y te convierte en su rehén, sin permitirte ser huésped de aquello de lo que procedes.

Ser huésped de Dios significa ver siempre tu auténtica conexión con la Fuente. Es comprender que resulta imposible desconectarte de la Fuente de la que procedes. Personalmente, disfruto enormemente siendo huésped de Dios. Mientras escribo aquí todas las mañanas, noto cómo recibo ideas y palabras de la fuerza de la intención, lo que me permite plasmar esas palabras en las páginas. Confío en que esa Fuente me proporcione las palabras y, por consiguiente, confío en la Fuente que me trajo a este mundo físico. Estoy eternamente conectado a ella.

En esta consciencia sencillamente no tiene cabida una falta de respeto por tener la intención de que este libro adquiera forma. He llegado a la conclusión de que soy digno de mi intención de escribir este libro, de que se publicara y de que hoy lo tengas en tus manos. Por decirlo de otro modo: respeto la parte de Dios que yo soy. Me enchufo a la potencia de la intención, y mi respeto por ella aumenta el respeto por mí mismo.

Al amarte y respetarte acoges a Dios e invitas a la energía de la Creación a tu consciencia, a tu vida cotidiana, mientras te conectas a la fuerza de la intención.

La energía de la intención y el respeto por ti mismo. Si no te consideras digno de hacer realidad tus intenciones en cuanto a la salud, la riqueza o las relaciones amorosas, estarás creando un obstáculo que impedirá que llegue el flujo de la energía creativa a tu vida cotidiana. Recuerda que en el universo todo es energía, que se mueve a distintas frecuencias. Cuanto más alta sea la frecuencia, más próximo estarás a la energía espiritual. En las frecuencias más bajas te encuentras con la escasez y los problemas. La intención misma es un campo de energía unificada que dispone dar la vida a todo. Este campo alberga las leyes de la naturaleza y es el dominio interior de todo ser humano. Es el campo de todas las posibilidades, tuyo por obra y gracia de tu existencia.

Mantener un sistema de creencias que reniega de tu conexión con la intención es la única forma de no llegar a la fuerza de la intención desde el campo de lo infinito. Si estás convencido de que no eres digno de disfrutar de ese campo de todas las posibilidades, irradiarás esa clase de baja energía, que se convertirá en la pauta de la energía que atraes, y enviarás al universo el mensaje de que eres indigno de recibir la ilimitada abundancia del Espíritu creador. Al cabo de poco tiempo empezarás a actuar con esa convicción íntima de falta de respeto por ti mismo. Te considerarás apartado de la posibilidad de recibir el apoyo amante del campo creador de la intención y detendrás el flujo de esa energía a tu vida. ¿Por qué? Porque te consideras indigno. Esta falta de respeto basta para impedir que tus intenciones lleguen a tu vida.

Por la ley de la atracción, atraes falta de respeto cuando te declaras indigno de ser respetado. Envía el mensaje de que eres indigno al proveedor de todo y literalmente le dirás a la Fuente universal: «Detén el flujo de cuanto deseo, que viene hacia mí, porque no me creo digno de recibirlo». La Fuente universal responderá deteniéndolo, haciendo que te reafirmes en tu convicción interna de no ser digno y atrayendo más falta de respeto de múltiples formas. Faltarás al respeto a tu cuerpo con demasiada comida y con sustancias tóxicas. Mostrarás la falta de respeto por ti mismo en tu forma de actuar, en tu forma de vestir, en no hacer ejercicio, en el trato a los demás... y la lista es interminable.

El antídoto para este terrible panorama consiste en comprometerte interiormente a respetarte y a sentirte digno de cuanto tiene que ofrecerte el universo. Si alguien tiene derecho al éxito y la felicidad, todos lo tenemos, porque todos estamos siempre conectados a la intención. Más sencillamente: si te faltas al respeto a ti mismo, no solo faltas al respeto a una de las mayores creaciones de Dios, sino a Dios. Cuando no respetas a tu Fuente, le estás diciendo que no y dándole la espalda a la fuerza de la intención. Así se detiene el flujo de la energía que te permite poner en práctica tu firme propósito individual. Ni todo el pensamiento positivo del mundo te servirá de nada si esos pensamientos no emanan del respeto por tu conexión con la intención. Debes amar y reverenciar la fuente de tus pensamientos, y eso significa tener el respeto por ti mismo que armoniza con la Fuente omnisciente de la inteligencia. ¿Cuál es la fuente de tus pensamientos? Tu condición del ser, de donde proceden tus pensamientos y acciones. Cuando no respetas tu ser activas una reacción en cadena que culmina en la frustración de tus intenciones.

El respeto por ti mismo debería ser tu estado natural, como lo es para todo el reino animal. No verás ningún ratón que se considere indigno de lo que tiene intención de tener. Si fuera así, el animal sencillamente moriría actuando sobre la base de su íntima convicción de que no se merece la comida o el refugio, ni cualesquiera cosas que deseen los ratones. Sabe que es respetable; no ve razón alguna para rechazarse, y vive su condición de ser ratón en perfecto orden. El universo provee, y él atrae esas provisiones hacia su mundo.

LO QUE PIENSAS DE TI MISMO ES LO QUE PIENSAS DEL MUNDO

¿Cómo ves el mundo en el que vives? ¿Cómo piensas que son realmente las personas en general? ¿Crees que el mal triunfa sobre el bien? ¿Está el mundo lleno de personas egocéntricas, egoístas? ¿Puede salir adelante el pequeño? ¿Son todos los representantes y entidades gubernamentales corruptos y de poca confianza? ¿Es la vida injusta? ¿Es imposible salir adelante sin buenos contactos?

Todas estas actitudes surgen de la valoración que hagas de tu interacción personal con la vida. Si tus pensamientos reflejan una visión pesimista del mundo, eso mismo es lo que sientes sobre ti. Si tus pensamientos reflejan una visión optimista del mundo, entonces eso es lo que sientes sobre tu vida. La actitud que tengas ante el mundo en general es un buen indicador del respeto que sientes por tu capacidad para traer a este mundo lo que deseas. El pesimismo da a entender que no suscribes la idea de tener acceso a la fuerza de la intención para que te ayude a crear tu propia realidad gozosa.

Recuerdo haber oído la siguiente conversación tras los acontecimientos del 11-S en Nueva York. Un señor estaba hablando con su nieto, y le decía:

—Hay dos lobos aullando dentro de mí. Uno está lleno de ira, odio, amargura y deseo de venganza. El otro lobo que tengo dentro está lleno de amor, generosidad, compasión y deseo de perdón.

—¿Qué lobo crees que ganará? —preguntó el niño.

—Al que le dé de comer —contestó el abuelo.

Siempre hay dos maneras de considerar las condiciones de nuestro mundo. Podemos ver el odio, los prejuicios, los malos tratos, el hambre, la pobreza y la delincuencia y llegar a la conclusión de que este mundo es terrible. Podemos dar de comer a ese lobo aullante, y entonces veremos todavía más de lo que detestamos. Pero eso solo contribuirá a llenarnos de las mismas cosas que consideramos tan malignas. O podemos contemplar el mundo desde una postura de amor y respeto por nosotros mismos y ver las mejoras que se han producido en las relaciones entre las razas, la caída de tantas dictaduras, el descenso de la criminalidad, el desmantelamiento de los terribles sistemas de *apartheid*, la elevada consciencia del movimiento ecologista y el deseo por parte de tantos de librar al mundo de las armas nucleares y de destrucción masiva. Debemos recordar que por cada acto de maldad en el mundo hay un millón de actos de bondad, como dar de comer al segundo lobo que aúlla desde la postura de la esperanza para la humanidad. Si te ves como una creación divina, eso buscarás en tu visión del mundo, y los negativistas y catastrofistas no ejercerán ninguna influencia sobre ti ni sobre el respeto por ti mismo.

Cuando tienes una visión sombría del mundo, no eres receptivo al potencial apoyo que existe para ayudarte con tus intenciones individuales. ¿Por qué habrían de acudir los demás en tu ayuda cuando los consideras despreciables? ¿Por qué tendría que sentirse atraída la fuerza universal hacia lo que la repele? ¿Cómo podría un mundo tan corrupto servir de ayuda a alguien con tan nobles intenciones? Las respuestas a estas preguntas son evidentes. Atraes a tu vida lo que sientes en tu interior. Si te sientes indigno de ser respetado, atraes la falta de respeto. La falta de respeto por ti mismo es el resultado de una conexión excepcionalmente oxidada con el campo de la intención. Hay que limpiar y purificar esa conexión, algo que tiene lugar en la mente.

He elegido a propósito el «respeto a sí mismo» como primer capítulo de la segunda parte sobre la aplicación de la intención, porque sin una elevada autoestima se paraliza por completo el proceso de la intención. Sin un constante respeto por ti mismo el proceso de la intención funciona en los niveles más bajos. El campo universal de la intención es el amor, la bondad y la belleza, que prodiga para cuanto trae al mundo material. Quienes desean reproducir las obras de la mente universal omnicreadora deben estar en armonía con los atributos del amor, la bondad y la belleza. Si no respetas a alguien o algo creado por Dios, faltas al respeto a esa fuerza creativa. Tú eres una de esas creaciones. Si no te tratas con respeto, abandonas, apartas o cuando menos mancillas tu conexión con la fuerza de la intención.

Es importante que reconozcas que tu visión del mundo se basa en lo mucho que te respetas a ti mismo. Si crees en las posibilidades infinitas ganarás un voto para tus propias posibilidades. Si te apoyas con firmeza en el potencial de los seres humanos para vivir en paz y eres receptivo a todo, serás alguien en paz y receptivo a las posibilidades de la vida. Si sabes que el universo es abundante, próspero y accesible a todos, te situarás en el lado en el que esa abundancia también te llegará a ti. Tu nivel de autoestima debe derivar de saber en lo más íntimo que posees una conexión sagrada. Que nada haga temblar esos sagrados cimientos. Así se limpiará tu vínculo con la intención, y siempre sabrás que el respeto por ti mismo es una elección personal. No tiene nada que ver con lo que puedan pensar los demás de ti. El respeto por ti mismo deriva únicamente de ti mismo.

El sí mismo *en el respeto por sí mismo.* Quizá el mayor error que cometamos, causa de la pérdida de autoestima, consista en dar mayor importancia a las opiniones de los demás que a la opinión que tenemos de nosotros mismos. El respeto por sí mismo significa literalmente eso, pues procede del *sí mismo.* Este *sí mismo* surgió de un campo universal de la intención que había dispuesto traerte aquí, del infinito estado informe a un ser compuesto por moléculas y sustancia física. Si no te respetas a ti mismo, desprecias el proceso de la Creación.

No faltarán opiniones sobre ti. Si consientes que debiliten el respeto por ti mismo, buscarás el respeto de los demás por encima del tuyo y renunciarás a ti mismo. Entonces intentarás volver a conectarte con el campo de la intención con actitudes de baja energía como la censura, la hostilidad y la ansiedad. Te deslizarás hacia vibraciones de baja energía que te obligarán a atraer cada vez más cantidad de esas bajas energías a tu vida. Recuerda que es la alta energía lo que anula y transforma la baja energía. La luz destruye la oscuridad; el amor disuelve el odio. Si has permitido que alguno de esos pensamientos y opiniones negativos te dirijan para formar la base de tu autorretrato, le estás pidiendo a la mente universal que haga lo mismo. ¿Por qué? Porque a altas frecuencias, la Fuente universal de la intención es creatividad, amor, bondad, belleza y abundancia en estado puro. El respeto por sí mismo atrae la energía más alta, y la falta de respeto por sí mismo atrae la más baja. No conoce otro camino.

Las opiniones negativas de los demás representan su ego de baja energía actuando en ti. En otras palabras: si juzgas a alguien, no lo amas en ese momento. Del mismo modo, los juicios que emiten sobre ti tampoco proceden del amor, pero no tienen nada que ver con el respeto por ti mismo. Sus juicios (y también los tuyos) te distancian de tu Fuente, y por consiguiente de la fuerza de la intención. Como dice mi amigo y colega Gerald Jampolsky: «Cuando logro resistir la tentación de juzgar a los demás, los veo como maestros del perdón en mi vida, y me recuerdan que únicamente puedo sentirme tranquilo cuando en lugar de juzgar perdono».

Así es como se vuelve al *sí mismo* en el respeto por sí mismo. En lugar de juzgar a quienes te juzgan y, por consiguiente, mermar el respeto por ti mismo, les envías un silencioso mensaje de perdón e imaginas que hacen lo mismo contigo. Así te conectas con la intención y garantizas que siempre respetarás tu propia divinidad. Habrás despejado el camino para poder disfrutar de la gran fuerza que es tuya por derecho propio en el campo de la intención.

HACER DE TU INTENCIÓN TU REALIDAD

Por último, en esta parte ofrezco diez maneras de cultivar tu intención para respetarte en todo momento.

Primer paso. Ante un espejo, mírate a los ojos y di: me quiero *el mayor número de veces posible durante el día.* «Me quiero»: estas dos palabras mágicas te ayudan a mantener el respeto por ti mismo. Ten en cuenta que al principio puede resultarte difícil por las circunstancias a las que has estado expuesto durante toda tu vida y porque esas palabras pueden sacar a la superficie restos de falta de respeto a los que tu ego quiere que sigas aferrándote.

Tu impulso más inmediato puede consistir en verlo como expresión del deseo de tu ego de ser superior a todos los demás. Pero eso no es una afirmación del ego, sino del respeto a ti mismo. Trasciende esa mentalidad del ego y proclama tu amor por ti mismo y tu conexión con el Espíritu de Dios. Eso no te hace superior a nadie, sino igual a todos, y exalta el hecho de que seas una parte de Dios. Proclámalo por tu autoestima. Proclámalo por respeto a lo que dispuso que vinieras a este mundo. Proclámalo porque es la forma de mantenerte conectado con tu Fuente y recuperar la fuerza de la intención. *Me quiero.* Dilo sin vergüenza. Dilo con orgullo y sé esa imagen del amor y el respeto hacia sí mismo.

Segundo paso. Escribe lo siguiente y repítelo una y otra vez para tus adentros: soy tan sano y perfecto como fui creado. Que este pensamiento te acompañe adondequiera que vayas. Plastifícalo y guárdalo en un bolsillo, o colócalo en el salpicadero del coche, en el frigorífico o junto a la cama; que esas palabras se conviertan en fuente de alta energía y autoestima. Por el simple hecho de tener esas palabras junto a ti y de compartir el mismo espacio, su energía fluirá directamente hacia ti.

El respeto por ti mismo surge del hecho de que respetes la Fuente de la que procedes y de que hayas tomado la decisión de volver a conectarte con ella, independientemente de lo que piensen los demás. Es muy importante que no dejes de recordar al principio que eres digno del infinito respeto de la única Fuente con la que siempre puedes contar, la parte de la energía de Dios que te define. Si lo recuerdas, obrará maravillas por tu autoestima, y en consecuencia por tu capacidad para utilizar la fuerza de la intención en tu vida. Recuerda lo siguiente: *yo no soy mi cuerpo. No soy lo que acumulo. No soy mis logros. No soy la fama que tengo. Soy tan sano y perfecto como fui creado.*

Tercer paso. Prodiga más respeto a los demás y a la vida entera. Quizá el mayor secreto de la autoestima consista en valorar más a los demás. La forma más fácil de hacerlo es ver en ellos la expresión de Dios. Deja de juzgar el aspecto, los éxitos y los fracasos de los demás, su posición social, su riqueza o su pobreza... y prolonga la valoración y el amor a la Fuente de la que salieron. Todos somos hijos de Dios; todos. Intenta verlo incluso en quienes parecen actuar de una forma impía. Has de saber que prodigando amor y respeto puedes darle la vuelta a esa energía y dirigirla de nuevo a su Fuente en lugar de alejarla de ella. En definitiva: irradia respeto porque eso es lo que tienes que ofrecer. Irradia censura y baja energía y eso es lo que atraerás. Recuerda que cuando juzgas a los demás no los defines a ellos, sino que te defines a ti mismo como alguien que necesita juzgar. Lo mismo es aplicable a quienes te juzgan a ti.

Cuarto paso. Manifiesta ante ti mismo y ante cuantos conozcas: soy de aquí. La sensación de saber que estás en tu sitio es uno de los atributos más elevados en la pirámide de la autorrealización de Abraham Maslow (que analizo al principio del siguiente capítulo). Sentir que no tienes nada que ver con el sitio en el que estás o que te encuentras donde no deberías estar puede deberse a la falta de respeto por ti mismo. Respétate y respeta tu divinidad sabiendo que todos tienen su sitio. Es algo que nunca deberías cuestionarte. Tu presencia en el universo prueba que estás en tu sitio. Nadie puede decidir si estás en tu sitio. Formas parte de un sistema inteligente. La sabiduría de la Creación dispuso que estuvieras aquí, en este lugar, en esta familia, con estos hermanos y padres, ocupando este espacio único. Repítelo y proclámalo cuanto sea necesario: *soy de aquí.* Y lo mismo ocurre con los demás. Nadie está aquí por casualidad.

Quinto paso. Recuerda que nunca estás solo. El respeto a mí mismo se mantendrá intacto mientras sepa que es imposible que esté solo. Tengo un «jefe» que nunca me abandona y que está a mi lado incluso cuando parece que he abandonado mi Fuente. Pienso que si la mente universal siente el suficiente respeto como para permitir que yo venga aquí y funcionar a través de mí –y protegerme en los momentos en que me he extraviado por peligrosos senderos no espirituales–, esa asociación merece un respeto recíproco. Recuerdo que mi amigo Pat McMahon, presentador de un programa de entrevistas en radio KTAR de Phoenix, Arizona, me contó su encuentro con la madre Teresa en el estudio antes de entrevistarla para su programa. Le rogó que le dejara hacer algo por ella. «Lo que sea», aseguró mi amigo. Ella lo miró y dijo: «Levántate mañana a las cuatro de la mañana y sal a las calles de Phoenix. Busca a alguien que viva allí y que crea que está solo, y convéncelo de que no lo está». Un gran consejo, porque quienes se regodean en dudar de sí mismos y parecen perdidos... han perdido la autoestima, porque han olvidado que no están solos.

Sexto paso. Respeta tu cuerpo. Se te ha concedido un cuerpo perfecto para alojar tu ser interior, invisible, durante unos breves momentos de la eternidad. Independientemente del tamaño, la forma, el color o cualesquiera enfermedades, es una creación perfecta para el propósito por el que viniste aquí. No tienes que esforzarte para estar sano; la salud es algo que ya posees, si no la alteras. Quizá hayas alterado tu cuerpo sano sobrealimentándolo, privándolo de ejercicio o sobreestimulándolo con toxinas o drogas que lo han dejado enfermo, fatigado, nervioso, angustiado, hinchado, o con una lista interminable de enfermedades. Puedes empezar a hacer realidad la intención de llevar una vida de respeto a ti mismo honrando el templo que te alberga. Sabes lo que tienes que hacer. No necesitas otra dieta, un manual de gimnasia ni un entrenador personal. Ve a tu interior, escucha tu cuerpo y trátalo con la dignidad y el amor que requiere el respeto a ti mismo.

Séptimo paso. Medita para mantenerte en contacto consciente con tu Fuente, que siempre te respeta. No me cansaré de repetirlo: la meditación es una forma de experimentar lo que no pueden percibir los cinco sentidos. Cuando estás conectado al campo de la intención, estás conectado con la sabiduría que existe en tu interior. Esa sabiduría divina siente gran respeto por ti, y te sigue respetando mientras estás aquí. La meditación es una forma de asegurarte que te mantienes en un estado de respeto a ti mismo. A pesar de lo que ocurra a tu alrededor, cuando entras en el sagrado espacio de la meditación se disipan todas las dudas sobre tu valía como creación. Saldrás de la solemnidad de la meditación sintiéndote conectado a tu Fuente y disfrutando del respeto por todos los seres, especialmente tú mismo.

Octavo paso. Desagravia a los adversarios. El acto de desagraviar envía una señal de respeto a tus adversarios. Al irradiar esa energía indulgente notarás que esa misma clase de energía positiva, respetuosa, fluye hacia ti. Al tener la grandeza suficiente como para desagraviar y sustituir la energía de la ira, la amargura y la tensión por la de la bondad —aunque sigas insistiendo en que tú tienes la razón—, te respetarás a ti mismo mucho más que antes de tu acto de perdón. Si estás lleno de rabia hacia alguien, eso significa que a una enorme parte de ti le molesta la presencia de esa energía debilitadora. Párate un momento a pensar, ahora mismo, y enfréntate a esa persona que destaca en tu mente como alguien a quien has herido, o que te ha herido a ti, y dile que te gustaría desagraviarla. Ya verás como te sientes mucho mejor. Esa agradable sensación de haber aclarado las cosas es el respeto a uno mismo. Se necesita mucho más valor, fortaleza de carácter y convicción para desagraviar que para seguir aferrado a los sentimientos de baja energía.

Noveno paso. Recuerda el sí mismo en el respeto a sí mismo. Para hacerlo, has de reconocer que las opiniones de los demás sobre ti no son hechos, sino opiniones. Cuando hablo en público, ante quinientas personas, al final de la tarde hay quinientas opiniones sobre mí en la sala. Yo no soy ninguna de esas opiniones. No soy responsable de lo que piensen de mí. De lo único que puedo ser responsable es de mi carácter, y eso es aplicable a todo el mundo. Si me respeto a mí mismo, confío en ese *sí mismo* del respeto a sí mismo. Si dudo de mí mismo, o si me castigo, no solo pierdo el respeto por mí mismo, sino que atraigo más dudas y más opiniones de baja energía con las que seguir castigándome. No se puede mantener el vínculo con la mente universal, que dispone que todos estemos aquí, si no consigues confiar en el *sí mismo* para el respeto a sí mismo.

Décimo paso. Has de mantenerte en un estado de agradecimiento. En los siguientes capítulos descubrirás que el agradecimiento es el paso final. Más vale que aprecies y no que desprecies cada cosa que se te presente en la vida. Cuando dices «Gracias, Dios mío, por todo» y cuando expresas agradecimiento por tu vida y por todo lo que ves y experimentas, respetas la Creación. Ese respeto existe en tu interior, y solo puedes dar lo que tienes dentro. El estado de agradecimiento es lo mismo que el estado de respeto, el respeto a ti mismo, que das a manos llenas y que te será devuelto multiplicado por diez.

Voy a concluir este capítulo con las palabras de Jesús de Nazaret, pronunciadas por boca de uno de sus apóstoles, san Mateo (Mateo, 5, 48): «Sé, por tanto, perfecto, como perfecto es tu Padre celestial». Vuelve a conectarte con la perfección de la que surgiste.

No puede existir mayor respeto por uno mismo.

8

Es mi intención vivir la vida con un propósito

> Quienes no han logrado acercarse a la verdad han errado el propósito de vivir.
>
> BUDA

> De lo único que tienes que ocuparte en la vida es de lograr la comprensión de Dios. Todo lo demás es inútil y despreciable.
>
> SIVANANDA

El sentido del propósito se encuentra en el vértice de la pirámide de la autorrealización creada por Abraham Maslow hace más de cincuenta años. En el transcurso de sus investigaciones, el doctor Maslow descubrió que quienes tienen un propósito en la vida poseen las cualidades más elevadas que puede ofrecer la humanidad. Durante los muchos años que he dedicado al desarrollo humano, la motivación y la consciencia espiritual, es el tema sobre el que me preguntan la mayoría de las personas. Me plantean una y otra vez la siguiente pregunta: «¿Cómo puedo encontrar mi propósito? ¿Existe de verdad tal cosa? ¿Por qué no conozco mi propósito en la vida?». Mantener un propósito es lo que consiguen las personas que llegan más lejos en la autorrealización en el viaje de la vida, pero otras muchas apenas tienen ese sentido de propósito e incluso pueden dudar de que exista tal cosa en su vida.

EL PROPÓSITO Y LA INTENCIÓN

El tema central de este libro consiste en que la intención es una fuerza del universo y en que todo y todos están conectados a esa fuerza invisible. Puesto que se trata de un sistema inteligente del que todos formamos parte y todo lo que llega aquí deriva de esa inteligencia, hemos de deducir que, si no estaba destinado a venir aquí, no estaría aquí. Y si está aquí, aquí estaba destinado a estar, y para mí eso es suficiente. El hecho mismo de tu existencia indica que tienes un propósito. Como ya he dicho, la pregunta clave para la mayoría de nosotros es la siguiente: «¿Cuál es mi propósito?». Y esa pregunta me la plantean una y otra vez, cada persona con su propio tema. «¿Qué debería hacer? ¿Debería ser arquitecto, florista, veterinario...? ¿Debería ayudar a la gente o arreglar coches? ¿Tener una familia o irme a la selva a salvar chimpancés?». Las infinitas opciones que se nos presentan nos aturden, y nos planteamos si estamos haciendo lo que deberíamos hacer.

En este capítulo me gustaría que todo el mundo se olvidara de semejantes preguntas. Lo que habría que hacer sería trasladarse a un lugar de fe y confianza en la mente universal de la intención, recordando que hemos emanado de esa mente y que formamos parte de ella en todo momento.

La intención y el propósito están tan hermosa y naturalmente entrelazados como la doble hélice del ADN. La casualidad no existe. Estás aquí para cumplir el propósito para el que te apuntaste antes de entrar en el mundo de partículas y forma. Muchas cosas que consideras problemas derivan del hecho de estar desconectado de la intención y, por consiguiente, ajeno a tu verdadera identidad espiritual. El proceso de perfeccionamiento y restablecimiento de esa conexión es algo fundamental para tu intención de vivir con un propósito. Al limpiar esa conexión, harás dos descubrimientos muy importantes. En primer lugar, descubrirás que tu propósito no se centra tanto en lo que haces como en lo que sientes. El segundo descubrimiento consistirá en que sentir que quieres llevar a cabo ese propósito activa tu fuerza de la intención para crear cualquier cosa que concuerde con las siete caras de la intención.

Sentir que tienes un propósito. En respuesta a la pregunta «¿Qué debería hacer con mi vida?», sugiero que solo puedes hacer una cosa, puesto que llegaste a esta vida sin nada y te marcharás sin nada: *darla*. Sentirás que tienes un propósito cuando des tu vida al servicio de los demás. Cuando das a los demás, a tu planeta y a tu Fuente, tienes un propósito. Decidas lo que decidas, si te sientes motivado por el servicio a los demás y al mismo tiempo te desinteresas sinceramente de los posibles resultados, sentirás que tienes un propósito, independientemente de la abundancia que recibas a cambio.

De modo que tu intención es que tu vida tenga un propósito. Pero ¿cómo es la Fuente espiritual en este aspecto? Está continuamente inmerso en el proceso de dar su fuerza vital para crear algo de la nada. Cuando tú haces lo mismo, sin tener en cuenta lo que das o creas, estás en armonía con la intención. Entonces tienes un propósito, al igual que la mente universal siempre actúa con un propósito.

Vamos a ir un poco más lejos. ¿Tiene que pensar la Fuente universal de la vida en lo que está haciendo con sus poderes? ¿Le preocupa producir gacelas o ciempiés? ¿Le preocupa dónde vive o lo que crea en última instancia? No. Tu Fuente simplemente se ocupa de expresarse por mediación de las siete caras de la intención. Los detalles se resuelven de forma automática. De igual modo, tus sentimientos sobre tu propósito en la vida fluyen a través de la expresión de las siete caras de la intención.

Déjate llevar a ese lugar íntimo en el que no existe preocupación por cosas como la vocación o dedicarte a lo que estabas destinado a ser. Cuando estás al servicio de los demás, o prolongas la bondad más allá de tus propios límites, te sentirás unido a tu Fuente. Te sentirás feliz y satisfecho al saber que estás haciendo lo que debes.

Yo tengo esa sensación de plenitud y satisfacción al saber que estoy actuando de acuerdo con mi propósito cuando leo el correo u oigo comentarios, muy frecuentes, mientras paso por un aeropuerto o como en un restaurante: «Usted ha cambiado mi vida, Wayne Dyer. Cuando me sentía perdido, usted estaba allí». Es algo muy distinto de los derechos de autor o una buena crítica en una revista, cosas que también me gustan. Las expresiones personales de gratitud son lo que me confirman que tengo un propósito en la vida.

Aparte del trabajo que he elegido, siento que tengo un propósito que adopta miles de formas prácticamente todos los días. Cuando prodigo mi ayuda a alguien necesitado, cuando dedico unos momentos a animar a un empleado descontento en un restaurante o una tienda, cuando hago reír a un niño que está en su cochecito sin que nadie le haga caso, o incluso cuando recojo algún desperdicio y lo tiro a un cubo de basura, siento que me estoy dando a los demás y, por tanto, que tengo un propósito.

Lo fundamental, en mi opinión, es lo siguiente: mantente en tu propósito expresando las siete caras de la intención, y ya se te desvelarán los detalles. No tendrás que volver a preguntar cuál es tu propósito ni cómo encontrarlo.

Tu propósito se te desvelará. En un capítulo anterior he expuesto los obstáculos para conectarse con la intención y he señalado que nuestros pensamientos constituyen una de las mayores trabas. Hacía hincapié en el hecho de que nos convertimos en lo que pensamos durante todo el día. ¿Cuáles son tus pensamientos para que te impidan sentir que tienes un propósito en la vida? Por ejemplo, si piensas que no tienes conexión con tu propósito y que vas dando bandazos por la vida, eso es precisamente lo que atraerás.

Pero supongamos que este es un universo con un propósito en el que tus pensamientos, emociones y actos forman parte de tu libre albedrío y están a la vez conectados a la fuerza de la intención. Supongamos que lo que piensas, que no tienes un propósito, una meta, en realidad forma parte de tu propósito. Al igual que la idea de perder a alguien te hace quererlo aún más, o una enfermedad te hace apreciar más la salud, imagínate que tienes que pensar que no le importas a nadie para darte cuenta de tu valía.

Cuando estás lo suficientemente despierto como para cuestionarte tu propósito y preguntar cómo conectarte a él, lo que te empuja a hacerlo es la fuerza de la intención. El acto mismo de cuestionarte por qué estás aquí indica que tus pensamientos te empujan a volver a conectarte con el campo de la intención. ¿Cuál es la fuente de tus pensamientos sobre tu propósito? ¿Por qué deseas tener un propósito? ¿Por qué se considera el sentido del propósito el mayor atributo de una persona que funciona plenamente? La fuente del pensamiento es un depósito infinito de energía e inteligencia. En cierto sentido, los pensamientos sobre tu propósito son en realidad tu propósito intentando volver a conectarse contigo. Este infinito depósito de energía amante, bondadosa, creativa y abundante surgió de la inteligencia originaria y te estimula a que expreses la mente universal de una forma única, personal.

Vuelve a leer las dos citas al principio de este capítulo. Buda habla de la verdad, y Sivananda sugiere que nuestro verdadero propósito consiste en la comprensión de Dios. Este libro está dedicado a la conexión con la fuerza de la intención y el abandono del ego, que intenta hacernos creer que estamos separados de nuestra Fuente divina y creadora y apartarnos de la comprensión de la verdad última. Esa verdad última es la fuente de los pensamientos.

Esa condición del ser interior sabe por qué está aquí, pero tu ego te empuja a ir en pos del dinero, el prestigio, la popularidad y los placeres sensoriales y a perder de vista el propósito de vivir. Puedes sentirte saciado y haber obtenido la fama, pero por dentro te corroerá esa sensación tipificada en la vieja canción de Peggy Lee «¿Es eso todo lo que hay?». Centrarte en las exigencias del ego deja una sensación de insatisfacción. Dentro de ti, en el nivel de tu ser, se encuentra lo que estabas destinado a ser, a conseguir, en lo que habías de convertirte. En ese lugar de ninguna parte estás conectado con la fuerza de la intención. Ella te encontrará. Haz un esfuerzo consciente para ponerte en contacto con ella y escúchala. Practica el ser lo que eres en la fuente de tu alma. Ve hasta el nivel de tu alma, donde la intención y el propósito encajan con tal perfección que logras una revelación muy sencilla: *saber que es esto.*

El silencioso conocimiento interior. El estimado psicólogo y filósofo William James dice lo siguiente: «Sabemos vagamente, en el fondo de nuestra mente, lo que tendríamos que estar haciendo ... Pero no nos decidimos a empezar ... Esperamos a cada momento que se rompa el hechizo ... pero continúa, una pulsación tras otra, y flotamos con él ...».

Por mi experiencia como terapeuta y como alguien que ha hablado con millares de personas sobre sus vidas, he llegado a la misma conclusión, que en alguna parte, enterrado en el fondo de todos nosotros, existe una llamada al propósito. No es siempre algo racional, algo claramente definido, y en ocasiones incluso puede parecer absurdo, pero el saber está ahí. Hay un algo silencioso en nuestro interior que dispone que nos expresemos. Ese algo es el alma que te dice que prestes atención y te conectes a la fuerza de la intención a través del amor, la bondad y la receptividad. Ese silencioso saber interior no te dejará en paz. Puedes intentar no hacerle caso, como si no existiera, pero cuando estés a solas, en auténtica comunión contigo mismo, notarás que el vacío espera que lo llenes con tu música. Desea que aceptes los riesgos que conlleva y que dejes de prestar atención a tu ego y al ego de los demás que te dicen que te conviene un camino más fácil o más seguro.

La ironía está en que no se trata necesariamente de realizar una tarea concreta, ni de tener una ocupación específica ni de vivir en un sitio concreto. Se trata de que te repartas de una forma creativa, amante, utilizando las destrezas y los intereses que forman parte inherente de ti. Puede ser cualquier actividad: bailar, escribir, curar, la jardinería, cocinar, ser padre o madre, dar clases, ser compositor, cantar, hacer *surf*... lo que sea. La lista es inacabable. Pero en esa lista todo puede destinarse a inflar tu ego o a servir a los demás. En última instancia, satisfacer tu ego significa sentirte frustrado y cuestionar tu propósito, porque tu Fuente carece de ego, y tú estás intentando conectarte con esa Fuente, donde tiene su origen el propósito. Si las actividades de la lista están al servicio de los demás, sientes la dicha de vivir con un propósito, mientras que, paradójicamente, atraes más de aquello que te gustaría tener en la vida.

Mi hija Skye es un ejemplo de lo que trato de exponer. Skye sabe desde que aprendió a hablar que quería cantar. Era casi como si apareciera en este mundo con el destino de cantar para los demás. En el transcurso de los años ha cantado en mis apariciones públicas, la primera vez a los cuatro años de edad, y a todas las edades hasta ahora, cuando cuenta veintiún años. También ha cantado en mis programas de televisión y siempre se ha sentido gratificada por la reacción del público.

Skye estudiaba en una importante universidad un curso de música desde perspectivas académicas y teóricas. Un día, en el primer año, tuvimos una conversación centrada sobre su propósito y el silencioso saber interior que siempre ha poseído. «¿Te disgustarías si dejara la universidad?», me preguntó. «Pienso que no puedo hacer lo que sé que tengo que hacer estudiando teoría musical en un aula. Quiero componer mi propia música y cantar. Es en lo único que pienso, pero no quiero decepcionaros a mamá y a ti.»

¿Cómo iba a decirle a mi hija de veintiún años, cuando les digo a mis lectores que no mueran con la música que aún tienen en su interior, que siguiera en la universidad porque es lo que hay que hacer y lo que yo hice? La animé a que escuchara el silencioso saber del que he visto pruebas desde que era un bebé y a que siguiera los impulsos de su corazón. Como dijo Gandhi en una ocasión: «Dar el corazón es darlo todo». Ahí es donde Dios existe en Skye... y en todos.

Le pedí a mi hija que realizara un supremo esfuerzo para vivir su propósito sirviendo a quienes iban a escuchar su música en lugar de centrarse en la fama o el dinero. «Que el universo se encargue de esos detalles —le recordé—. Compones y cantas porque tienes que expresar lo que hay en ese hermoso corazón tuyo.» Después le pedí que pensara desde el fin y que actuara como si lo que deseaba crear ya estuviera aquí, esperando a que ella se conectara.

Hace poco me explicó que se sentía abatida por no haber traído ningún disco compacto al mundo, y actuaba con el pensamiento puesto en «no haber traído ningún disco al mundo». En consecuencia, ningún disco y mucha frustración. La animé a que empezara a pensar desde el fin, con el estudio preparado, los músicos dispuestos a colaborar con ella, el disco ya como un producto terminado y su intención como una realidad. Le di un plazo para terminar un disco que pudiera poder poner a disposición del público en mis conferencias. También le dije que podía cantar en esas ocasiones, como lo había hecho esporádicamente, al igual que en mis programas de televisión.

Al pensar desde el final se hizo realidad todo lo que necesitaba, y el Espíritu universal empezó a colaborar con su firme determinación. Encontró el estudio, los músicos que necesitaba aparecieron como por arte de magia y sacó su disco compacto.

Skye trabajó incansablemente día tras día cantando sus canciones favoritas, y también algunas que yo quería que cantase en mis apariciones públicas, como «Gracia infinita», «La oración de san Francisco» y una compuesta por ella, «Lavender Fields» [Campos de espliego], que canta con orgullo y pasión. Y hétenos aquí que su disco, titulado *This Skye Has No Limits** ya se ha editado y se ofrece al público cuando ella canta en mis conferencias.

La presencia de Skye en el estrado conmigo aporta tanta alegría y tanto amor a la ceremonia porque es uno de los seres humanos más alineados con las siete caras de la intención que he conocido. Por eso no ha de extrañar que este libro esté dedicado a ella, uno de mis ángeles de la intención espiritual.

La inspiración y el propósito

Cuando te sientas inspirado por un gran propósito todo empezará a irte bien. La inspiración surge de volver al interior del espíritu y de conectarse con las siete caras de la intención. Cuando sientes la inspiración, lo que parecía arriesgado se transforma en un camino que te sientes obligado a seguir. Los riesgos desaparecen porque vas tras tu dicha, la verdad que existe en tu interior, el amor armonizado con tu intención. Si no sientes amor, no sientes la verdad, y tu verdad está envuelta en la conexión con el Es-

---

* En realidad, juega con la palabra *sky*, «cielo», «Skye», su nombre, por lo que el título podría ser *Esta Skye ilimitada* o *Este cielo ilimitado. (N. de la T.)*

píritu. Por eso la inspiración constituye una parte tan importante de la realización de la intención de vivir con un propósito.

Cuando dejé el trabajo que ya no me inspiraba, se resolvía cada detalle que me preocupaba casi por arte de magia. Había trabajado varios meses en una gran empresa donde cobraba un sueldo tres veces superior al que me pagaban como profesor, pero no me sentía inspirado. El saber interior no paraba de pincharme y me decía: «Haz lo que has venido a hacer aquí», y la enseñanza y la terapia se convirtieron en la manifestación cotidiana de mi propósito.

Cuando dejé una cátedra en una universidad importante para dedicarme a escribir y a dar conferencias, no se trataba de un riesgo; era algo que tenía que hacer porque sabía que no me sentiría bien si no seguía los impulsos de mi corazón. El universo se encargó de los detalles, porque yo sentía amor por lo que hacía y, en consecuencia, vivía mi verdad. Al enseñar el amor, ese mismo amor me guiaba hacia mi propósito, y la retribución económica fluía hacia mí con la misma energía del amor. No sabía cómo saldría todo aquello, pero escuché a mi saber interior y jamás me arrepentí.

Se podría pensar que es demasiado arriesgado renunciar a un sueldo, una pensión, la seguridad laboral o un entorno conocido por una débil lucecita en tu mente que te atrae para comprobar por qué se ha encendido. Yo pienso que no se corre ningún riesgo por prestar atención a esa luz, que es tu saber. Combinando tu profundo saber con la fe que te proporcionará el Espíritu, te darás cuenta de que la fuerza de la intención está en pleno funcionamiento. Lo único que necesitas es confiar en ese saber interior. Yo lo llamo *fe*, no la fe en un dios externo que te proporcione un propósito, sino la fe en la llamada que escuchas desde el centro mismo de tu ser. Eres una creación infinita, divina, que toma la decisión de tener un propósito y de conectarse a la fuerza de la intención. Todo gira en torno a la conexión armoniosa con tu Fuente. La fe elimina los riesgos cuando decides confiar en ese saber interior de tu propósito y convertirte en canal para que por ti fluya la fuerza de la intención.

HACER DE TU INTENCIÓN TU REALIDAD

A continuación expongo diez maneras para llevar a cabo tu intención de vivir con un propósito a partir de ahora:

Primer paso. Declara que en un sistema inteligente nadie aparece por casualidad, ni tampoco tú. La mente universal de la intención es responsable de toda la creación. Sabe lo que se hace. Tú procedes de esa mente, y estás conectado a ella infinitamente. Tu existencia tiene un sentido, y tú, la capacidad de vivir con la perspectiva de un propósito. El primer paso consiste en saber que estás aquí con un propósito, que no es lo mismo que saber lo que supuestamente debes hacer. Lo que hagas irá cambiando a lo largo de tu vida. En realidad, pueden producirse cambios de una hora para otra cada día de tu vida. Tu propósito no consiste en lo que hagas, sino en tu condición del ser, ese lugar de ti mismo donde surgen tus pensamientos. Por eso se nos conoce como *seres humanos* y no como *hacedores humanos*. Afirma con tus palabras, al escribir y al pensar, que estás aquí con un propósito, y proponte vivir con este conocimiento en todo momento.

Segundo paso. Aprovecha cualquier ocasión, por pequeña que sea, para poner tu vida al servicio de los demás. Que el ego no influya en tu intención de vivir con un propósito. Independientemente de lo que quieras hacer en la vida, que la motivación fundamental de tus esfuerzos no sea el deseo de gratificación o recompensa.

Irónicamente, las recompensas personales se multiplicarán cuando te centres en dar y no en recibir. Enamórate de lo que estás haciendo, y deja que ese amor brote de las profundidades en las que habita el Espíritu. Entonces podrás «vender» el sentimiento del amor, el entusiasmo y la alegría que generan tus esfuerzos. Si crees que tu propósito consiste en ser una supermamá, pon toda tu energía y tu dinamismo al servicio de tus hijos. Si crees que consiste en escribir poesía o en arreglar muelas, líbrate del ego y haz lo que te gusta hacer. Hazlo desde la perspectiva de que influya en alguien o en alguna causa, y deja que el universo se encargue de los detalles de tus recompensas personales. Vive tu propósito haciendo lo que haces con puro amor, y entonces crearás en colaboración con la fuerza de la mente universal de la intención, que es en última instancia la responsable de toda la creación.

Tercer paso: alinea tu meta con el campo de la intención. Esto es lo más importante para llevar a cabo tus intenciones. Estar alineado con el campo universal significa tener fe en que tu Creador sabe para qué estás aquí, aun si tú no lo sabes. Significa someter la mente pequeña a la mente grande, y recordar que tu propósito te será revelado de la misma manera que fuiste revelado tú. También el propósito nace de la creatividad, la bondad, el amor y la receptividad a un mundo infinitamente abundante. Mantén pura esa conexión, y serás guiado en todos tus actos.

No es fatalismo decir que si algo está destinado a ser no se puede detener. Eso significa tener fe en la fuerza de la intención, que te creó y está en tu interior. Cuando estás alineado con tu Fuente creadora, esa misma Fuente te ayudará a crear la vida que elijas. Entonces parece que lo que ocurre estuviera destinado a ser. Y eso se debe a que es. Siempre puedes elegir cómo alinearte. Si te mantienes centrado en imponer exigencias al universo, te sentirás como si te impusieran exigencias en tu vida. Mantente centrado en preguntar con amor: «¿Cómo puedo utilizar mi talento innato y mi deseo de servir?», y el universo te contestará con idéntica energía preguntándote: «¿Cómo puedo servirte yo?».

Cuarto paso: no hagas caso de lo que digan los demás sobre tu propósito. Independientemente de lo que cualquiera te diga, la verdad sobre el sentimiento de tener un propósito consiste en que solo tú puedes conocerla, y si no lo sientes en ese lugar interior donde habita un ardiente deseo, no es tu propósito. Tus familiares y amigos pueden intentar convencerte de que tu destino es lo que ellos piensan. Quizá vean en ti un talento que, a su juicio, te ayudará a ganar mucho dinero, o quizá quieran que sigas sus pasos porque piensan que serás feliz haciendo lo que ellos llevan haciendo toda la vida. Tu destreza para las matemáticas, la decoración o la electrónica puede indicar una gran aptitud para determinada actividad, pero, al final, si tú no lo sientes nada logrará que resuene en tu interior.

Tu propósito se encuentra entre tu Fuente y tú, y cuanto más te aproximes a como parece y actúa ese campo de la intención, mejor comprenderás que estás siendo guiado con un propósito. Quizá carezcas de aptitudes en un terreno concreto y sin embargo te sientas atraído hacia él. Olvídate de los resultados de las pruebas de aptitud, olvídate de la falta de experiencia y destreza y, lo más importante, no hagas caso de las opiniones de los demás y escucha a tu corazón.

Quinto paso: recuerda que el campo omnicreador de la intención actuará en tu favor. Según cuentan, Albert Einstein dijo en una ocasión que la decisión más importante que tomamos es creer que vivimos en un universo cordial u hostil. Es fundamental que sepas que el campo omnicreador de la intención es cordial y que actuará contigo mientras tú lo veas así. El universo apoya la vida; fluye libremente hacia todo y es infinitamente abundante. ¿Por qué decidir verlo de otro modo? Todos los problemas a los que nos enfrentamos surgen de creer que estamos separados de Dios y entre nosotros, lo que nos lleva a un estado de conflicto. Ese estado de conflicto crea una fuerza contraria causante de la confusión de millones de seres humanos respecto a su propósito. Has de saber que el universo siempre está dispuesto a actuar contigo, a tu favor, y que siempre estás en un mundo cordial, no hostil.

Sexto paso: estudia e imita la vida de las personas que han conocido su propósito. ¿A quiénes admiras más? Te ruego que leas la biografía de esas personas e investigues cómo vivieron y qué las motivaba para mantener su propósito cuando surgían obstáculos. A mí siempre me ha fascinado Saulo de Tarso (más adelante conocido como san Pablo), cuyas cartas y enseñanzas constituyen la fuente de gran parte del Nuevo Testamento. Taylor Caldwell escribió una biografía imaginaria de san Pablo titulada *El gran león de Dios,* que me sirvió de gran inspiración. También me emocionó profundamente el sentido que dio a su vida san Francisco de Asís, como muestra la novela *San Francisco* de Nikos Kazantzakis. Siempre dedico mi tiempo libre a leer sobre las personas que son modelos de una vida con un propósito, y te animo a que hagas otro tanto.

Séptimo paso. Actúa como si llevaras la vida que estabas destinado a vivir, incluso si te sientes confuso sobre eso que llamamos el propósito. Invita a que entre en tu vida cotidiana cuanto te haga sentir más cercano a Dios y te proporcione alegría. Considera los acontecimientos que te parecen obstáculos oportunidades únicas para poner a prueba tu resolución y encontrar tu propósito. Considéralo todo, desde una uña rota hasta un desplazamiento geográfico, pasando por una enfermedad o la pérdida del trabajo, como una oportunidad para alejarte de tu rutina cotidiana y trasladarte a tu propósito. Actuando como si tuvieras un propósito y tratando los obstáculos como recordatorios cordiales para confiar en lo que sientes en lo más profundo de ti realizarás tu intención de ser una persona con un propósito en la vida.

Octavo paso. Medita para mantener tu propósito. Utiliza la técnica del *japa*, de la que he hablado anteriormente, y centra tu atención interior en pedirle a tu Fuente que te guíe para cumplir tu destino. Esta carta de Matthew McQuaid describe los fascinantes resultados de la meditación para mantenerse en el propósito.

Estimado doctor Dyer:

Michelle, mi esposa, se ha quedado embarazada milagrosamente, por un milagro manifiesto del Espíritu y gracias a todas las recomendaciones que hace usted. Michelle y yo nos enfrentamos a la esterilidad durante cinco años. Intentamos todo lo habido y por haber. No funcionó ninguno de los tratamientos, muy caros y complejos. Los médicos lo dejaron por imposible. Cada ciclo de tratamiento puso a prueba nuestra fe una y otra vez. Nuestro médico logró congelar embriones de anteriores ciclos de tratamiento. A Michelle le implantaron más de cincuenta embriones en el útero en el transcurso de varios años. Las posibilidades de que un embrión desembocara en un embarazo eran prácticamente cero en nuestro caso. Como usted sabe, «cero» es una palabra que no se encuentra en el vocabulario espiritual. Un embrión especial que sobrevivió a 250 grados bajo cero durante seis meses ha encontrado su nuevo hogar en el vientre de Michelle, que está en el segundo trimestre del embarazo.

Podría decir: «Pues qué bien. Recibo cartas así todos los días». Sin embargo, esta carta contiene una prueba de la mano de Dios. Como lo ha expresado usted con tanta elocuencia en muchas ocasiones, una minúscula partícula de protoplasma, una masa física de células vivas con el tirón futuro de un ser humano que se conectan en un laboratorio y después se desconectan en un congelador. El movimiento molecular y el proceso bioquímico se interrumpen, y sin embargo la esencia del ser estaba allí, antes de la congelación. ¿Adónde fue a parar la esencia espiritual durante la congelación? Se conectaron las células y después se desconectaron, pero la esencia espiritual tuvo que mantenerse a pesar del estado físico de las células. La frecuencia de la vibración de las células congeladas era baja, pero la frecuencia de las vibraciones de su espíritu era inconmensurable. La esencia del ser tenía que encontrarse fuera del plano físico o de la masa de células. No podría haber ido sino al reino del espíritu, donde se quedó esperando. Esperó hasta fundirse y manifestarse en el ser que siempre había sido. Espero que esta historia le resulte tan convincente como a mí, ni más ni menos que un milagro, un ejemplo del espíritu en un cuerpo y no de un cuerpo con un espíritu.

Y ahora, la pregunta del millón. ¿Pudo haber sobrevivido ese embrión a las condiciones hostiles de la congelación y sin embargo manifestarse porque yo practicase la meditación *japa*, porque abriese la boca y dijera: «Aaah»? Desde luego que tenía cierto conocimiento. La meditación *japa* y la entrega a la paciencia infinita son prácticas cotidianas. En los momentos de tranquilidad, hasta puedo oler al niño. Michelle me dará las gracias por mi convicción y mi fe durante las épocas de oscuridad. Alabado sea su trabajo, que me ha servido de guía. Gracias. Ahora nada me parece imposible. Cuando comparo lo que he manifestado en el vientre de Michelle con cualquier otra cosa que pudiera desear, el proceso no requiere ningún esfuerzo. Cuando realmente te entregas, parece como si todo lo que pudieras desear surgiera tal y como estaba previsto. La siguiente manifestación será ayudar a que otras parejas estériles hagan su sueño realidad. En cierto modo, yo ayudaré a quienes piensan que no tienen nada que esperar.

Afectuosamente,

MATTHEW MCQUAID

He recibido cartas de muchas personas contándome que han logrado mantenerse en su propósito gracias a la meditación *japa*.

Me emociona profundamente la fuerza de la intención cuando me entero de que la práctica del *japa* ayuda a algunas personas a lograr un embarazo que consideraban su misión divina. Me agrada especialmente la decisión de Matthew de ayudar con su experiencia a otras parejas estériles.

Noveno paso. Mantén tus pensamientos y sentimientos en armonía con tus actos. La forma más segura de comprender tu propósito consiste en eliminar cualquier conflicto o discordancia que exista entre lo que piensas y sientes y cómo vives tus días. Si hay desarmonía, activas actitudes propias del ego, de temor o fracaso o de decepcionar a los demás, que te alejan de tu propósito. Tus actos deben estar en armonía con tus pensamientos. Has de confiar en los pensamientos armónicos y estar siempre dispuesto a actuar en consecuencia. Niégate a considerarte falso o cobarde, porque esos pensamientos evitarán que actúes en consecuencia con lo que sabes que estabas destinado a ser. Toma medidas diariamente para armonizar tus pensamientos y sentimientos sobre tu heroica misión con las actividades diarias y con el campo omnipresente de la intención. La armonía con la voluntad de Dios es el estado más elevado que puedes alcanzar en tu propósito.

Décimo paso. Mantente en un estado de gratitud. Da gracias incluso por poder pensar en tu propósito. Da gracias por el maravilloso don de poder servir a la humanidad, al planeta y a Dios. Da gracias por lo que parecen obstáculos para tu propósito. Recuerda, como nos dice Gandhi: «La guía divina a veces llega cuando el horizonte está más oscuro». Mira el caleidoscopio de tu vida, incluyendo a cuantas personas se hayan cruzado en tu camino. Mira todos los trabajos, los éxitos, los aparentes fracasos, las ganancias, las pérdidas, las victorias, todo, desde una perspectiva de gratitud. Estás aquí por una razón; esa es la clave para sentir que tienes un propósito. Agradece la oportunidad de vivir con un propósito sintonizado con la voluntad de la Fuente de todo. Hay muchos motivos de agradecimiento.

A mí me parece que buscar nuestro propósito es como buscar la felicidad. No existe ningún camino hacia la felicidad; la felicidad es el camino, y lo mismo ocurre con vivir la vida con un propósito. No es algo que encuentres; es cómo vives tu vida sirviendo a los demás y dando un propósito a todo cuanto haces. Así es precisamente cómo haces realidad la intención que da título a este capítulo. Cuando vives la vida con un propósito, habitas en el amor. Cuando no vives en el amor, no tienes propósito. Esto se aplica a los individuos, las instituciones, las empresas y los gobiernos. Cuando un gobierno extorsiona a sus ciudadanos con cantidades excesivas por cualquier servicio, no tiene propósito. Cuando un gobierno recurre a la violencia como medio para resolver conflictos, no tiene propósito, independientemente de cómo justifique sus actos. Cuando las religiones permiten los prejuicios y el odio o maltrata a sus fieles, no tienen propósito. Y lo mismo es aplicable a todos.

Tu objetivo al llegar a la fuerza de la intención consiste en regresar a tu Fuente y vivir según esa consciencia, reproduciendo los actos de la intención misma. Esa Fuente es el amor y, por consiguiente, el método más rápido para comprender y vivir tu propósito es preguntarte si piensas con amor. ¿Brotan tus pensamientos de una Fuente interior de amor? ¿Actúas siguiendo esos pensamientos de amor? Si la respuesta es sí, vives con un propósito. No puedo decir nada más.

9

Es mi intención ser auténtico y pacífico con todos mis familiares

> Tus amigos son la forma que tiene Dios de disculparse por tus familiares.
>
> WAYNE W. DYER

Dejamos que las expectativas y las exigencias de los miembros de nuestra familia creen tensiones y malos ratos, cuando lo que queremos es ser realmente nosotros mismos y estar en paz con ellos. El conflicto parece plantearse con demasiada frecuencia entre ser auténtico, lo que significa no estar en paz con algunos familiares, o tener paz a cambio de no ser auténtico. Establecer la conexión con la fuerza de la intención para tratar a la familia puede parecer una contradicción, pero no lo es. Ser pacífico y auténtico puede definir la relación con tu familia, pero en primer lugar, quizá tendrías que evaluar la relación con tu pariente más cercano: tú. Descubrirás que cómo te tratan los demás tiene mucho que ver con cómo te tratas a ti mismo y enseñar así a los demás a tratarte.

Te tratan como enseñas a los demás a tratarte

En un capítulo anterior te instaba a prestar atención a tu diálogo interior. Uno de los mayores obstáculos para conectarse a la intención es lo que piensas sobre lo que esperan o quieren los demás de ti. Cuanto más te centres en lo mucho que te molesta que tu familia no te comprenda o no te valore, más atraerás los malentendidos o la infravaloración. ¿Por qué? Porque lo que piensas se expande, incluso cuando piensas en algo que te resulta molesto y en lo que no deseas en tu vida.

Si te atrae esa intención, lo más probable es que ya sepas qué miembros de tu familia te ponen nervioso. Si piensas que sus expectativas te influyen demasiado, o que eres víctima de su forma de ser, tendrás que empezar por cambiar de pensamientos, de lo que hacen ellos a lo que tú piensas. Debes decirte: «He enseñado a todas estas personas cómo tratarme porque estoy dispuesto a darle mayor importancia a sus opiniones sobre mí que a las mías». Podrías desarrollarlo afirmando enérgicamente: «¡Y mi intención es enseñarles cómo deseo que me traten a partir de ahora!». Asumir la responsabilidad de cómo te tratan los miembros de tu familia te ayudará a crear con todos ellos la clase de relación que concuerda con la mente universal de la intención.

Quizá te preguntes cómo puedes ser responsable de enseñar a la gente a tratarte. En gran medida, la respuesta consiste no solo en estar dispuesto a hacer caso a esas presiones familiares, algunas de las cuales son tradiciones que se remontan a incontables generaciones anteriores, sino a consentir desconectarte de tu Fuente divina y a entregarte a emociones de baja energía como la humillación, la culpa, la desesperación, el arrepentimiento, la ansiedad e incluso el odio. Tú y solamente tú has enseñado a los tuyos a tratarte gracias a tu disposición a aceptar comentarios críticos de esa tribu bienintencionada pero en ocasiones entrometida y pesada.

Tus relaciones familiares están en tu mente. Cuando cierras los ojos desaparece tu familia. ¿Adónde ha ido a parar? A ninguna parte, pero este ejercicio te ayuda a reconocer que tus familiares existen como pensamientos en tu mente. Y recuerda que Dios es la mente con la que piensas. ¿Utilizas tu mente para tratar a tus familiares en armonía con la intención, o te has abandonado o te has separado mentalmente considerando a tu familia algo que se opone a la Fuente universal de la intención? Todas esas personas relacionadas contigo son ideas en tu cabeza. Si han adquirido poder es porque tú se lo has concedido. Si piensas que algo anda mal o que algo falta en esas relaciones, eso indica que te pasa algo, ya que, por lo general, cualquier cosa que veas en cualquiera es un reflejo de algún aspecto tuyo, porque, si no, no te importaría y ni siquiera te darías cuenta.

Para cambiar el carácter de las relaciones familiares tendrás que cambiar tu forma de pensar sobre ellas y llegar hasta lo inconcebible con un salto mortal. ¿Y qué es lo inconcebible? La idea consiste en que tú eres el origen de la angustia en tus relaciones y no el individuo al que le has colgado la etiqueta de insoportable, irritante y despreciable. Esos individuos te han tratado en el transcurso de los años precisamente como tú se lo has permitido con tus reacciones y tu comportamiento. Todos ellos existen en tu cabeza como ideas que te han separado de tu fuente de la intención, algo que puede cambiar milagrosamente cuando decides estar en paz con todas las personas que hay tu vida, y sobre todo con tu familia.

Si el diálogo interior con los miembros de tu familia se centra en lo que hacen mal, así será precisamente como experimentes tu relación con ellos. Si tu discurso interior se centra en lo que te molesta de ellos, eso es lo que notarás. Por mucho que les culpes a ellos de tu irritación, esa irritación es asunto tuyo, y surge de tus pensamientos. Si tomas la decisión de dirigir tu atención interior, tu energía vital, hacia algo distinto, cambiará tu relación. En tus pensamientos, donde existen tus relaciones familiares, no te sentirás molesto, enfadado, herido ni deprimido. Si piensas: «Mi intención es ser auténtico y pacífico con este familiar», eso es lo que experimentarás, incluso si ese familiar sigue actuando como siempre.

Cambiar de forma de pensar significa cambiar tus relaciones. Ser auténtico y pacífico con tus familiares solo supone cambiar tu forma de pensar. Puedes aprender a cambiar tus pensamientos proponiéndote crear sentimientos auténticos y pacíficos en tu interior. Nadie puede molestarte sin tu consentimiento, y has dado tu consentimiento con demasiada frecuencia. Cuando empiezas a practicar la intención de ser auténtico y pacífico, dejas de dar tu consentimiento a estar en la energía más baja. Te conectas con la paz misma y decides llevarla a tu familia, de modo que adquieres inmediatamente el poder de cambiar la energía de las reuniones familiares.

Piensa en los familiares a los que has culpado de tus sentimientos de ansiedad, irritación o depresión. Te has centrado en lo que te desagrada de ellos o en cómo te han tratado, y tu relación siempre ha tenido un toque desagradable. Imagínate haciendo esto desde otro punto de vista: en lugar de reaccionar ante su baja energía de hostilidad o jactancia con hostilidad o jactancia —bajando el campo de la energía para todos—, lleva tu intención de paz a la interacción. Recuerda que es la alta energía del amor lo que puede disolver las bajas energías. Cuando reaccionas ante la baja energía con lo mismo, no eres auténticamente pacífico ni estás conectado a la fuerza de la intención. En la energía baja, dices o piensas frases como la siguiente: «No te respeto porque tú no me respetas. Estoy enfadado contigo por estar tan enfadado con el mundo. Me caes mal porque eres un fanfarrón».

Al centrar tu atención en lo que tienes intención de manifestar en lugar de en la misma baja energía con la que te topas, tomas la decisión de conectarte a la intención y llevar los atributos de tu Fuente universal ante la presencia de esa baja energía. Imagínate a Jesús de Nazaret diciéndole a sus discípulos: «Desprecio a quienes me desprecian y no quiero saber nada de ellos». O: «Me da rabia que la gente me juzgue. ¿Cómo puedo vivir en paz con tantas personas hostiles a mi alrededor?». Sería absurdo, porque Jesucristo representa el nivel de la energía del amor más alto del universo. Eso es precisamente lo que llevaba ante la presencia de personas hostiles, escépticas, y con su sola presencia elevaba la energía de quienes estaban a su alrededor. Ya sé que no eres Jesucristo, pero puedes aprender grandes lecciones espirituales de nuestros grandes maestros. Si tienes la intención de llevar paz a una situación y estás viviendo en el nivel de la intención, dejarás esa situación con una sensación de paz. Yo aprendí esa lección hace años, con la familia de mi esposa.

Antes de despertar a la fuerza de la intención, las visitas familiares eran acontecimientos que me deprimían por la actitud y el comportamiento de algunos miembros de la familia de mi mujer. Me preparaba para estas visitas dominicales poniéndome nervioso y enfadándome por una experiencia que me imaginaba aburrida y horrible. Raramente me llevaba una decepción. Centraba mis pensamientos en lo que no me gustaba y así definía la relación con mi familia política. Poco a poco, a medida que fui comprendiendo la fuerza de la intención y dejando a un lado el ego, empecé a sustituir el enfado y el fastidio por la bondad, la receptividad, el amor e incluso la belleza.

Antes de una reunión familiar, recuerdo que soy lo que yo decido ser en toda circunstancia, y decido ser auténticamente pacífico y pasarlo bien. En respuesta a algo que antes me molestaba, ahora le digo a mi suegra, con cariño: «Nunca me lo había planteado así. Explícamelo mejor». En respuesta a un comentario que antes me parecía una estupidez, digo: «Es un punto de vista muy interesante. ¿Cómo te has informado de eso?». En otras palabras, llevo mi intención a un estado de paz para esos encuentros, y me niego a juzgar.

Empezó a ocurrir algo increíble: me encantaba que esos miembros de la familia vinieran a casa. Empecé a considerarlos más inteligentes. Incluso disfrutaba con su compañía, y cada vez que surgía algo que antes me molestaba lo dejaba pasar y respondía con amor y bondad. En una etapa anterior de mi vida, las expresiones de prejuicios religiosos o raciales disparaban mi ira y mi rencor. Ahora reacciono tranquilamente, exponiendo mis opiniones con amabilidad, y paso a otro asunto.

En el transcurso de los años he observado no solo que los comentarios racistas han ido disminuyendo hasta reducirse prácticamente a cero, sino que mi familia política tiene expresiones de tolerancia, e incluso de cariño, hacia las minorías y hacia quienes practican religiones diferentes a la suya.

Aunque mi intención consistía en principio en mantenerme en un estado de paz, descubrí que al no sumarme a las bajas energías de mi familia política, no solo nos sentíamos todos más en paz, sino que teníamos conversaciones divertidas e incluso inteligentes. Tenía tanto que aprender de esos familiares como yo que enseñarles. Incluso cuando me sentaba mal una crítica, si recordaba mi intención de mantener una relación pacífica con ellos, lo hacía. Dejé de pensar en lo que me molestaba, en lo que echaba en falta o en lo que siempre había ocurrido. Me centraba en que aquellas reuniones me resultaran divertidas, cariñosas y, lo más importante, pacíficas.

Veamos a continuación los pasos que hay que dar para hacer realidad la intención que se expresa en este y los siguientes capítulos.

Primer paso. Reconoce tu intención verbalmente y por escrito, y deséala de todo corazón. Cuando creas un gran deseo de vivir la experiencia de una familia pacífica, todo empezará a desarrollarse de tal modo que ese deseo se cumpla de una forma espontánea y natural. En lugar de encomendarte a Dios o a un santo para que se produzca un milagro, ruega para que se obre el milagro del despertar interior, que jamás te abandonará. Una vez experimentado, el despertar de esa luz interior te acompañará siempre, independientemente de con quién o dónde estés. La fuerza dinámica está dentro de ti, y notarás esa fuerza como una gran alegría que recorre tu cuerpo. Al final tu pensamiento se hará sublime, y tu mundo interior y exterior se harán uno. Desea ese despertar a la luz interior, desea que se manifieste tu intención.

Segundo paso. Desea para tus familiares lo que deseas para ti. Cuando alguien te critica, te juzga, se enfada contigo, te demuestra odio o te censura, no está en paz consigo mismo. Deséale esa paz aun más que a ti mismo. Con tal intención hacia esas personas dejas de centrarte en ti mismo. Es algo que no requiere ni que hables ni que actúes. Simplemente tienes que imaginarte a las personas de tu familia con las que no te sientes en paz y sentir la paz que deseas para ellas. Cambiará tu discurso interior y empezarás a experimentar la pacífica autenticidad de tus dos seres.

Tercer paso. Sé tú la paz que buscas en los demás. Si lo que falta en la relación con tu familia es la paz, eso significa que en tu interior hay un lugar que ocupa la ausencia de paz. Ese lugar pueden ocuparlo la ansiedad, el miedo, la ira, la depresión, la culpa y cualquier emoción de baja energía. En vez de intentar librarte de esos sentimientos, dales el mismo tratamiento que a los miembros de tu familia. Acógelos tranquilamente y déjalo estar. Así envías un sentimiento pacífico al sentimiento de la ausencia de paz. Las bajas energías que experimentas se fortalecerán con ese pacífico «hola» y acabarán por desvanecerse a medida que lo divino se desarrolle en tu interior. Se alcanza esta paz mediante cualquier forma de tranquilidad y meditación que te funcione.

Aun si solo puedes tomarte un descanso de dos minutos en silencio, concéntrate en el nombre de lo divino o repite el sonido «aaah» como mantra interior.

Cuarto paso. Correspóndete con las siete caras de la intención. Por si has olvidado las características de la mente universal de la intención, es creativa, bondadosa, amante, bella, en continua expansión, infinitamente abundante y receptiva a toda la vida. Participa en el juego de las correspondencias del que hablo en este libro, y tranquilamente y con firme decisión lleva el rostro de la Fuente universal ante la presencia de cuantos crees que te rebajan o te molestan. Esta clase de energía espiritual te transformará, pero no solo a ti, también a tu familia. Tu intención de mantener relaciones pacíficas está adquiriendo forma —primero en tu mente, después en tu corazón—, y finalmente se materializará.

Quinto paso. Examina todos los obstáculos que se han interpuesto en tu camino para conseguir la paz familiar. Presta atención a cualquier diálogo interior que gire sobre lo mucho que te molesta lo que los demás esperan de ti. Recuerda que cuando piensas sobre lo que te molesta, actúas en consecuencia con lo que piensas, y atraes otro tanto de lo mismo. Examina tu nivel de energía para comprender tu tendencia a reaccionar ante tus bajas energías del mismo modo, y recuérdale a tu ego que ya no vas a optar por sentirte ofendido ni a necesitar llevar siempre la razón en esas relaciones.

Sexto paso. Actúa como si. Inicia el proceso de actuar *como si lo que tienes intención de manifestar ya fuera realidad.* Ve a todos los de tu familia a la luz y con el amor que son su verdadera identidad. Cuando alguien le preguntó a Muktananda, gran santón indio: «¿Qué ves en mí cuando me miras, babá», contestó: «Veo la luz». «¿Cómo es eso?», replicó aquella persona. «Me enfado mucho, soy terrible. Tienes que verlo». Babá insistió: «No; yo veo luz». (Esta historia la cuenta Swami Chidvilasananda Gurumayi en *Kindle my Heart*.)

Eso debes hacer: ver la luz en los demás, y tratarlos como si eso fuera lo único que vieras.

Séptimo paso. Deslígate de los resultados. No dejes que tu actitud auténtica y pacífica dependa de la conducta de tu familia. Mientras te mantengas conectado a la intención e irradies la alta energía, alcanzarás la paz. No es cosa tuya que todos los miembros de tu familia piensen, sientan o crean lo mismo que tú. Lo más probable es que observes cambios drásticos en tus familiares cuando les enseñes con tu ejemplo cómo quieres que te traten, pero si no cambian, y si continúan con actitudes no pacíficas, olvídate de la necesidad de verlos transformados. Todo funciona según un orden divino, y te ayudará recordar el dicho «Déjalo en manos de Dios». Así garantizas tu propia paz y aumentas espectacularmente las posibilidades de ayudar a los demás a hacer otro tanto.

Octavo paso. Afirma: solo atraigo paz a mi vida. Recuerdo esta afirmación muchas veces algunos días concretos, sobre todo con mis hijos y otros miembros más lejanos de la familia. También me lo repito en las tiendas, cuando saludo a los auxiliares de vuelo, cuando voy a Correos y mientras conduzco mi coche. Lo digo para mis adentros como una verdad absoluta con firme determinación, y siempre me funciona. La gente me responde con una sonrisa, con agradecimiento, con gestos amistosos y saludos. También recuerdo una convincente observación de *A Course in Miracles [Curso de milagros]* cuando no me siento precisamente en paz con mi familia en un momento dado: «Puedo elegir la paz en lugar de esto».

Noveno paso. No le guardes rencor a nadie y practica el perdón. La clave para que reine la paz en todas tus relaciones familiares consiste en el perdón. Tu familia se limita a hacer lo que les han enseñado a hacer toda la vida, y lo que les enseñaron a hacer a sus antepasados. Que tu corazón los colme de comprensión y perdón.

Las siguientes líneas de *A Course in Miracles* ofrecen gran ayuda para hacer realidad esa intención:

> ¿Deseas la paz? El perdón te la ofrece.
> ¿Deseas la felicidad, una mente tranquila, la certeza de un objetivo y un sentido de la valía y la belleza que trasciende el mundo? ¿Deseas una tranquilidad que no se puede perturbar, una ternura que jamás puede ser herida, un consuelo profundo y duradero, y un descanso tan perfecto que no se puede alterar?
> Todo eso te lo ofrece el perdón.

Décimo paso. Mantente en un estado de gratitud. En lugar de mantenerte en un estado de ausencia de paz con los miembros de tu familia, reza una oración de gratitud por su presencia en tu vida y por todo lo que pueden enseñarte.

Estos son los diez pasos que puedes practicar a diario. Mientras intentas alcanzar el conocimiento absoluto de que esta intención se manifestará, recuerda también a diario que no se puede solucionar una mala relación condenándola.

10

Es mi intención sentir que he triunfado y atraer la abundancia a mi vida

> Dios es capaz de proporcionarte todas las bendiciones, y en abundancia.
>
> SAN PABLO

> Cuando te das cuenta de que no falta nada, el mundo entero es tuyo.
>
> LAO TZU

Uno de mis secretos para sentir que he triunfado y para atraer la abundancia a mi vida consiste en un axioma interior que utilizo prácticamente todos los días de mi vida. Es el siguiente: cambia tu forma de ver las cosas y cambiarán las cosas que ves. Siempre me ha funcionado.

La verdad de esta máxima se encuentra en el campo de la física cuántica, asunto que, según algunos, no solo es más extraño de lo que se piensa, sino más extraño de lo que se puede pensar. Resulta que en el nivel subatómico, diminuto, el acto mismo de observar una partícula, cambia la partícula en cuestión. Nuestra forma de observar estos minúsculos elementos de la vida constituye un factor determinante de lo que llegan a ser en última instancia. Si aplicamos esta metáfora a partículas de mayor tamaño y empezamos a considerarnos partículas de un cuerpo más grande llamado humanidad, o incluso mayor —la vida misma—, no nos costará demasiado trabajo imaginar que el modo de observar el mundo en el que vivimos afecta a ese mundo. Se ha dicho de muchas y muy diferentes maneras: «Tal y como es el microcosmos es el macrocosmos». Mientras lees este capítulo, recuerda la pequeña incursión en la física cuántica como metáfora de tu vida.

Por eso, tu intención de sentir que triunfas y experimentas la prosperidad y la abundancia depende de la opinión que tengas de ti mismo, del universo y, por encima de todo, del campo de la intención del que proceden el éxito y la abundancia. Esta máxima mía sobre el cambio de la forma de ver las cosas constituye un instrumento sumamente poderoso que te permitirá llevar la intención de este capítulo a tu vida. En primer lugar examina cómo miras las cosas y después cómo hace otro tanto el espíritu de la intención.

¿CÓMO VES LA VIDA?

Tu forma de ver la vida es sobre todo un barómetro de tus expectativas, basadas en lo que te han enseñado que vales y lo que eres capaz de lograr. Esas expectativas te las imponen en gran medida las influencias externas, como la familia, la comunidad y las instituciones, pero también reciben la influencia de ese compañero interno y omnipresente: el ego. En gran medida, tus expectativas se basan en creer en la limitación, la escasez y el pesimismo sobre tus posibilidades. Si estas creencias constituyen la base de tu percepción de la vida, esa percepción del mundo es lo que esperas de ti mismo. Es imposible atraer la abundancia, la prosperidad y el éxito desde esa perspectiva limitada.

En el fondo de mi corazón sé que es posible atraer la abundancia y sentir que se ha triunfado, porque, como he apuntado anteriormente, yo también llevé una vida de enorme escasez en épocas anteriores. Viví en casas de acogida, alejado de mi madre y de mi padre, alcohólico, siempre fuera de casa y encarcelado en muchas ocasiones. Sé que estas verdades pueden funcionar para todos, porque si funciona para uno funciona para todos, ya que compartimos la misma fuerza divina, tan abundante, y surgimos del mismo campo de la intención.

Haz un cuestionario de cómo ves el mundo, preguntándote qué parte de tu energía vital está centrada en desechar puntos de vista potencialmente optimistas al preferir ver las injusticias e incongruencias en la filosofía de la abundancia para todos. ¿Puedes cambiar tu forma de ver las cosas? ¿Puedes ver potencial para la prosperidad donde siempre has visto escasez? ¿Puedes cambiar *lo que es* simplemente cambiando tu forma de verlo? Yo contesto con un rotundo sí a estas preguntas, y la manera de intentar cambiar la forma de ver las cosas consiste en mirar fijamente algo en lo que quizá no te habías fijado antes.

¿Cómo ve la vida el campo universal y omnicreador de la intención?

El campo de la intención, responsable de toda la creación, da continuamente; aun más, su dadivosidad no tiene límites. No para de convertir el espíritu puro, amorfo, en millares de formas materiales. Cuando se trata de la Fuente creadora, no valen conceptos tales como escasez o carencia. De modo que nos enfrentamos a dos conceptualizaciones fundamentales cuando pensamos en la abundancia natural de la mente universal. La primera consiste en que da continuamente, y la segunda en que ofrece un suministro infinito.

Parece evidente que, como la fuerza de la intención es constante e infinitamente dadivosa, tendrías que adoptar esos dos atributos si deseas hacer realidad tu intención personal de vivir con éxito y atraer la abundancia a tu vida. ¿Cuál es el mensaje que tendrías que devolver al universo si quieres *ser* la abundancia y el éxito y no luchar por ellos? Tu Fuente es abundante y tú eres tu Fuente; por consiguiente, tienes que transmitir otro tanto. Como tu Fuente no para de servirte y de darte, y tú eres tu Fuente, debes mantenerte en un estado de servir y dar. Esta Fuente solo puede colaborar contigo cuando te encuentras en armonía con ella.

Si envías al campo de la intención un mensaje que dice: «Por favor, más dinero», se interpretará como que te consideras en estado de escasez, pero esa Fuente no conoce el concepto de la escasez; ni siquiera sabe qué significa no tener suficiente dinero. Por eso te responderá lo siguiente: «Te encuentras en un estado en el que necesitas más dinero porque eso es lo que piensas y, como yo soy la mente con la que piensas, te doy lo que no quieres y lo que no tienes». La respuesta dominada por tu ego dirá lo siguiente: «Se me están denegando mis deseos». Pero la verdad es que la Fuente universal solo sabe dar en abundancia y te responderá con un flujo de dinero si tu intención es la siguiente: «Tengo suficiente dinero, y permito que fluya hacia mí aquello de lo que ya tengo suficiente».

A lo mejor te suena a chino y te parece un simple juego de palabras, pero te aseguro que es exactamente así como funciona la mente universal de la intención. Cuanto más vuelvas a estar en consonancia con lo que te trajo aquí con una intención, más comprobarás la ilimitada abundancia. Deja a un lado el concepto de escasez, porque Dios no sabe nada de esas cosas. La Fuente creativa reacciona ante tu creencia en la escasez haciendo realidad tu creencia.

Volvamos al comentario con el que se inicia este capítulo: «Cambia tu forma de ver las cosas y cambiarán las cosas que ves».

Te garantizo que la mente universal solo fluye en armonía con su propia naturaleza, que consiste en proporcionar infinita abundancia. Mantente en armonía con esa naturaleza, y todos tus deseos se pondrán de manifiesto; el universo no conoce otra manera de ser. Si le dices lo que deseas a la mente universal, te responderá dejándote en un estado de deseo, sin cumplirlo jamás y siempre necesitando más. Sin embargo, si piensas que lo que tienes intención de manifestar ya se ha manifestado, estás unido a tu intención. Si no te permites ni un solo momento de duda ni haces caso a los negativistas, estarás en presencia del campo de la intención omnicreadora.

No puedes surgir de la escasez, no puedes surgir de la carencia. Tienes que surgir de los mismos atributos que lo que lo permite todo. *Permitir*: es una palabra clave. Veamos cómo se hace caso omiso a ese «permiso» cuando se intenta manifestar el éxito y atraer la abundancia.

EL ARTE DE PERMITIR

La mente universal de la Creación es un estado constante de suministro. Nunca se desconecta, no se toma vacaciones ni días libres y da constantemente. Todo y todos, sin excepción, emanan de esa mente universal que llamamos «intención». Entonces, si todo procede de ese campo infinito de energía invisible, ¿por qué unos participan y otros parecen tan separados de él? Si da continuamente, creando una infinita corriente de abundancia, debe de existir cierta resistencia a que entre en tu vida si experimentas cualquier clase de escasez o carencia.

Permitir la entrada de esta Fuente que todo lo da significa tomar conciencia de la resistencia que quizá estés oponiendo a la abundancia que se suministra continuamente. Si el universo se basa en la energía y la atracción, esto significa que todo vibra con unas frecuencias concretas. Cuando la frecuencia con la que tú vibras es opuesta a la frecuencia del suministro del universo, creas una resistencia y evitas que fluya la abundancia por tu espacio vital. Tus vibraciones individuales constituyen la clave para comprender el arte de permitir. Las vibraciones inarmónicas adquieren en gran medida la forma de tus pensamientos y sentimientos. Los pensamientos que ponen de relieve lo que no crees merecer provocan una contradicción en la energía. Esa contradicción detiene la conexión de energías idénticas, y creas un campo de rechazo. Recuerda que se trata de estar en armonía con tu Fuente. Tus pensamientos pueden surgir de una condición del ser que se comunica con la intención o que está en contradicción con ella.

Ten en cuenta que, como formas parte de la mente universal, si te ves de un modo armonioso con las siete caras de la intención, la mente universal solo podrá funcionar armoniosamente contigo. Supongamos, por ejemplo, que quieres un trabajo mejor y con más sueldo. Imagínate que ya lo tienes, que sabes que tienes derecho a él, sin albergar dudas de que se te presentará ese trabajo porque lo ves en tu interior. La mente universal no tiene elección, puesto que formas parte de la mente omnicreadora y no existe contradicción en las vibraciones. ¿Qué puede funcionar mal, entonces? El arte de permitir se ve obstaculizado por la costumbre de rechazar.

Existe una larga serie de pensamientos que han creado un campo de resistencia que no permite el libre fluir de la abundancia. Esa costumbre de rechazar surge del sistema de creencias que has cultivado en el transcurso de los años y del que dependes. Además, has permitido que la resistencia de los demás entre a formar parte de la situación, y te rodeas con la necesidad de su aprobación en estos asuntos. Les pides su opinión resistente, lees en los periódicos los relatos de cuantos no han logrado poner de manifiesto el trabajo que habían elegido, los informes del gobierno sobre las escasas perspectivas de trabajo y el deterioro de la economía, ves los reportajes de televisión que censuran el penoso estado de las cosas en el mundo, y tu resistencia se afianza aún con mayor convicción. Te has alineado con los defensores del rechazo.

Lo que tienes que hacer es examinar ese sistema de creencias y todos los factores que siguen manteniéndolo y decir: «Es demasiado trabajo cambiarlo todo. En lugar de eso, voy a empezar a cambiar los pensamientos que activan el rechazo ahora mismo». No importa lo que pensaras antes, ni durante cuánto tiempo, ni a cuántas presiones estés sometido para mantener tu resistencia. Deja de activar los pensamientos de rechazo hoy mismo, un pensamiento de cada vez. Puedes hacerlo afirmando: «Siento que he triunfado, y tengo intención de sentir la abundancia que está aquí y ahora». Repite estas palabras, o dilo con tus propias palabras, para inundar continuamente tus pensamientos durante las horas de vigilia con una nueva creencia en el éxito y la abundancia. Cuando hayas activado esos pensamientos suficientes veces, pasarán a ser tu forma habitual de pensar y habrás dado los pasos necesarios para eliminar tu resistencia a permitir.

A continuación esos pensamientos se convertirán en lo que te dices a ti mismo en mensajes silenciosos, como oraciones: «Yo soy el éxito; yo soy la abundancia». Cuando eres el triunfo mismo, cuando eres la abundancia misma, te encuentras en armonía con la Fuente omnicreadora, que hará lo único que sabe hacer: dar y ayudar infinitamente a lo que no le opone resistencia, es decir, tú. Has dejado de vibrar con la escasez; cada una de tus vibraciones individuales coincide con la que le pides a tu Fuente. Tu Fuente y tú sois uno en tus pensamientos. Has decidido identificar los pensamientos de resistencia y al mismo tiempo no interponerte en tu propio camino.

Cuando pones en práctica el permitir y vivir la fe de la menor resistencia, el éxito ya no es algo que tú eliges; es algo que eres. La abundancia ya no se te escapa de las manos. Tú eres ella, y ella es tú. Fluye sin trabas, traspasando tu resistencia. Y he aquí otra clave para el libre fluir de la abundancia: no debes apegarte a lo que surja en tu vida ni acumularlo.

LA ABUNDANCIA, EL DESAPEGO Y TUS SENTIMIENTOS

Si bien es fundamental que mantengas una sólida concordancia de vibraciones con la abundancia omnicreadora de la intención, no es menos fundamental que sepas que no puedes aferrarte ni poseer la abundancia con la que te toparás. Eso se debe a que el tú que querría aferrarse y apegarse al éxito y la riqueza no eres realmente tú, sino ese problemático ego tuyo. No eres lo que tienes y lo que haces; eres un ser infinito, divino, disfrazado de persona con éxito que ha acumulado cierta cantidad de cosas. Las cosas no son tú. Por eso debes evitar a toda costa sentirte apegado a ellas.

El desapego se produce al saber que tu verdadera esencia es una parte del campo de la intención, infinitamente divino. Es entonces cuando tomas conciencia de la importancia de tus sentimientos. Sentirte bien adquiere mucho más valor que todas tus joyas. Sentirte abundante tiene más importancia que el dinero de tu cuenta corriente y trasciende lo que los demás puedan pensar de ti. Es posible sentirse realmente abundante y triunfador cuando te desligas de las cosas que deseas y permites que fluyan hacia ti y, algo igualmente importante, a través de ti. Cualquier cosa que impida el flujo de la energía detiene el proceso creador de la intención justo en el lugar donde se erige el obstáculo.

El apego es uno de esos escollos. Cuando te aferras a lo que te llega en lugar de permitir que se mueva a través de ti, detienes el flujo. Lo acumulas o decides poseerlo, y el flujo se interrumpe. Debes mantenerlo en circulación, sabiendo en todo momento que nada puede impedir que llegue a tu vida, salvo cualquier tipo de resistencia que le opongas. Tus sentimientos y emociones son barómetros prodigiosos para detectar la resistencia y evaluar tu capacidad para experimentar el éxito y la abundancia.

Presta atención a tus sentimientos. Tus emociones son las experiencias interiores que te comunican qué cantidad de energía divina estás obteniendo para poner de manifiesto tus deseos. Los sentimientos pueden servir de instrumentos para evaluar tu actuación en el proceso de esa manifestación. Una respuesta emocional excepcionalmente positiva indica que estás obteniendo la energía divina de la intención y permitiendo que fluya hacia ti sin resistencias. Los sentimientos de pasión, pura dicha, reverencia, optimismo total, confianza sin reservas e incluso iluminación indican que tu deseo de manifestar el éxito y la abundancia, por ejemplo, atrae una fuerza de tracción extraordinaria de la Fuente universal. Debes aprender a prestar mucha atención a estos sentimientos. Esas emociones no son simples facetas de tu vida sin energía; son los agentes encargados de limpiar y purificar la conexión con la intención. Esas emociones te dicen con exactitud qué cantidad de energía vital estás obteniendo, y cuánta fuerza de tracción recibes en ese momento.

La abundancia es el estado natural de la naturaleza de la intención. Tu deseo de abundancia debe fluir sin resistencia. Cualquier discrepancia entre tu intención o deseo individuales y lo que creas sobre la posibilidad de que llegue a tu vida origina una resistencia. Si la deseas pero crees que es imposible, que no eres digno de ella, o que no tienes suficiente capacidad o perseverancia, habrás creado resistencia y rechazo. Tus sentimientos indican cómo atraes la energía necesaria para cumplir tu deseo. Los sentimientos fuertes de desesperación, angustia, culpa, odio, miedo, vergüenza e ira te envían el mensaje de que quieres triunfar pero no lo crees posible. Esos sentimientos negativos te dan una pista para ponerte a la tarea de contrastar tus deseos con los de la mente universal de la intención, que es la única fuente de lo que tú deseas. Las emociones negativas te comunican que tu fuerza de tracción de la intención es débil o no existe. Las emociones positivas te dicen que estás conectándote y llegando a la fuerza de la intención.

En cuanto a la abundancia, uno de los métodos más eficaces para aumentar esa fuerza de tracción de la intención consiste en dejar de centrarse en el dinero y dedicarse a establecer amistades, seguridad, felicidad, salud y alta energía. Así empezarás a sentir esas emociones más elevadas, que te harán comprender que has vuelto al juego de las correspondencias con la Fuente omnicreadora. Al centrarte en tener felicidad, salud, seguridad y amistad en abundancia, fluirán hacia ti los medios para adquirirlas. El dinero es solamente uno de esos medios y, cuanto más rápido se irradie la energía vibratoria que rodea la abundancia, más dinero aparecerá, en cantidades importantes. Estos sentimientos positivos como indicadores de tu fuerza de tracción para el éxito y la abundancia te situarán en un modo activo para que contribuyas a crear tus intenciones.

No quiero decir con esto que te limites a esperar a que todo encaje. Me refiero a que declarar «tengo intención de sentirme triunfante y de atraer la prosperidad» cambiará tu energía emocional y actuarás como si tu deseo ya se hubiera cumplido. Tus actos estarán en armonía con las caras de la intención, y se te proporcionará lo que eres, en lugar de intentar que se te proporcione lo que te falta.

A estas alturas de mi vida me niego a participar en ningún deseo a menos que sepa, sin dudas ni resistencias, que puede manifestarse en mi vida y que así lo hará a partir de la Fuente omnicreadora de la intención. Mis deseos de indicadores personales de abundancia se han manifestado practicando lo que escribo aquí y con el siguiente programa de diez pasos. He sido capaz de *permitir* eliminando la resistencia y conectando con mi Fuente originaria y omnicreadora de la intención. Confío plenamente en ella. He aprendido en el transcurso de los años que cuando deseaba algo aparentemente imposible, me sentía mal. Entonces pensaba que debía desear menos, pero lo único que conseguía era sentirme más alejado de la fuerza ilimitada de la intención. Aún me encontraba en desarmonía vibratoria con la abundancia del universo.

Empecé a comprender que estar en armonía con la abundancia no significaba que los demás pasaran hambre o penurias. Por el contrario, la abundancia que creaba me daba la oportunidad de contribuir a erradicar la pobreza y el hambre. Pero lo más importante de esa toma de conciencia fue darme cuenta de que tenía menos oportunidades de ayudar a los demás cuando me encontraba en las frecuencias más bajas. Comprendí que tenía que armonizar con las vibraciones de mi Fuente. Una de las razones por las que he escrito así este capítulo es para convencerte de que no tienes que pedir menos, ni sentirte culpable por desear la abundancia: está ahí, a tu disposición y a la de todos, con un suministro ilimitado.

Yo vivo y respiro lo que estoy escribiendo sobre el éxito y la abundancia. Sé, sin lugar a dudas (resistencias), que se puede atraer la abundancia y sentirse triunfante absorbiendo los mensajes de este capítulo que, al igual que la abundancia que deseas, han fluido a través de mí partiendo de la Fuente universal para llegar a estas páginas. No existe discrepancia alguna entre mi deseo de plasmarlo todo en estas páginas y la decisión de permitir que fluya sin obstáculos hasta ti. ¿Cómo lo sé? Lo que siento en estos momentos es una dicha, una serenidad y un respeto indescriptibles. Confío en este estado emocional, que me indica que he utilizado una gran fuerza de atracción para crear esos mensajes del Espíritu omnicreador de la intención. Me encuentro en armonía y abundancia vibratorias y los sentimientos de éxito son las intenciones que se manifiestan conjuntamente. Inténtalo con cualquier cosa que te gustaría que fluyera en abundancia hacia tu vida.

HACER DE TU INTENCIÓN TU REALIDAD

A continuación ofrezco un programa de diez pasos para llevar a la práctica la intención de este capítulo, es decir, sentirse triunfante y atraer la abundancia a tu vida.

Primer paso. Considera el mundo un lugar abundante, dadivoso y cordial. Insisto en que cuando cambias tu forma de ver las cosas, cambian las cosas que ves. Cuando ves el mundo como un lugar abundante y cordial, tus intenciones son auténticas posibilidades. En realidad, se convertirán en certezas, porque experimentarás tu mundo desde las frecuencias más altas. En ese primer paso eres receptivo al mundo que provee en lugar de restringir. Verás un mundo que quiere que triunfes y tengas abundancia, que no se confabula contra ti.

Segundo paso. Afirma: atraigo el éxito y la abundancia a mi vida porque eso es lo que yo soy. Esto te pone en armonía vibratoria con tu Fuente. Tu objetivo consiste en eliminar cualquier distancia entre lo que deseas y aquello de donde lo sacas para llevarlo a tu vida. Tú ya lo eres, y la Fuente no puede sino proporcionarte lo que es y, en consecuencia, lo que ya eres tú.

Tercer paso. Mantén una actitud de permiso. La resistencia es una desarmonía entre tu deseo de abundancia y tus creencias en tu capacidad o tu falta de mérito. Permitir significa un alineamiento perfecto. Una actitud de permiso significa no hacer caso a los esfuerzos de los demás por disuadirte. También significa que no te basas en tus anteriores creencias, fundadas en el ego, sobre si la abundancia forma parte o no de tu vida. En una actitud de permiso, toda resistencia que adapte la forma de pensamientos de negatividad o duda es sustituida por el simple conocimiento de que tu Fuente y tú sois una y la misma cosa. Visualiza la abundancia que deseas fluyendo libremente hasta ti. Niégate a hacer nada y a pensar nada que ponga en peligro tu alineamiento con la Fuente.

Cuarto paso. Utiliza los momentos presentes para activar pensamientos que estén en armonía con las siete caras de la intención. La frase clave en este caso es *los momentos presentes.* Observa ahora mismo, en este mismo momento, si estás pensando que a estas alturas de tu vida es imposible cambiar los pensamientos que conforman tu sistema de creencias. ¿Te rechazas a ti mismo pensando que tras toda una vida afirmando la escasez y oponiendo resistencia al éxito y la abundancia ya no te queda tiempo para contrarrestar los pensamientos que constituyen tu antiguo sistema de creencias?

Toma la decisión de desprenderte de esas creencias de toda la vida y empieza a activar ahora mismo pensamientos que te permitan sentirte bien. Di «quiero sentirme bien» cada vez que alguien intente convencerte de que tus deseos son vanos. Di «quiero sentirme bien» cuando sientas la tentación de volver a los pensamientos de baja energía que desarmonizan con la intención. Tus momentos presentes acabarán por activar pensamientos que te hagan sentirte bien, y eso supone un indicador de que estás volviendo a conectarte con la intención. El deseo de sentirse bien es sinónimo de sentir a Dios. Recuérdalo: Dios es bueno, y todo lo creado por Dios es bueno.

Quinto paso. Empieza a realizar actos que apoyen tus sentimientos de abundancia y éxito. En este caso, la palabra clave es *actos.* Yo lo he denominado en este libro «actuar como si o pensar desde el fin» y actuar de esa manera. Pon tu cuerpo a la velocidad que te impulsa hacia la abundancia y la sensación de triunfar. Obra con esas emociones apasionadas como si la abundancia y el éxito que deseas ya fueran realidad. Habla con un tono apasionado a los desconocidos. Contesta al teléfono con inspiración. Acude a una entrevista de trabajo con confianza y alegría. Lee los libros que se te presentan como por arte de magia y presta atención a las conversaciones que parecen una llamada a algo nuevo.

Sexto paso. Recuerda que tu prosperidad y tu éxito reportarán beneficios a otros y que no porque tú hayas optado por la abundancia habrá quienes tengan carencias. Lo de siempre: el suministro es ilimitado. Cuanto más aceptes la generosidad universal, más tendrás para compartir con los demás. Al escribir este libro, ha fluido hacia mi vida una abundancia prodigiosa. Pero hay algo aun más importante. Los editores, los diseñadores gráficos, los conductores de las furgonetas que reparten los libros, los mecánicos que construyen las furgonetas, los campesinos que dan la comida a los mecánicos, los libreros... todos reciben la abundancia porque me he mantenido a la par con mi dicha y he escrito este libro.

Séptimo paso. Observa tus emociones para que te sirvan de guía en la conexión con la mente universal de la intención. Las emociones fuertes, como la pasión y la dicha, indican que estás conectado con el Espíritu, o si lo prefieres, *inspirado.* Cuando estás inspirado, activas fuerzas latentes, y la abundancia que buscas llega a tu vida como un torrente. Cuando experimentas emociones de baja energía como ira, rabia, odio, ansiedad o desesperación, te dan una pista para comprender que mientras que tus deseos pueden ser fuertes, están en desarmonía con el campo de la intención. Recuerda en esos momentos que quieres sentirte bien e intenta activar un pensamiento que te ayude a sentirte bien.

Octavo paso. Reparte la abundancia que te llega con la misma generosidad con que te inunda el campo de la intención. No detengas el flujo de la energía abundante acumulando o poseyendo lo que recibes. Deja que se mueva. Pon tu prosperidad al servicio de los demás, y por causas más importantes que tu ego. Cuanto más practiques el desapego, más permanecerás en armonía vibratoria con la Fuente que todo lo concede.

Noveno paso. Dedica el tiempo necesario a meditar sobre el Espíritu interior como origen de tu éxito y abundancia. No existe sustituto para la meditación, que adquiere especial importancia con la abundancia. Debes comprender que tu *conciencia de la presencia* es tu suministro. Repitiendo como un mantra el sonido que es en el nombre de Dios utilizas una técnica para manifestarte tan antigua como la historia. Yo me siento especialmente atraído hacia la forma de meditación que ya he citado anteriormente, el *japa.* Sé que funciona.

Décimo paso. Adopta una actitud de gratitud por todo lo que se manifiesta en tu vida. Da las gracias y llénate de respeto y gratitud, aunque aún no haya llegado lo que deseas. Debes vivir con gratitud incluso los días más oscuros de tu vida. Todo lo que procede de la Fuente tiene un propósito. Sé agradecido mientras refuerzas tu conexión con aquello de lo que ha surgido todo, incluido tú.

La energía que crea mundos y universos está en tu interior. Funciona mediante la atracción y la energía. Todo vibra; todo tiene una frecuencia vibratoria. Como dice san Pablo, «Dios puede proporcionarte toda clase de bendiciones en abundancia». Sintoniza con la frecuencia de Dios, y lo comprobarás.

11

Es mi intención llevar una vida tranquila, libre de estrés

La ansiedad es señal de inseguridad espiritual.

Thomas Merton

Mientras creamos en lo más profundo que nuestra capacidad es limitada y nos sintamos angustiados y desgraciados, nos faltará la fe. Quien realmente confía en Dios no tiene derecho a angustiarse por nada.

Paramahansa Yogananda

Hacer realidad la intención de llevar una vida tranquila y libre de estrés es una forma de poner de manifiesto tu destino más grandioso. A mí me parece que lo que nuestra Fuente tenía en mente cuando dispuso que viniéramos aquí es que viviéramos experiencias felices y jubilosas en la Tierra. Cuando te encuentras en un estado de felicidad y júbilo, has vuelto a la alegría pura, creativa, dichosa —sin necesidad de emitir juicios—, que es en realidad la intención. Tu estado natural —del que fuiste creado— es esa sensación de bienestar. Este capítulo trata de cómo volver al estado natural y tener acceso a él.

Fuiste creado de una Fuente pacífica y alegre. Cuando te encuentras en ese estado de alegría desbordante, estás en paz con todo. Esa era la intención de que vinieras aquí y con lo que estás decidido a coincidir en tus pensamientos, sentimientos y actos. En un estado de alegría, te sientes satisfecho e inspirado en todas las facetas de la vida. En definitiva, librarse de la ansiedad y el estrés es un camino para regocijarse con el campo de la intención. Los momentos de tu vida que pasas feliz y alegre y permitiéndote estar plenamente vivo y con un propósito son los momentos en los que estás alineado con la mente universal y omnicreadora de la intención.

No tiene nada de natural llevar una vida de estrés y ansiedad, con sentimientos de desesperación y depresión y necesidad de tomar pastillas para tranquilizarte. Los pensamientos inquietos que provocan hipertensión, nerviosismo, sensación persistente de malestar, imposibilidad de dormir o relajarse y frecuentes muestras de desagrado o indignación perturban tu estado natural. Aunque no lo creas, tienes poder para crear la vida tranquila y libre de estrés que deseas. Puedes utilizar ese poder para atraer frustración o alegría, angustia o paz. Cuando estás en armonía con las siete caras de la intención puedes tener acceso a la Fuente de todo para hacer realidad tu intención de llevar una vida tranquila y sin tensiones.

De modo que si es natural tener sensaciones de bienestar, ¿por qué experimentamos tanto malestar y tanta tensión? La respuesta a esta pregunta te dará la clave para llegar a la vida de paz que deseas.

EL ESTRÉS ES UN DESEO DEL EGO

Ese molesto ego está funcionando cuando experimentas estrés o ansiedad. Quizá tu ego se siente más eficaz cuando se dedica al estrés y a soportarlo porque piensas que realmente estás haciendo algo en el mundo. Quizá sea la costumbre, el hábito, o la creencia de que así hay que ser. Solo tú puedes analizar el porqué, pero el hecho es que, como el estrés es algo conocido y la tranquilidad no, el ego desea el estrés.

Pero no existen estrés ni angustia reales en el mundo; son tus pensamientos los que crean esas falsas creencias. El estrés no se puede empaquetar, ni tocar, ni ver. Lo único que existen son personas dedicadas a los pensamientos estresados. Cuando pensamos con estrés, provocamos reacciones en el cuerpo, valiosos mensajes o señales a los que debemos prestar atención. Estos mensajes pueden adoptar la forma de náuseas, presión arterial alta, problemas estomacales, digestivos, dificultades respiratorias, úlceras, dolores de cabeza, arritmia, y montones de sensaciones, desde pequeñas molestias hasta enfermedades graves.

Hablamos del estrés como si estuviera en el mundo para atacarnos. Decimos cosas como «tengo un ataque de ansiedad» como si la ansiedad fuera un contrincante, pero el estrés de tu cuerpo raramente es consecuencia de fuerzas o entidades externas que te ataquen; es más bien consecuencia del debilitamiento de la conexión con la intención provocado por creer que el ego es lo que tú eres. Tú eres paz y alegría, pero has permitido que el ego domine tu vida. He aquí una lista de los pensamientos que provocan el estrés que se origina en el ego.

- Es más importante tener razón que ser feliz.
- Ganar es lo único que cuenta. Cuando pierdes, tienes que sentir estrés.
- Tu reputación es más importante que la relación con tu Fuente.
- El éxito se mide por el dinero y por lo que acumulas, no por sentirte feliz y contento.
- Ser superior a los demás tiene más importancia que ser amable con ellos.

Para que dejes de tomarte tan en serio, a continuación reproduzco unos desenfadados párrafos de un libro de Rosamund y Benjamin Zander (él es el director de la Orquesta Filarmónica de Boston) titulado *The Art of Possibility*. Ilustra de una forma encantadora cómo permitimos que el ego cree muchos de los problemas que etiquetamos con los nombres de estrés y ansiedad.

Dos primeros ministros están en una habitación discutiendo problemas de Estado. De repente irrumpe un hombre, casi apoplético de furia, y se pone a gritar, a dar patadas y puñetazos en la mesa. El primer ministro del país anfitrión le dice: «Peter, haz el favor de recordar la regla número seis», con lo cual Peter recobra la calma, pide disculpas y se retira. Los políticos reanudan la conversación, pero tras veinte minutos los vuelven a interrumpir, en esta ocasión una mujer histérica, con los pelos de punta, que no para de gesticular. Se repiten las mismas palabras ante la intrusa: «Por favor, Marie; recuerda la regla número seis». Vuelve a reinar la calma y la mujer se retira, pidiendo excusas con una inclinación de cabeza. La tercera vez que se repite la escena, el primer ministro que está de visita en el país le plantea lo siguiente a su colega: «Amigo mío, he visto muchas cosas en mi vida, pero nada tan extraordinario como esto. ¿Le importaría compartir conmigo el secreto de la regla número seis?». «Muy sencillo», contesta el primer ministro del país anfitrión. «La regla número seis es "No seas idiota; no te tomes tan en serio".» «Ah, una regla excelente», dice el otro político. Tras reflexionar unos momentos, pregunta: «¿Y puedo preguntarle cuáles son las demás reglas?».

«No existen.»

Cuando te enfrentes con el estrés, las presiones o la ansiedad, recuerda la «regla número seis» en el momento mismo en que te des cuenta de que tienes pensamientos de estrés. Si te das cuenta del diálogo interior que causa el estrés y no le haces caso, puedes evitar los síntomas físicos que provoca. ¿Cuáles son los pensamientos que producen estrés? «Soy más importante que los que me rodean.» «Mis expectativas no se cumplen.» «No tendría que esperar; soy demasiado importante.» «Yo soy el cliente, y exijo que me atiendan.» «Nadie más sufre tantas presiones.» Todo lo anterior, junto a una lista potencialmente infinita de pensamientos de la «regla número seis» son los típicos trucos del ego.

No eres tu trabajo, tus logros, tus posesiones, tu casa, tu familia... tu nada. Eres un aspecto de la fuerza de la intención, vestido físicamente con un cuerpo humano destinado a experimentar y disfrutar de la vida en la Tierra. Esa es la intención que quieres llevar ante la presencia del estrés.

Llevar la intención ante la presencia del estrés. Tienes cientos de oportunidades, cualquier día, de poner en práctica la «regla número seis» llevando la fuerza de la intención al momento y eliminando el potencial para el estrés. A continuación ofrezco varios ejemplos de cómo he utilizado yo esta estrategia. En cada uno de ellos activé un pensamiento que se encontraba en armonía vibratoria con el campo universal de la intención e hice realidad mi intención personal de estar tranquilo. Estos ejemplos tuvieron lugar en el transcurso de tres horas de un día normal. Los presento para recordar que el estrés y la ansiedad son elecciones que hacemos para procesar los acontecimientos, no entidades que nos acechan para invadir nuestras vidas.

—Estoy en la farmacia para dar una receta y la persona delante de mí está hablando con el farmacéutico, haciéndole una serie de preguntas que me parecen absurdas y que, según me dice mi ego, productor de estrés, están destinadas a molestarme y retrasarme a propósito. Mi diálogo interior puede ser el siguiente: «¡Es injusto! Siempre hay alguien delante de mí que tiene que hurgarse los bolsillos para encontrar el dinero, no encuentra lo que necesita para demostrar que tiene un seguro y tiene que preguntar estupideces para que yo no pueda dar la receta».

Estos pensamientos me sirven de señal para cambiar mi diálogo interior: «¡No seas idiota, Wayne! Deja de tomarte tan en serio». Inmediatamente paso de sentirme cabreado a estar encantado. Dejo de centrarme en mí mismo y al mismo tiempo elimino la resistencia a mi intención de llevar una vida tranquila y libre de estrés. Empiezo a ver a esa persona como un ángel que me ayuda a volver a conectarme a la intención. Dejo de criticar y veo belleza en los gestos lentos, pausados. Me siento amable mentalmente hacia ese «ángel». Me he trasladado de la hostilidad al amor en mis pensamientos, y mis emociones se han transformado, pasando de sentirme molesto a sentirme a gusto. El estrés es completamente imposible en el momento.

—Mi hija de diecisiete años me cuenta que ha discutido con un miembro de la dirección del colegio que ha tomado medidas contra varios amigos suyos, algo que ella considera totalmente injusto. Es sábado por la mañana y no se puede hacer nada hasta el lunes. ¿Cuáles son las posibilidades? Pasar dos días de sufrimiento repitiendo los detalles de la historia y un fin de semana de estrés o recordarle cómo puede activar pensamientos que la hagan sentirse bien. Le pido que me describa sus sentimientos. Responde que se siente «enfadada, triste y herida». Le pido que piense en la «regla número seis» y vea si puede activar otro pensamiento.

Se ríe de mí y me dice que estoy loco. «Pero la verdad es que no vale la pena pasarse todo el fin de semana triste —reconoce—, y voy a dejar de pensar cosas que me hacen sentir mal.»

«El lunes haremos lo que podamos para solucionar la situación —le digo—. Pero ahora (y ahora es lo único que tienes) pon en acción la "regla número seis" y vuelve a unirte al campo de la intención, donde no existen ni el estrés, ni la ansiedad ni las presiones.»

Para hacer realidad la intención de este capítulo, llevar una vida tranquila y libre de estrés, has de tomar conciencia de la necesidad de activar respuestas que coincidan con tu intención. Esas nuevas respuestas llegarán a ser habituales y sustituirán a tu antigua costumbre de responder de formas que producen estrés. Cuando examinas ciertos incidentes que producen estrés, siempre tienes una opción: «¿Me quedo con los pensamientos que me producen estrés o intento activar pensamientos que imposibilitan el estrés?». He aquí otro sencillo instrumento que te ayudará a reemplazar la costumbre de optar por la ansiedad y el estrés.

Tres palabras mágicas: quiero sentirme bien. En un capítulo anterior explicaba que tus emociones son un sistema que te sirve de información y guía para saber si estás oponiendo resistencia a tus emociones. Si te sientes mal sabrás que no estás conectado a la fuerza de la intención. Tu intención consiste en estar tranquilo y libre de estrés. Cuando te sientes bien, estás conectado con tus intenciones, sin que te importe lo que te rodea o lo que los demás esperan que sientas. Aunque haya una guerra, tienes la opción de sentirte bien. Si la economía sigue hundiéndose, tienes la opción de sentirte bien. Ante cualquier desastre, puedes seguir sintiéndote bien. Sentirte bien no indica que seas insensible, indiferente o cruel; es una decisión que tú tomas. Dilo en voz alta: «¡Quiero sentirme bien!», y después transfórmalo en «Tengo la intención de sentirme bien». Siente el estrés, y después envíale el amor y el respeto de las siete caras de la intención. Las siete caras sonríen y saludan a lo que tú consideras sentirse mal. Ese es el sentimiento de querer sentirse bien. Tienes que ser a tus sentimientos lo que tu Fuente es a ti con el fin de contrarrestar los deseos de tu ego.

Se producirán muchos acontecimientos en los que tu respuesta condicionada será sentirte mal. Sé consciente de esos incidentes externos y pronuncia las palabras mágicas: «Quiero sentirme bien». En ese mismo momento, plantéate si sentirte mal puede mejorar la situación. Descubrirás que lo único que consigues con sentirte mal como respuesta a las situaciones externas es caer en picado en la ansiedad, la desesperación, la depresión y, por supuesto, el estrés. En su lugar, pregúntate en ese momento qué pensamiento puedes tener para sentirte bien. Cuando descubres que consiste en responder con bondad y amor al sentirte mal (algo completamente distinto de regodearte en esa sensación), empiezas a experimentar un cambio en tu estado emocional. Te encuentras en armonía de vibraciones con tu Fuente, ya que la fuerza de la intención solamente conoce la paz, la bondad y el amor.

Ese pensamiento recién activado, que te permite sentirte bien, quizá dure solo unos momentos, y podrías volver a la anterior manera de procesar los acontecimientos desagradables. Debes tratar esa antigua manera con respeto, amor y comprensión, pero siempre recordando que es tu ego, que intenta protegerte de su percepción del peligro. Cualquier señal de estrés es un aviso para que pronuncies las tres palabras mágicas: «Quiero sentirme bien». El estrés siempre quiere recabar tu atención. Al pronunciar las tres palabras mágicas y extender el amor a tus malos sentimientos, habrás comenzado el proceso de hacer realidad tus intenciones de vivir tranquilo y sin estrés. Ya podrás empezar a activar esos pensamientos incluso en los momentos más difíciles, y sin mucho tardar vivirás el mensaje que se nos ofrece a todos en el Libro de Job: «Cuanto emprendas saldrá bien, y por tus caminos brillará la luz» (Job, 22, 28). La palabra *luz* en esta referencia bíblica significa que contarás con la ayuda de la mente divina de la intención una vez que hayas decidido hacer algo coherente con esa luz.

Puedo asegurar que optar por sentirse bien es una forma de conectarse con el Espíritu. No es una respuesta de indiferencia ante los acontecimientos. Sintiéndote bien te conviertes en instrumento de la paz, y por esa vía se erradican los problemas. Sintiéndote mal, te quedas en el campo de la energía que crea la resistencia al cambio positivo, y en consecuencia experimentas un estado de angustia y estrés. Seguirán presentándosete lo que denominas «problemas». No desaparecerán jamás. Cuando resuelvas uno, surgirá otro.

Nunca lo acabarás. En el capítulo seis hablaba de la naturaleza infinita del ser humano. Como eres un ser espiritual e infinito disfrazado de ser humano temporal, has de comprender que en la infinitud no existen ni el principio ni el fin. Por consiguiente, tus deseos, metas, esperanzas y sueños no tendrán fin, jamás. En cuanto pongas de manifiesto uno de tus sueños, lo más probable es que se presente otro. La naturaleza de la fuerza universal de la intención desde la que emigraste a un ser material y temporal no deja de crear y de dar. Además, se encuentra en continuo estado de expansión. Los deseos que pones de manifiesto en tu vida forman parte de esa naturaleza infinita. Incluso si deseas no tener deseos, eso también es un deseo.

Te ruego que aceptes el hecho de que nunca lo terminarás todo y que empieces a vivir más plenamente en el único momento del que dispones: ahora. El secreto para eliminar los efectos perniciosos de sentirse presionado y estresado consiste en estar en el ahora. Proclámalo, ante ti mismo y ante cuantos quieran oírte: «Soy un ser incompleto. Siempre seré incompleto porque nunca podré terminarlo todo. Por consiguiente, he decidido sentirme bien mientras estoy en el momento y atraer a mi vida las manifestaciones de mis deseos. Soy completo en mi condición incompleta». Puedo asegurar que poner en práctica esta afirmación erradicará la ansiedad y el estrés, temas a los que está dedicado este capítulo. Toda resistencia desaparece cuando eres capaz de sentirte completo en tu condición incompleta.

EL CAMINO DE LA MÍNIMA RESISTENCIA

Vivimos en un universo con un potencial ilimitado para la alegría inherente al proceso de la creación. Tu Fuente, que denominamos «la mente universal de la intención», te ama más allá de los límites imaginables. Cuando te amas a ti mismo en la misma proporción, te correspondes con el campo de la intención, y eso significa que has elegido el camino de la no resistencia. Mientras conserves una pizca de ego, opondrás cierta resistencia, y por eso te ruego que tomes el camino en el que se reduce esa resistencia.

La forma y cuantía de tus pensamientos determinan la cantidad de resistencia que opones. Los pensamientos que generan sentimientos de malestar son pensamientos de resistencia. Cualquier pensamiento que erige una barrera entre lo que te gustaría tener y tu capacidad para atraerlo a tu vida es resistencia. Tu intención consiste en llevar una vida tranquila, libre de estrés y ansiedad. Sabes que el estrés no existe en el mundo, y que solo existen personas con pensamientos de estrés. Estos pensamientos constituyen por sí mismos una forma de resistencia. No necesitas esa clase de pensamientos, resistencia y estrés para reaccionar de la forma habitual ante tu mundo. Al poner en práctica pensamientos de mínima resistencia te acostumbrarás a que esa sea tu forma natural de reaccionar y al final serás la persona tranquila que quieres ser, una persona libre de estrés, libre de desasosiego, la enfermedad que produce el estrés en el cuerpo. Los pensamientos de estrés son por sí mismos la resistencia que construyes y te impide conectarte con la fuerza de la intención.

Vivimos en un mundo que fomenta las razones para sentir ansiedad. Nos han enseñado que sentirse bien en un mundo en el que existe tanto sufrimiento es una postura inmoral. Nos han convencido de que optar por sentirse bien en momentos malos para la economía, en épocas de guerra, en épocas de inseguridad o muerte, o ante una catástrofe inminente en cualquier lugar del mundo es algo de mal gusto, algo que no está bien. Como este tipo de situaciones siempre se darán en algún lugar del mundo, te convences de que no puedes sentirte alegre y seguir siendo buena persona. Pero a lo mejor no se te ha ocurrido pensar que en un universo basado en la energía y la atracción, los pensamientos que suscitan el sentirse mal tienen su origen en la misma Fuente de la energía que atrae lo mismo a tu vida. Esos son pensamientos de resistencia.

A continuación presento una serie de frases sobre «el camino de la resistencia» que a continuación cambian a frases sobre *el camino de la mínima resistencia*.

«Me preocupa el estado de la economía. He perdido mucho dinero.»
Vivo en un universo de abundancia; he decidido pensar sobre lo que tengo y sentirme bien. El universo proveerá.

«Tengo tantas cosas que hacer que nunca puedo concentrarme.»
Me siento en paz en este momento. Voy a pensar únicamente en lo que estoy haciendo ahora. Voy a tener pensamientos de paz.

«Nunca progresaré en este trabajo.»
He decidido valorar lo que estoy haciendo en este momento, y atraeré mayores oportunidades.

«Mi salud es un enorme problema. Me preocupa la vejez, ponerme enfermo y ser dependiente.»
Estoy sano y mis pensamientos son sanos. Vivo en un universo que atrae la curación, y me niego a anticipar la enfermedad.

«Los miembros de mi familia me hacen sentir ansiedad y miedo.»
He elegido los pensamientos que me hacen sentir bien, y eso me ayudará a apoyar a los miembros de la familia que lo necesiten.

«No tengo derecho a sentirme bien cuando hay tantas personas que sufren.»
No he venido a un mundo en el que todos van a tener las mismas experiencias. Voy a sentirme bien, y con ese apoyo contribuiré a erradicar al menos una parte de ese sufrimiento.

«No puedo ser feliz cuando la persona que de verdad me importa ama a otro y me ha abandonado.»
Sentirme mal no va a cambiar la situación. Confío en que el amor volverá a mi vida si estoy en armonía con la Fuente del amor. Decido sentirme bien ahora mismo y centrarme en lo que tengo, no en lo que me falta.

Todos los pensamientos de estrés representan una forma de resistencia que deseas eliminar. Cambia esos pensamientos observando tus sentimientos y optando por la alegría, no por la angustia, y tendrás acceso a la fuerza de la intención.

HACER DE TU INTENCIÓN TU REALIDAD

A continuación expongo mi programa de diez pasos para crear una vida tranquila, libre de estrés:

Primer paso. Recuerda que tu estado natural es el de la alegría. Eres producto de la alegría y del amor, sentimientos que experimentas de una forma natural. Has llegado a convencerte de que lo natural es sentirte mal, angustiado o incluso deprimido, sobre todo cuando las personas que te rodean y los acontecimientos que te sobrevienen se encuentran en modos de baja energía. Recuerda lo siguiente, cuantas veces sea necesario: «Procedo de la paz y la alegría. Debo mantenerme en armonía con aquello de lo que procedo para hacer realidad mis sueños y mis deseos. He decidido mantenerme en mi estado natural. Cuando sienta ansiedad, estrés, depresión o miedo, significará que he abandonado mi estado natural».

Segundo paso. Son tus pensamientos, no el mundo, lo que te produce estrés. Tus pensamientos activan reacciones de estrés en tu cuerpo. Los pensamientos de estrés provocan resistencia a la alegría, la felicidad y la abundancia que deseas crear en tu vida. Tales pensamientos son los siguientes: «No puedo, tengo demasiado trabajo, estoy preocupado, tengo miedo, no valgo para nada, no lo voy conseguir, no soy lo suficientemente inteligente, soy demasiado viejo (o joven)», etcétera, etcétera. Esos pensamientos son como un programa para resistirte a vivir tranquilo y sin estrés, y te impiden poner de manifiesto tus deseos.

Tercer paso. Puedes cambiar tus pensamientos de estrés en cualquier momento y eliminar la ansiedad durante los momentos siguientes o incluso durante horas y días enteros. Al tomar conscientemente la decisión de olvidarte de las preocupaciones, iniciarás el proceso de la reducción del estrés, al tiempo que vuelves a conectarte con el campo de la intención omnicreadora. En este lugar de paz y tranquilidad llegas a colaborar con Dios en la creación. No puedes estar conectado a tu Fuente y estresado al mismo tiempo; son dos cosas que se excluyen mutuamente. Tu Fuente no crea desde una posición de ansiedad, ni necesita tomar antidepresivos. Pierdes la capacidad para manifestar tus deseos cuando no decides en el momento eliminar un pensamiento de estrés.

Cuarto paso. Controla tus pensamientos de estrés comprobando tu estado emocional en el mismo momento en que surjan. Plantéate la pregunta clave: «¿Me siento bien en este momento?». Si la respuesta es no, repite las palabras mágicas: «Quiero sentirme bien» y después, «Tengo intención de sentirme bien». Controla tus emociones y detecta la cantidad de pensamientos de estrés y ansiedad que comportan. Este proceso te mantiene informado de si sigues el camino de la mínima resistencia o vas en dirección contraria.

Quinto paso. Decide conscientemente seleccionar un pensamiento que active los sentimientos de bienestar. Te ruego que elijas tu pensamiento basándote única y exclusivamente en cómo te hace sentir, no en lo bien visto que esté o en lo mucho que se venda. Plantéate lo siguiente: «¿Me hace sentir bien este nuevo pensamiento? ¿No? Pues pasemos a otro. ¿Tampoco funciona? Pues otro». Al final surgirá alguno con el que coincidirás en que te hace sentir bien, aunque solo sea unos momentos. A lo mejor te decides por pensar en una maravillosa puesta de sol, la expresión del rostro de una persona querida o una experiencia fascinante. Lo único que importa es que resuene en tu interior como una sensación de bienestar, física y emocionalmente.

En el momento en el que experimentes un pensamiento de ansiedad o de estrés, pasa al pensamiento que habías elegido, el que te hace sentirte bien. Enchúfate a él. Piénsalo y, si puedes, siéntelo en tu cuerpo. Ese nuevo pensamiento que te hace sentir bien será de aprecio, no de menosprecio. Será un pensamiento de amor, belleza, receptividad a la felicidad o, en otras palabras, se alineará perfectamente con las siete caras de la intención en las que llevo insistiendo desde las primeras páginas de este libro.

Sexto paso. Dedica tiempo a observar a los niños pequeños, y promete emular su alegría. No has venido a este mundo para sufrir, sentir ansiedad y miedo ni para estar estresado o deprimido. Fíjate en los recién nacidos. No han hecho nada para sentirse tan felices. No trabajan; se hacen caca en los pañales, y no tienen más metas que crecer, expandirse y explorar este asombroso mundo. Quieren a todo el mundo, se lo pasan estupendamente con una botella de plástico o con las caras de bobo que les ponemos, y se encuentran en un estado permanente de amor; sin embargo, no tienen dientes, ni pelo, y son regordetes y tienen gases. ¿Cómo pueden sentirse tan alegres y contentarse con tanta facilidad? Porque aún se encuentran en armonía con la Fuente que dispuso que vinieran aquí, y no oponen resistencia a la alegría. Sé como ese niño pequeño que fuiste en tu momento en términos de alegría. No hace falta razón alguna para ser feliz. Basta el deseo de serlo.

Séptimo paso. Recuerda la «regla número seis». Esto significa abandonar las exigencias de tu ego, que te separa de la intención. Cuando puedes elegir entre tener la razón o ser generoso, decídete por ser generoso y olvídate de las exigencias del ego. Emanaste de la generosidad, y practicándola en lugar de empeñarte en tener razón eliminas la posibilidad de estrés en tu momento de generosidad. Cuando notes que alguien te está poniendo nervioso, di para tus adentros: «Regla número seis», y te reirás de tu insignificante ego que quiere que seas el primero, el más rápido, el número uno y que te traten mejor que a nadie.

Octavo paso. Acepta la guía de tu Fuente de la intención. Solo llegarás a conocer al Padre siendo como Él es. Solo tendrás acceso a la guía del campo de la intención siendo como es él. Desaparecerán el estrés, la ansiedad y la depresión con la ayuda de esa misma fuerza que te creó. Si es capaz de crear mundos enteros de la nada, y también a ti de la nada, no cabe duda de que no le supondrá una tarea extraordinaria eliminar un poco de estrés. Estoy convencido de que Dios desea no solo que conozcas la alegría, sino que te transformes en ella.

Noveno paso. Practica el silencio y la meditación. Nada alivia tanto el estrés, la depresión, la ansiedad y todas las emociones de baja energía como el silencio y la meditación. En esa situación tomas contacto consciente con tu Fuente y limpias la conexión con la intención. Dedica unos momentos todos los días a la contemplación silenciosa y haz de la meditación parte del ritual para reducir el estrés.

Décimo paso. Mantente en un estado de gratitud, reverencia y respeto. Valora cuanto tienes, lo que eres y lo que observas. La gratitud es el décimo paso en todo programa de diez pasos para poner de manifiesto tus intenciones, porque constituye la forma más segura de detener ese incesante diálogo interior que te aleja de la alegría y la perfección de la Fuente. No puedes sentir estrés y agradecimiento al mismo tiempo.

Voy a concluir este capítulo sobre la intención de llevar una vida tranquila con un poema del célebre poeta bengalí Rabindranath Tagore, uno de mis maestros espirituales favoritos:

> *Me dormí y soñé que la vida es alegría.*
> *Desperté y vi que la vida es servicio.*
> *Actué y observé que el servicio es alegría.*

En tu mundo interior todo puede ser alegría. Duerme y sueña con la alegría y, por encima de todo, recuerda lo siguiente: *No te sientes bien porque el mundo vaya bien, sino que tu mundo va bien porque tú te sientes bien.*

12

Es mi intención atraer a las personas ideales y las relaciones divinas

> En el momento en el que te comprometes definiti-
> vamente, también da un paso la Providencia. Ocu-
> rren toda clase de cosas que te ayudan y que en otro
> caso jamás habrían ocurrido... situaciones impre-
> vistas, encuentros y ayuda material que nadie po-
> dría haber imaginado que se le presentarían.
>
> Johann Wolfgang von Goethe

Quizá hayas visto una película de 1989, *El campo de los sueños,* y recuerdes el concepto de que si vas en pos de un sueño, lo logra-rás (o «Si lo construyes, vendrá»). He pensado en esto al empezar a escribir el presente capítulo porque quisiera recomendarte que, si te comprometes a corresponderte con el campo de la inten-ción, aparecerá cualquiera a quien desees o necesites para hacer realidad tu intención personal. ¿Cómo es posible? Goethe, uno de los estudiosos y creadores más dotados de la historia de la hu-manidad, te da la respuesta en la cita que encabeza este capítulo. En el momento en el que te comprometes definitivamente a for-mar parte de la fuerza de la intención, «...también da un paso la Providencia», y se te presenta una ayuda imprevista.

Aparecerán las personas idóneas para ayudarte en todos los aspectos de la vida; allí estarán quienes te apoyen en tu carrera; surgirán las personas que te ayuden a crear el hogar perfecto y a solucionar los aspectos económicos de cualquier cosa que desees; el conductor que necesitas para ir al aeropuerto te estará esperando a la puerta; el diseñador al que admiras querrá trabajar contigo; el dentista que necesitas urgentemente en mitad de tus vacaciones está en el mismo sitio que tú, y te encuentra tu alma gemela.

La lista es infinita, porque todos estamos interrelacionados, todos emanamos de la misma Fuente y todos compartimos la misma energía divina de la intención. No hay lugar en este universo en el que no esté la mente universal y, por consiguiente, la compartes con cuantos atraes a tu vida.

Tienes que librarte de toda resistencia que te impida atraer a las personas idóneas, porque en otro caso no las reconocerás cuando aparezcan en tu vida cotidiana. Puede resultar difícil reconocer la resistencia al principio, porque es una forma de tus pensamientos, emociones y niveles de energía que te resulta muy conocida. Si te crees impotente para atraer a las personas idóneas, habrás atraído la impotencia a tu experiencia. Si te sientes apegado a la idea de estar con las personas que no debes, o a ninguna persona, tu energía no está alineada con la fuerza de la intención y te domina la resistencia. El campo de la intención no tiene otra opción sino la de enviarte lo que deseas en mayor cantidad. Da otro salto mortal hacia lo inconcebible, donde tienes fe y confianza en la mente universal de la intención, y permite que las personas idóneas lleguen a tu espacio vital a su debido tiempo.

ELIMINAR LA RESISTENCIA CON EL PERMISO

Tu intención es completamente clara en este sentido. Quieres atraer a las personas que están destinadas a formar parte de tu vida, y mantener una relación espiritual feliz y plena. El campo universal y omnicreador ya está colaborando con tu intención. Evidentemente, esas personas ya están aquí, porque en otro caso supondría que deseas algo que no ha sido creado. No solo existen ya las personas idóneas, sino que compartes con ellas la misma Fuente divina de la vida, puesto que todos emanamos de esa Fuente. Ya estás conectado espiritualmente, de un modo invisible, con esas personas «perfectas para ti». Entonces, ¿por qué no puedes verlas, tocarlas o abrazarlas, y por qué no están ahí cuando las necesitas?

Lo que hace falta para que se presenten ante ti las personas idóneas es que estés dispuesto y preparado para recibirlas. Siempre han estado ahí. Están ahí en este mismo momento. Siempre estarán ahí. Lo que tienes que plantearte es lo siguiente: «¿Estoy preparado? ¿Estoy dispuesto? ¿Hasta qué punto estoy dispuesto?». Si respondes a estas preguntas con una completa disposición a experimentar tus deseos, empezarás a ver a las personas no solo como cuerpos con almas, sino como seres espirituales envueltos en un cuerpo único. Verás las infinitas almas que somos todos: *infinitas*, en el sentido de para siempre y en todas partes, y *en todas partes*, en el sentido de que están contigo en este mismo momento si ese es tu deseo espiritual.

Dar lo que quieres atraer. Una vez que te hayas formado una imagen mental de la persona o personas que deseas que aparezcan en tu espacio vital inmediato y que sepas cómo quieres que te traten y cómo serán, debes ser lo que estás buscando. Vivimos en un universo de atracción y energía. No puedes desear atraer a un compañero confiado, generoso, amable y que no censure y esperar que ese deseo se ponga de manifiesto si piensas y actúas de una forma desconfiada, egoísta, crítica o arrogante, razón por la que la mayoría de las personas no atraen a las personas idóneas en el momento adecuado.

Hace casi treinta años yo quería atraer a mi vida a un editor para mi libro *Your Erroneous Zones* [*Tus zonas erróneas*]. El editor tendría que haber sido muy comprensivo, porque entonces no se me conocía como escritor y él tendría que haber corrido un riesgo y haber dejado a un lado cualquier duda que albergara sobre mí.

Mi agente literario concertó una cita con un ejecutivo, al que llamaré George, de una importante editorial neoyorquina. Al sentarme para empezar a hablar con él, me di cuenta de que tenía algún problema personal. Le pregunté qué le ocurría, y pasamos las tres o cuatro horas siguientes hablando sobre un terrible asunto personal que había tenido lugar la noche anterior. La mujer de George le había dicho que quería el divorcio, y él se quedó estupefacto. Dejé a un lado los deseos de publicar mi libro y me convertí en lo que buscaba: una persona comprensiva, segura de sí misma, dispuesta a correr riesgos. Al ser eso mismo y distanciarme de los deseos dominados por mi ego, fui capaz de ayudar a George aquella tarde, que nunca olvidaré.

Abandoné su despacho sin siquiera haber hablado sobre la publicación de mi libro. Cuando se lo conté a mi agente literario, me dijo que estaba convencido de que había perdido una oportunidad única de darle un buen empujón a mi libro con una editorial importante. Al día siguiente George llamó a mi agente y le dijo: «Ni siquiera sé lo que conlleva el libro de Dyer, pero quiero que sea uno de nuestros autores».

En aquel momento no me di cuenta de lo que estaba ocurriendo. Ahora, tras un cuarto de siglo viviendo en este mundo de búsqueda espiritual, lo veo con toda claridad. Las personas idóneas aparecen precisamente cuando las necesitas y eres capaz de corresponderte con ellas. Debes ser aquello que deseas. Cuando eres lo que deseas, lo atraes irradiándolo. Tienes la capacidad de corresponderte con la fuerza de la intención y hacer realidad tu intención de atraer a las personas ideales y las relaciones divinas.

ATRAER PAREJAS ESPIRITUALES

Es absurdo que un hombre o una mujer poco afectuosos se quejen de no encontrar pareja. Están condenados a una infinita frustración porque no reconocen a la persona que se corresponde con ellos cuando aparece. Esa persona afectuosa podría estar ahí mismo, ahora mismo, pero su resistencia no les permite verla. La persona que no siente afecto culpa a la mala suerte o a una serie de factores externos de no tener una relación amorosa.

El amor solo se puede atraer y devolver con amor. El mejor consejo que puedo dar para atraer y mantener parejas espirituales, como ya he destacado en este capítulo, consiste en ser aquello que estás buscando. La mayoría de las relaciones que no logran mantenerse se basan en que uno o ambos miembros de la pareja se sienten como si su libertad corriera cierto peligro. Por otra parte, en las relaciones espirituales no se trata de que la otra persona se sienta inferior o relegada. «Parejas espirituales» simplemente significa que la energía que os mantiene juntos está en estrecha armonía con la energía de la Fuente de la intención.

Eso significa que por la relación fluye una filosofía de «permiso» y que no hay que temer que se cuestione tu libertad para que hagas realidad el conocimiento interno de tu propósito. Es como si una persona le hubiera dicho a la otra: «Eres la energía de la Fuente en un cuerpo físico y, cuanto mejor te sientes, más fluye por ti esta energía amante, bondadosa, hermosa, receptiva, abundante, creativa y en expansión. Respeto esa energía de la Fuente y la comparto contigo. Cuando uno de nosotros se siente desmoralizado, fluye menos energía de la intención. Hemos de recordar que la mente universal no rechaza nada. Lo que no nos permite ser felices es porque nosotros lo rechazamos. Me he comprometido a mantenerme en este campo de la energía de la intención y a no dejarme ir. Esa es la Fuente que nos ha unido, y me esforzaré por mantenerme en armonía con ella». A este compromiso interior es a lo que Goethe se refiere en la cita que da inicio al capítulo. Permite que la providencia dé un paso adelante y ayude a que sucedan cosas «que nadie podría haber imaginado que se le presentarían».

Ya has conectado con quienes deseas en tu vida; actúa en consecuencia. Desde un punto de vista místico, no existe diferencia alguna entre la otra persona y tú. Un concepto quizá un tanto extraño, pero sin embargo válido, que explica por qué no puedes hacer daño a otra persona sin hacerte daño a ti mismo, ni puedes ayudar a otra persona sin ayudarte a ti mismo. Compartes la energía de la Fuente y, por consiguiente, debes empezar a pensar y actuar de una forma que refleje que tienes conciencia de este principio. Cuando sientas la necesidad de que aparezca la persona idónea, empieza a cambiar tu diálogo interior para reflejar esa conciencia. En lugar de decir: «Ojalá apareciera esta persona porque necesito salir de la rutina», activa un pensamiento que refleje tu conexión, como: «Sé que la persona idónea llegará según el orden divino en el momento adecuado».

Así actuarás basándote en ese pensamiento. Pensarás desde el fin y preverás la llegada. La previsión te pondrá alerta. Has modificado tu nivel de energía hasta alcanzar la misma receptividad que la fuerza de la intención que dispone que todos y todo lleguen aquí. Cuando alcanzas los niveles más altos de energía, tienes acceso a una información superior. Se pone en funcionamiento tu intención, y notas la presencia de la persona o las personas que deseas en tu vida. Actúas según esa intuición, sabiendo desde lo más profundo que vas por buen camino. Actúas de acuerdo con tu nueva conciencia, y te conviertes en colaborador de la creación, al tiempo que se activa una nueva comprensión en tu interior. Estás contemplando el rostro del Creador, y te ves como su colaborador en la creación. Sabes a quién llamar, adónde mirar, cuándo confiar y qué hacer.

Te están guiando para que te conectes con aquello que estás suscitando.

Si una amistad o una pareja requiere la sumisión de tu naturaleza original y tu dignidad más elevadas, significa que algo va mal. Cuando realmente sabes lo que es amar, como te ama tu Fuente, no experimentarás el dolor del pasado cuando tu amor pasaba desapercibido o era rechazado. Se parecerá más bien a la descripción de la experiencia de una amiga mía cuando decidió abandonar una relación: «Tenía el corazón partido, pero también me daba cuenta de que sus puertas seguían abiertas. Notaba que el amor fluía hacia esa persona que no podía amarme como yo quería ser amada, aunque había dejado esa relación para buscar el amor que sentía en mi interior. Me extrañaba sentir ese dolor, y al mismo tiempo notar que todavía mantenía una posición abierta. No dejaba de pensar: "Tengo el corazón destrozado, pero abierto de par en par". Me trasladé a un nivel completamente distinto de amar y ser amada, y la relación con la que había soñado apareció al cabo de dieciocho meses».

Tú eres amor; emanaste del puro amor. Estás conectado a la Fuente del amor en todo momento. Piensa así, siente así, y dentro de poco actuarás así. Y todo cuanto pienses, sientas y hagas te será correspondido de la misma manera. Aunque no te lo creas, el principio de que la persona idónea aparezca en el momento adecuado funciona desde siempre. Lo único que te impide verlo con claridad es tu ego.

Todo se desarrolla según el orden divino. Ya tendrías que estar proclamando que aparecerán cuantas personas necesitas para ese viaje que has emprendido y que serán perfectas en todos los sentidos para las necesidades que tengas. Además, llegarán en el momento adecuado. En este sistema inteligente del que formas parte todo surge del campo de la intención en el que fluye la fuerza vital infinita e invisible a través de todo y de todos, entre los que tú estás incluido. Confía en esa fuerza vital invisible y en la mente omnicreadora que dispone la vida de todo.

Te recomiendo que hagas un rápido repaso y tomes nota de todas las personas que han aparecido como personajes en esa obra de teatro que es tu vida. Ha sido todo perfecto. Tu ex cónyuge apareció en el momento adecuado, cuando necesitabas tener esos hijos a los que tanto quieres. El padre que te abandonó para que aprendieras a ser independiente se marchó en el momento adecuado. El o la amante que te dejó plantado formaba parte de esa perfección. El amante que se quedó contigo también siguió el ejemplo de la Fuente. Los buenos momentos, las luchas, las lágrimas, los insultos... en todo ello intervinieron personas que llegaron a tu vida y después se marcharon. Y ni todas tus lágrimas podrán borrar una sola palabra de todo eso.

Es tu pasado, y cualesquiera que fueran entonces tu nivel de energía, tus necesidades, tu posición social, atrajiste a las personas y los acontecimientos idóneos. Quizá te parezca que no aparecieron cuando te hacían falta, que cuando estabas solo no apareció nadie, pero te ruego que lo veas desde la perspectiva de la vida entera que sigue un orden divino. Si no apareció nadie, es porque tenías que encargarte de algo tú solo y por consiguiente no atrajiste a nadie que satisficiera tu nivel de energía en esa época. Examinar el pasado como una obra de teatro en la que todos los personajes y sus entradas y salidas del escenario forman parte del guión escrito por tu Fuente y son lo que tú atrajiste en su momento te libera de las bajas energías de la culpa, el arrepentimiento e incluso la venganza.

Al final, pasarás de ser un actor influido por quienes desempeñan los papeles de productor y director a ser autor, director, productor y protagonista de tu maravillosa vida. También serás el director de reparto y podrás hacerle una prueba a quien quieras. Toma tus decisiones basándote en el camino de la no resistencia y manteniéndote en armonía con el productor supremo de la obra: la mente universal, omnicreadora, de la intención.

Unas palabras sobre la paciencia. Hay una frase tan paradójica como maravillosa en *A Course in Miracles*: «La paciencia infinita da resultados inmediatos». Ser infinitamente paciente significa saber sin lugar a dudas que te encuentras en armonía vibratoria con la fuerza omnicreadora que dispuso que llegaras aquí. En realidad, colaboras en la creación de tu vida. Sabes que aparecerán las personas idóneas según un programa de orden divino. Intentar acelerar ese programa con tu propia agenda es como arrancar un brote de tulipán por haberte empeñado en que necesitas la flor inmediatamente. La creación desvela sus secretos poco a poco, no según tus planes. El resultado inmediato que obtendrás con una paciencia infinita será una profunda sensación de paz. Sentirás el amor del proceso de la creación, dejarás de exigir y empezarás a estar ojo avizor para encontrar a la persona idónea.

Estoy escribiendo esto con la idea de que la paciencia infinita da resultados inmediatos. Sé que no estoy solo mientras escribo. Sé que aparecerán las personas idóneas, como por arte de magia, para proporcionarme los incentivos o los materiales que pueda necesitar. Tengo una fe absoluta en este proceso, y me mantengo en armonía con mi Fuente. Alguien me llama por teléfono, y tiene una cinta grabada que podría interesarme. Hace un par de semanas a lo mejor no me habría llamado la atención, pero hoy escucho esa cinta mientras hago ejercicio y me proporciona precisamente lo que necesito. Veo a alguien mientras doy un paseo y se para a charlar conmigo. Me habla de un libro que, según me dice, me gustará. Apunto el título, lo busco y me encuentro con lo que necesito.

Lo mismo ocurre todos los días, de una u otra forma, mientras entrego la mente de mi ego a la mente universal de la intención y permito que me ayuden las personas idóneas con mi intención individual. El resultado inmediato de la paciencia infinita consiste en la paz interior derivada de saber que tengo un «jefe» que me enviará a alguien o me dejará en paz para que resuelva las cosas por mí mismo. Esto se llama fe práctica, y te ruego que confíes en ella, que seas infinitamente paciente con ella y que mantengas una actitud de reverencia, respeto y agradecimiento absolutos cada vez que aparezca misteriosamente la persona idónea en tu espacio vital inmediato.

Hacer de tu intención tu realidad

A continuación presento mi programa de diez pasos para poner en práctica la intención de este capítulo.

Primer paso. No te dediques a esperar, desear, rezar y rogar para que aparezcan en tu vida la persona o las personas idóneas. Comprende que este universo funciona con la energía y la atracción. Recuerda que tienes poder para atraer a las personas idóneas para que te ayuden a cumplir cualquier deseo siempre y cuando seas capaz de abandonar la energía impulsada por el ego y corresponderte con la Fuente omnicreadora de la intención. Este primer paso es fundamental, porque si no puedes disipar todas las dudas sobre tu capacidad para atraer a personas creativas, que te ayuden y te quieran, los nueve pasos siguientes no te servirán de gran cosa. Atraer a las personas ideales y las relaciones divinas empieza por saber en lo más íntimo que no se trata solo de una posibilidad, sino de una certeza.

Segundo paso. Conceptualiza tu conexión invisible con las personas que te gustaría atraer a tu vida. Olvida la identificación exclusiva con la apariencia de tu cuerpo y sus posesiones. Identifícate con la energía invisible de tu interior que mantiene tu vida regulando las funciones corporales. Reconoce esa misma Fuente de la energía que fluye por las personas que, según tu percepción, están ausentes de tu vida, y después vuelve a alinearte en el pensamiento con esa persona o esas personas. Ten la convicción interna de que esa fuerza de la intención os conecta. Tus pensamientos de crear esa fusión también emanan del mismo campo de la intención universal.

Tercer paso. Hazte una imagen mental del encuentro con la persona o las personas que te gustaría que te ayudaran o que tuvieran una relación contigo. Manifestarse es una función de la intención espiritual que se corresponde con tus deseos en armonía vibratoria. Puedes ser tan explícito como quieras, pero no compartas con nadie esta técnica de visualización, porque te pedirán que te expliques, que te defiendas, y tendrás que enfrentarte a la baja energía de la duda que inevitablemente surgirá. Se trata de un ejercicio privado, algo entre Dios y tú. No permitas, bajo ninguna circunstancia, que la negatividad o la duda nublen ni desgasten esa imagen. Por muchos obstáculos que puedan presentarse, aférrate a esa imagen y mantente en una armonía de amor, bondad, creatividad y paz con la Fuente de la intención, en continua expansión e infinitamente receptiva.

Cuarto paso. Actúa según esa imagen interior. Empieza por actuar como si cuantos conozcas formaran parte de la intención de atraer a tu vida a las personas ideales. Comparte con los demás tus necesidades y deseos sin entrar en detalles sobre tu metodología espiritual. Acude a los expertos que pudieran resultarte de ayuda y expón tus deseos. Estarán dispuestos a ayudarte. No esperes que nadie más vaya a realizar la tarea de atraer a las personas idóneas para lo que buscas, ya sea un puesto de trabajo, la admisión en una universidad, un empuje económico o un mecánico que te arregle el coche. Sé proactivo y mantente alerta ante las señales de sincronía; no las dejes pasar. Si un camión pasa a tu lado con un número de teléfono que anuncia lo que necesitas, apunta el número y telefonea. Considera lo que quizá te parezcan extrañas coincidencias que rodean tus deseos mensajes de la Fuente y actúa inmediatamente. Te aseguro que se producirán repetidamente.

Quinto paso. Sigue el camino de la mínima resistencia. Utilizo el término «resistencia» en el mismo sentido que en diversas ocasiones en la segunda parte de este libro. Los pensamientos como los siguientes constituyen una forma de resistencia a que tus deseos se pongan de manifiesto: «Esto no es nada práctico. No voy a conseguir que mi persona ideal se materialice solo con mis pensamientos. ¿Por qué me van a tratar a mí mejor que a los demás, que también esperan a la persona perfecta? Ya lo he intentado, y lo que apareció en mi vida fue un perfecto cretino». Son pensamientos de resistencia que interpones a la Fuente cuando va a enviarte a alguien. La resistencia es una energía baja, mientras que la Fuente es una energía alta, creativa, expansiva. Cuando tus pensamientos tienen vibraciones de baja energía no puedes atraer a las personas de alta energía que necesitas o deseas. Aunque se abalanzaran sobre ti diciendo: «Aquí estoy yo, dispuesto a servirte», incluso con un cartel que dijera SOY TUYO, ni las reconocerías ni las creerías porque estás demasiado liado intentando atraer más de lo que no puedes ni mereces tener.

Sexto paso. Practica ser la clase de persona a la que deseas atraer. Como ya he apuntado, si quieres que te amen incondicionalmente, practica el amor incondicional. Si deseas ayuda de los demás, presta ayuda en cada ocasión que puedas. Si quieres recibir generosidad, sé tan generoso como puedas y con la mayor frecuencia posible. Esta es una de las formas más sencillas y eficaces de atraer la fuerza de la intención. Correspóndete con la comunicatividad de la mente universal de la que surge todo y atraerás hacia ti cuanto tienes intención de poner de manifiesto.

Séptimo paso. Distánciate del resultado y practica la paciencia infinita. Este es el paso crucial de la fe. No cometas el error de valorar tus éxitos o fracasos basándote en tu pequeño ego y su calendario. Saca a la luz tu intención y practica cuanto está escrito en este capítulo y en este libro... y quédate tranquilo. Crea el saber interior y deja que la mente universal de la intención se encargue de los detalles.

Octavo paso. Practica la meditación, sobre todo el japa, *para atraer a las personas ideales y las relaciones divinas.* Repite el sonido que es en el nombre de Dios como un mantra, viendo literal y mentalmente la energía que irradias, atrayendo a tu vida a las personas que deseas. Te quedarás estupefacto ante los resultados. En este libro he proporcionado numerosos ejemplos de cómo la meditación *japa* ayuda a muchas personas a poner de manifiesto sus sueños, casi como por arte de magia.

Noveno paso. Considera que cuantas personas han desempeñado un papel en tu vida te han sido enviadas para tu provecho. En un universo habitado por una inteligencia creativa, divina, organizadora, que yo denomino fuerza de la intención, no existen las casualidades. La estela de tu vida es como la estela de un barco. No es ni más ni menos que el rastro que deja. La estela no dirige el barco, como no dirige tu vida. En tu vida personal, todo y todos tenían que estar allí cuando estuvieron. ¿Y qué lo demuestra? ¡Que estaban allí! Eso es lo único que necesitas saber. No esgrimas como razón para no poder atraer hoy a las personas idóneas lo que resultó de esa estela, o las personas que aparecieron en esa estela y que no eran las adecuadas. Es el pasado... nada más que un rastro que has dejado.

Décimo paso. Mantente, como siempre, en un estado de eterna gratitud. Agradece incluso la presencia de quienes hayan podido causarte dolor y sufrimiento. Da gracias a tu Fuente por habértelos enviado y a ti mismo por haberlos atraído. Todos tenían algo que enseñarte. A partir de ahora da las gracias a cuantos Dios ponga en tu camino, y comprende que, como colaborador de la creación que eres, de ti depende resonar con la elevada energía del amor y la intención y mantener a esas personas con similar energía en tu vida, o dejarlos marchar con una bendición silenciosa y un amable «no, gracias». Y lo más importante es el «gracias», porque esa es la verdadera gratitud en acción.

En el fabuloso libro de Lynne McTaggart *The Field: The Quest for the Secret Force of the Universe* [*El campo: la búsqueda de la fuerza secreta del universo*], se nos ofrece una perspectiva científica de lo que he escrito en este capítulo: «Nuestro estado natural de ser es una relación, un tango, un estado constante en el que nos influimos mutuamente. Al igual que las partículas subatómicas de las que estamos compuestos no se pueden separar del espacio y las partículas que las rodean, tampoco se pueden aislar los seres humanos... Mediante el acto de la observación y la *intención* tenemos la capacidad de extender una especie de superradiancia hacia el mundo». [La cursiva es mía.]

Mediante la relación con los demás, utilizando la fuerza de la intención, podemos irradiar toda la energía necesaria para atraer lo que deseamos. Te ruego que tomes conciencia de ese hecho ahora mismo y que lo sepas desde lo más profundo de tu corazón, como lo sabía el campesino de *El campo de los sueños*: que si construyes ese sueño interior, sin duda vendrá.

13

Es mi intención optimizar mi capacidad para curar y ser curado

Nadie puede pedirle a nadie que lo cure; pero sí puede dejar que lo curen y ofrecer así a los demás lo que ha recibido. ¿Quién puede ofrecer lo que no posee? ¿Y quién puede compartir lo que se niega a sí mismo?

A Course in Miracles

Toda persona que habita este planeta posee un potencial interior para curar. Para tomar contacto consciente con los poderes curativos que te son inherentes, en primer lugar tienes que tomar la decisión de ser curado. Como nos recuerda *A Course in Miracles*: «Quienes son curados se convierten en instrumentos de curación», y «La única forma de curar es ser curado». Por lo tanto, existe una doble ventaja en la intención de ser curado. Una vez que hayas aceptado el poder que posees para curarte a ti mismo y optimizar tu salud, pasarás a ser una persona capaz de curar a los demás.

Una de las múltiples y fascinantes observaciones de David Hawkins en su libro *Power vs. Force* es la relación entre el nivel de energía de una persona y su capacidad para curar. Las personas que evaluaron por encima de los seiscientos en el mapa de la escala de consciencia (una puntuación de una energía excepcionalmente alta, indicio de esclarecimiento y suprema iluminación) irradiaban energía curativa. Tal y como la conocemos, la enfermedad no puede existir en presencia de una energía espiritual tan alta, lo que explica los milagrosos poderes curativos de Jesús de Nazaret, san Francisco de Asís y Ramana Maharshi. Su energía, excepcionalmente alta, es suficiente para contrarrestar la enfermedad.

Mientras lees esto, no pierdas de vista que también tú emanaste del campo de la intención, la de mayor energía espiritual y amorosa, y que posees esa capacidad en tu interior. Para hacer realidad la intención de este capítulo, y como dice Gandhi, debes «ser el cambio que deseas ver en los demás». Debes concentrarte en curarte a ti mismo para poder ofrecer a los demás esa capacidad de curación. Si alcanzas un nivel de gozosa iluminación en el que te vuelves a conectar con la Fuente y armonizas tus vibraciones, empezarás a irradiar la energía que transforma la enfermedad en salud.

En su impactante plegaria, san Francisco le pide a su Fuente: «Allí donde haya agravio, deja que siembre el perdón», es decir, permíteme que yo sea una persona que conceda a los demás la energía curativa. Es un principio sobre el que se insiste en todas las páginas de este libro: lleva la energía espiritual más alta ante la presencia de la energía más baja, y no solo anulará la baja energía, sino que la transformará en una energía espiritual de curación. En el campo de la medicina energética en el que se aplican estos principios, se bombardean los tumores con una energía de láser excepcionalmente alta que los disuelve y los transforma en tejido sano. La medicina energética es la disciplina del futuro, y se basa en la antigua práctica espiritual de *ser el cambio*, es decir, curar a otros curándose primero a uno mismo.

CONVERTIRSE EN LA CURACIÓN

Volver a conectarte con la perfección amante y libre de enfermedades de la que surgiste es una exposición muy sucinta de lo que requiere el proceso de autocuración. La mente universal sabe exactamente lo que necesitas para optimizar tu salud. Lo que tienes que hacer es darte cuenta de tus pensamientos y de tu conducta, que están creando resistencia e impidiendo la curación, que es el flujo de la energía de la intención. Reconocer la resistencia es algo que solo depende de ti. Tienes que consagrarte a esta consciencia para pasar a la intención de la pura curación.

Mientras estaba ayer en la cinta de andar del gimnasio, hablé con un señor durante unos cinco minutos, y durante ese breve período de tiempo me obsequió con la lista entera de sus dolencias, operaciones, problemas de corazón, enfermedades variadas y futuras prótesis en diversas articulaciones... ¡todo en cinco minutos! Era como su tarjeta de visita. Tales pensamientos y repeticiones de las aflicciones corporales representan la resistencia a la energía curativa a la que tenemos acceso.

Mientras hablaba con aquel hombre tan quejica intenté apartarlo, aunque fuera unos momentos, de su resistencia a recibir la energía curativa, pero él estaba decidido a regodearse en sus múltiples minusvalías, como si se tratara de una medalla honorífica, defendiendo sus limitaciones a capa y espada. Daba la impresión de que le encantaba aferrarse a aquella aversión hacia sí mismo por su cuerpo deteriorado. Intenté rodearlo de luz y le envié una bendición silenciosa mientras él seguía en la cinta y yo con mi tabla de ejercicios. Pero me dejó pasmado hasta qué punto estaba aquel hombre centrado en el desorden, la desarmonía, el desasosiego y la enfermedad en la relación con su cuerpo..

Con respecto al papel de los pensamientos en casos de recuperación espontánea de enfermedades irreversibles e incurables, el doctor Hawkins nos dice lo siguiente en *Power vs. Force*: «En todos los casos estudiados de recuperación de enfermedades intratables e incurables se produjo un gran cambio de la consciencia, de modo que dejaron de ser dominantes las pautas atrayentes que desembocaron en el proceso patológico». ¡En todos los casos! Fijémonos en los términos *pautas atrayentes*. Atraemos a nuestra vida mediante el nivel de consciencia, y podemos cambiar lo que atraemos. Se trata de una idea muy importante, la base para tener acceso al poder de la intención, no solo en la curación, sino en todos los campos en los que tenemos deseos, aspiraciones e intenciones individuales. Hawkins añade: «... en la recuperación espontánea se produce con frecuencia un notable aumento de la capacidad de amar y la consciencia de la importancia del amor como factor curativo».

Facilitarás tu intención de este capítulo considerando un objetivo más amplio, el de regresar a tu Fuente, y vibrando más armonizado con la energía de la fuerza de la intención. Esa Fuente nunca se centra en lo que está mal, en lo que falta o en lo que está enfermo. La verdadera curación te devuelve a tu Fuente. Cualquier solución que no llegue a esa conexión es algo temporal. Cuando limpias el enlace con tu Fuente, se aproximan a ti las *pautas atrayentes* de la energía. Si no lo consideras posible, estás oponiendo resistencia a tu intención de curar y ser curado. Si lo consideras posible, pero no para ti, opones aún más resistencia. Si crees que estás recibiendo un castigo por la falta de salud, eso también supone resistencia. Esos pensamientos sobre tu capacidad para ser curado desempeñan un papel dominante en tu experiencia física.

Sanar sanándote significa otro salto mortal imaginario hacia lo inconcebible tras el que aterrizas erguido y equilibrado en tus pensamientos, frente a frente con tu Fuente. Te das cuenta, quizá por primera vez en tu vida, de que tu Fuente y tú sois uno cuando te libras de la mente dominada por el ego, que te ha convencido de que estás separado de la fuerza de la intención.

Curar a otros curándote a ti mismo. En el libro de Lynne McTaggart al que ya he hecho alusión, la autora se toma la molestia y el tiempo de presentar las investigaciones sobre ese campo que yo denomino «de la intención» realizadas en todo el mundo durante los últimos veinte años. En un capítulo que viene al caso, titulado «El campo de la curación», McTaggart describe una serie de investigaciones. A continuación expongo cinco de las interesantes conclusiones a las que han llegado los investigadores en cuanto a la intención y la curación, con el fin de estimular la conciencia de tu potencial para la curación del cuerpo físico por el que has optado en esta vida, así como la capacidad para ofrecer curación a otros que se desprende como corolario. (No insisto sobre algo evidente: una dieta sana y una buena tabla de ejercicios, pues doy por sentado que ya las sigues. En las librerías hay secciones enteras dedicadas a alternativas sanas para este fin.)

CINCO CONCLUSIONES SOBRE LA CURACIÓN PROCEDENTES DEL MUNDO DE LA INVESTIGACIÓN

1. *Las personas normales y corrientes pueden tener acceso a la curación mediante la intención, y los sanadores pueden ser más experimentados o tener un talento natural para entrar en contacto con el campo.* Existen pruebas físicas de que quienes son capaces de curar mediante la intención poseen mayor coherencia y mayor capacidad para reunir energía cuántica y transmitirla a quienes necesitan curación. Mi interpretación de estas pruebas físicas consiste en que decidir centrar la energía vital en ser coherente con la fuerza de la intención proporciona la capacidad para curarse a uno mismo y a los demás. Fundamentalmente, esto significa abandonar el miedo que impregna tu consciencia, y también reconocer la energía basada en el miedo que fomenta gran parte de la industria sanitaria. El campo de la intención no alber-

ga el miedo. Cualquier enfermedad demuestra que algo va mal. Cualquier temor relacionado con el proceso de la enfermedad supone una prueba más de que algo anda mal en el funcionamiento de la mente. La salud y la paz constituyen el estado natural cuando se elimina lo que las impide. Las investigaciones demuestran que la curación mediante la intención, que en realidad es la curación mediante la conexión con el campo de la intención, es posible para todos.

2. *Los sanadores más auténticos aseguran haber sacado su intención para después retroceder y someterse a otra clase de fuerza curativa, como si abrieran una puerta para dar paso a algo más grande.* Los sanadores más eficaces piden ayuda a la Fuente universal, sabiendo que su tarea consiste en potenciar y permitir el flujo de la Fuente de la curación. También saben que el cuerpo es el protagonista, y la fuerza de la vida misma lo que realiza la curación. La curación se facilita eliminando el ego y permitiendo que esa fuerza fluya libremente. Los profesionales de la medicina, en lugar de potenciar y permitir ese flujo, hacen justo lo contrario en muchas ocasiones. Frecuentemente transmiten el mensaje de que es la medicina la que realiza la curación, y contagian la incredulidad en todo lo que no sean sus procedimientos. Los pacientes suelen sentirse cualquier cosa menos potenciados y esperanzados, y los diagnósticos y los pronósticos suelen basarse en el temor y ser demasiado pesimistas para evitar problemas jurídicos. «Diles lo peor y que haya suerte», es con frecuencia la filosofía con la que funciona la medicina.

La capacidad para curarse a sí mismo parece al alcance de cuantos poseen un conocimiento intuitivo del poder del Espíritu. El discurso interior de la curación se refiere a relajarse, eliminar los pensamientos de resistencia y permitir que fluya el espíritu de la luz y del amor. Un poderoso sanador de las islas Fiyi me habló en una ocasión sobre la eficacia de los sanadores nativos. Me dijo: «Cuando un saber se enfrenta a una creencia en el proceso de una enfermedad, el saber siempre triunfa». *Un saber es la fe en la fuerza de la intención.* También supone la conciencia de estar siempre conectado a esa Fuente y, por último, significa quitar de en medio el ego y entregarse a la Fuente omnipotente, omnipresente y omnisciente, la fuerza de la intención, que es la fuente de todo, incluyendo toda clase de curación.

3. *No parecía importar el método utilizado siempre y cuando el sanador mantuviese la intención de que el paciente sanase.* Los sanadores se basaban en técnicas completamente distintas, desde una imagen, un motivo cabalístico de la energía, un espíritu nativo americano, un tótem, hasta la efigie de un santo, pasando por encantamientos y cánticos dedicados a un espíritu curativo. Mientras el sanador se aferrase firmemente a una intención y supiera sin lugar a dudas que podía tocar al paciente con el espíritu de la intención, la curación era efectiva y científicamente válida.

Es fundamental que mantengas una intención plena de sanar, sin tener en cuenta lo que pasa a tu alrededor ni lo que puedan ofrecerte los demás para desanimarte o «que pongas los pies en la tierra». Tu intención es firme porque no es la intención del ego, sino una correspondencia con la Fuente universal. Es la realización de Dios en pleno funcionamiento en tu actitud ante la curación propia y ajena.

Como *ser infinito,* sabes que tu muerte y la de todos los demás está programada en el campo de energía del que emanaste. Al igual que todas tus características físicas estaban determinadas por esa fuerza futura, así lo está tu muerte. Más vale entonces que te liberes del miedo a la muerte y decidas mantener la misma intención que dispuso que vinieras aquí desde el mundo de lo amorfo. Surgiste de un estado natural de bienestar y en tu mente intentas seguir ahí, independientemente de lo que ocurra en tu cuerpo y alrededor de él. Mantén esa intención para ti mismo hasta que abandones este cuerpo y mantén la misma intención invisible para los demás. Es la única cualidad que compartían todos los sanadores. Te animo a que tú también hagas hincapié en esto, aquí y ahora, y a que no permitas que nadie ni ningún pronóstico te disuadan.

4. *De las investigaciones se desprende que la intención por sí misma cura, pero también que la curación constituye una memoria colectiva del espíritu de la curación, que puede recogerse como fuerza medicinal.* La curación en sí misma puede ser una fuerza a la que tiene acceso la humanidad entera: es la mente universal de la intención. Las investigaciones también dan pie a pensar que los individuos y los grupos de individuos pueden recoger esta memoria colectiva y aplicarla a ellos mismos y también a quienes padecen enfermedades epidémicas. Como todos estamos conectados a la intención, todos compartimos la misma fuerza de la vida y todos emanamos de la misma mente universal de Dios, no es tan exagerado suponer que al enchufarnos a ese campo energético podemos recoger energía curativa y extenderla a cuantos entren en nuestras esferas iluminadas. Eso explicaría el enorme poder de curación colectiva de los santos, y que cada uno de nosotros pueda mantener la intención de erradicar enfermedades como el sida, la viruela, las gripes a nivel mundial e incluso la epidemia de cáncer que sufrimos en la actualidad.

Cuando se considera la enfermedad aisladamente, se desconecta de la salud colectiva del campo universal. Según varios estudios, parece que el virus del sida se alimenta del temor, la clase de miedo que experimenta una persona cuando es rechazada o aislada por la comunidad. Los estudios sobre pacientes con problemas cardíacos revelan que son más proclives a enfermar quienes se sienten aislados de su familia, su comunidad y sobre todo de su espiritualidad. Los estudios sobre la longevidad muestran que quienes viven más años tienen una profunda creencia espiritual y el sentimiento de pertenecer a una comunidad. La capacidad de curar colectivamente es uno de los grandes beneficios a los que se tiene acceso cuando elevas tu nivel de energía y te conectas con las caras de la intención.

5. *El tratamiento más importante que puede ofrecer el sanador es esperanza en la salud y el bienestar de quienes padecen enfermedades o traumas.* Los sanadores hacen un autoanálisis de lo que está presente en su conciencia antes de concentrarse en alguien que necesita curación. La palabra clave es *esperanza*. La presencia de la esperanza transmitida se reduce a la fe. Yo también la llamaría *saber*; saber que la conexión con la propia Fuente es una conexión con la fuente de toda curación. Cuando vivimos así, siempre tenemos esperanza. Sabemos que los milagros son siempre una posibilidad. Manteniendo esa forma de pensar desaparecen del mapa la duda y el miedo. Si renuncias a la esperanza, cambias el nivel de energía de tu vida y vibras en los niveles del miedo y la duda. Sin embargo, sabemos que la Fuente omnicreadora de la intención no conoce el miedo ni tampoco la duda.

Mi frase favorita de Miguel Ángel habla del valor de la esperanza: «El mayor peligro para la mayoría de nosotros no radica en tener un objetivo demasiado elevado y no alcanzarlo, sino en que sea demasiado bajo y lo alcancemos». Piénsalo: la intención de los sanadores y la esperanza que tienen para sí mismos y para los demás pueden ser incluso más importantes que la medicina que ofrecen. Un simple pensamiento desagradable sobre otra persona obstaculiza el potencial de la curación. La falta de fe en el poder de curación del Espíritu desempeña un papel nocivo en el proceso de curación. Cualquier pensamiento de baja energía que tengas debilita tu capacidad de autocuración. Estas cinco conclusiones derivadas de las investigaciones nos llevan a tomar conciencia de la importancia de cambiar el enfoque y conectarnos al campo omnicurativo de la intención y armonizar con él.

De los pensamientos de enfermedad a las intenciones
de salud

Probablemente conoces la frase del Antiguo Testamento «Y dijo Dios: "¡Hágase la luz!", y la luz se hizo». En un diccionario de inglés-hebreo vemos que el término inglés podría traducirse al castellano como «Y Dios dispuso...». La decisión de crear es la decisión de disponer. Para crear la curación no puedes tener pensamientos de enfermedad y prever que tu cuerpo sea víctima de la enfermedad. Toma conciencia de los pensamientos que contribuyen a la idea de la enfermedad como algo que hay que esperar. Empieza a observar la frecuencia de esos pensamientos. Cuanto más lugar ocupen en tu paisaje mental, más resistencia opondrás a llevar tu intención a la práctica.

Sabes que tus pensamientos de resistencia son algo como: «No puedo hacer nada con esta artritis. Es la época de la gripe. Ahora me siento bien, pero antes del fin de semana se me bajará al pecho y tendré fiebre. Vivimos en un mundo cancerígeno. Todo engorda o lleva productos químicos. Siempre me encuentro cansado». Y así sucesivamente. Son como enormes barricadas que obstaculizan la realización de tu intención. Observa los pensamientos que representen la decisión de adquirir acciones en la mentalidad de la enfermedad de los laboratorios farmacéuticos y la industria sanitaria, con sus enormes beneficios, que se nutren de tus miedos.

Pero ¿no te acuerdas de que eres lo divino? Formas parte de la mente universal de la intención, y no tienes que pensar así. Puedes optar por pensar que tienes la capacidad de elevar tu nivel de energía, a pesar de que todo lo que te intentan vender te induzca a pensar lo contrario. Puedes llegar al interior y aferrarte a la intención: «Quiero sentirme bien, me propongo sentirme bien, me propongo volver a mi Fuente, y me niego a admitir más pensamientos de desorden o desasosiego». Ese es el comienzo. Esa experiencia excepcional te otorga poderes y, en cualquier momento en el que no te sientas bien, elige pensamientos de curación y de bienestar. En ese instante el sentirse bien se hace con el control, aunque solo sea durante unos segundos.

Cuando te niegas a vivir en la baja energía y te esfuerzas continuamente por albergar pensamientos que sirvan de apoyo a tu intención, habrás decidido realmente que lo que deseas es el bienestar y que curar forma parte de esa decisión. En ese momento se ponen en movimiento las ruedas de la creación, y lo que has imaginado y creado mentalmente empieza a adquirir forma en tu vida cotidiana.

La próxima vez que se te ocurra un pensamiento de baja energía intenta una cosa: observa lo rápidamente que puedes cambiar de estado de ánimo negándote a tener pensamientos que no se encuentren en armonía con tu Fuente de la intención. A mí me funciona, y te animo a que hagas otro tanto. Simplemente dejo de pensar en que tengo que ser víctima de la enfermedad o la discapacidad, y no desperdicio los valiosos momentos de mi vida en hablar de enfermedades. Soy sanador. Me sano a mí mismo contribuyendo con Dios a crear salud, y ofrezco ese don a los demás. Esa es mi intención.

La enfermedad no es un castigo

La enfermedad pasó a ser un elemento de la condición humana cuando nos separamos de la salud perfecta con la que nos dispusieron al llegar aquí. En lugar de intentar intelectualizar las razones por las que enfermamos y construir una lógica para comprender la enfermedad, te aconsejo que consideres que posees el potencial para curar. Intenta visualizar todas las enfermedades humanas como algo que la raza humana se ha ganado por sí misma al identificarse con el ego en lugar de mantenerse en la divinidad de la que ha emanado. De esta identificación colectiva con el ego ha derivado todo lo que acompaña a los problemas del ego: miedo, odio, desesperación, ansiedad, depresión... El ego se nutre de esas emociones porque se empeña en mantener su propia identidad separada de la fuerza divina que dispuso traernos aquí. De una u otra forma, prácticamente todos los seres humanos han comprado acciones de esta idea de la separación y la identificación del ego y, en consecuencia, la enfermedad y la necesidad de curación vienen de la mano del hecho de ser humanos.

Sin embargo, no hay por qué quedarse estancados ahí. La fuerza de la intención consiste en volver a la Fuente de la perfección, en saber que el poder de curar no piensa sino en establecer esa conexión divina y que la Fuente de la vida no castiga para ofrecer reembolsos kármicos con los sufrimientos y las penurias. No necesitas curación por haber sido malo o ignorante, ni como represalia por delitos cometidos en el pasado. Has asumido lo que estás experimentando por las lecciones que tienes que aprender en este viaje, que está organizado por la inteligencia omniproveedora que denominamos «intención».

En un universo eterno tienes que considerarte a ti mismo y a los demás en términos infinitos. Términos infinitos significa que tienes un número infinito de oportunidades de manifestarte en un cuerpo material para colaborar en la creación de cualquier cosa. Al considerar la enfermedad de cuerpo y mente que impregna tu vida y la del resto de la humanidad, intenta verla como una parte de la naturaleza infinita de nuestro mundo. Si el hambre, la peste o la enfermedad forman parte de la perfección del universo, lo mismo ocurre con tu intención de poner fin a esas cosas como parte de la misma perfección. Decide mantenerte con esa intención; en primer lugar en tu vida, y después en la vida de los demás. Tu intención se corresponderá con la intención del universo, que no sabe de egos ni separaciones, y dejarán de existir los pensamientos de enfermedad, castigo y reembolsos kármicos.

HACER DE TU INTENCIÓN TU REALIDAD

A continuación presento mi plan de diez pasos para poner en práctica la intención de este capítulo, destinado a optimizar la capacidad para curar y ser curado.

Primer paso. No puedes curar a nadie hasta que permitas que te curen. Trabaja en colaboración con tu Fuente para crear la sensación de tu propia curación. Centra toda tu energía en saber que puedes curarte de todos tus trastornos físicos y emocionales y disfrutar de una salud perfecta. Conéctate a una energía amable, amante, receptiva a la curación, que es el campo que dispuso traerte aquí. Siéntete dispuesto a aceptar el hecho de que formas parte de la energía curativa de la vida. La misma fuerza que te cura una herida de la mano y desarrolla una piel nueva para repararla permanentemente está en tu mano y en el universo. Tú eres ella; ella eres tú; no existe ninguna separación ni diferencia. Sé consciente de mantenerte en contacto con esa energía curativa, porque es imposible separarse de ella salvo en tus pensamientos disminuidos por el ego.

Segundo paso. La energía curativa a la que estás conectado en todo momento es lo que tienes que dar a los demás. Ofrece esta energía de buen grado y deja tu ego completamente al margen del proceso de curación. Recuerda lo que respondió san Francisco cuando le preguntaron por qué no se curaba a sí mismo de sus enfermedades, que le causaron la muerte a los cuarenta y cinco años de edad: «Quiero que todo el mundo sepa que es Dios quien obra esta curación». San Francisco fue curado de la dominación del ego, y se aferró a propósito a sus enfermedades para enseñar a los demás que era la energía de Dios que actuaba a través de él lo que proporcionaba la energía de todas sus milagrosas curaciones.

Tercer paso. Al elevar tu energía a una correspondencia vibratoria con el campo de la intención fortaleces el sistema inmunológico e incrementas la producción de los enzimas del bienestar en el cerebro. Pasar de una personalidad dominada por el rencor, el pesimismo, la ira y la tristeza a otra en que predomine la pasión, el optimismo, la bondad, la alegría y la comprensión suele ser la clave cuando presenciamos milagrosas curaciones espontáneas tras un diagnóstico fatalista.

Cuarto paso. Practica la entrega. «Déjalo en manos de Dios» es un gran tema en el proceso de recuperación, y también un maravilloso recordatorio en el mundo de la curación. Al entregarte, puedes sentir reverencia por la Fuente de toda curación y comulgar con ella. Recuerda que el campo de la intención no sabe nada de la curación per se, porque ya es perfección espiritual y crea desde esa perspectiva. Es la conciencia del ego lo que crea el desorden, la desarmonía y la enfermedad de nuestro mundo, y es en ese retorno a la perfección espiritual donde se hace realidad la armonía de cuerpo, mente y espíritu. Cuando se restablece ese equilibrio o simetría, se produce la curación, pero la Fuente no sabe nada de la curación porque solo crea salud perfecta. Es a esa salud perfecta a la que te debes entregar.

Quinto paso. No pidas que te curen, sino que te restablezcan a esa perfección de la que emanaste. Es en esto donde debes mantener una intención para ti mismo y para los demás, con una determinación firme, sin posible negociación. Que nada interfiera con tu intención de curar y ser curado. Desecha toda la negatividad que te salga al paso, y transmíteselo a los demás. Recuerda que no estás pidiendo a tu Fuente que te cure, porque con eso asumes que la salud está ausente de tu vida. La Fuente asume la escasez, pero solo puede reconocer y responder a lo que ya es, y tú también eres un elemento de la Fuente. Acércate a ella entero y completo, destierra todo pensamiento de enfermedad y comprende que al restablecer la conexión con esa Fuente —al llenarte de ella y ofrecérsela a los demás— te conviertes en la curación misma.

Sexto paso. Comprende que eres amado. Busca razones para alabar y sentirte bien. En el momento en que experimentes pensamientos que te hagan sentir mal o enfermo, haz cuanto puedas para transformarlos en pensamientos que te ayuden a sentirte bien, y, si eso te parece imposible, haz cuanto puedas por no decir nada. Niégate a hablar de la enfermedad, y esfuérzate por activar pensamientos que pronostiquen la recuperación, el bienestar y la salud perfecta. Imagínate sano y sin discapacidades. Estate pendiente de la oportunidad de decirte literalmente: «Me siento bien. Tengo la intención de atraer más bienestar, y de dárselo a todo y todos los que lo necesiten».

Séptimo paso. Busca y aprecia el silencio. Muchas personas que han padecido largas enfermedades han logrado regresar a su Fuente por la vía de la naturaleza y el silencio contemplativo. Dedica tiempo a la meditación visualizándote unido al campo de la intención con su salud perfecta. Comulga con esa Fuente de todo lo que es bueno y practica el acceso a esa elevada energía espiritual, inundando tu ser de esa luz.

La meditación siempre me cura. Cuando estoy cansado, unos momentos en silencio elevándome a unas vibraciones más altas, amables y amantes, me proporcionan energía. Cuando no me encuentro bien, unos momentos de quietud estableciendo contacto consciente con Dios me proporciona cuanto necesito no solo para sentirme bien, sino para ayudar a los demás a que se sientan igual. Siempre recuerdo las oportunas palabras de Herman Melville: «El silencio es la única voz de nuestro Dios».

A continuación reproduzco un pasaje de una carta que me escribió Darby Hebert, que ahora vive en Jackson Hole, Wyoming.

Luchó durante más de dos décadas, sintiéndose utilizada al tiempo que veía cómo se deterioraba su condición física. Se decidió por la naturaleza, el silencio y la meditación. Con su permiso, repito sus palabras:

> Viví en una casa vacía, con las cosas guardadas en cajas, durante un año. Después, para librarme de ese campo de energía negativa y del desprecio de quienes me censuraban, me mudé a cinco mil kilómetros, a Jackson Hole: la magnificencia, el esplendor y la paz de este lugar sagrado, encantado, empezó a obrar su magia casi inmediatamente. Llevo casi dos años viviendo en silencio. La meditación y la valoración se han convertido en mi modo de vida. Abandonar la baja energía y trasladarme a la energía alta, con tu ayuda, ha obrado milagros. He pasado de sufrir hemorragias en los ojos, lesiones internas, meningitis aséptica y graves dolores musculares a un estado tan saludable que hago senderismo durante jornadas enteras y esquí de fondo. Poco a poco me estoy quitando de los peligrosos fármacos que utilizaba para controlar las enfermedades, y sé que puedo hacerlo. Tú me has mostrado el camino del bienestar, y te quedo eternamente agradecida. Que Dios te bendiga mil veces, Wayne, por mantener tu dicha y ayudar a otros a encontrar la suya. Espero que un día pueda expresar mi gratitud personalmente. Hasta entonces, nos vemos en la distancia.

Octavo paso. Para ser salud, has de identificarte por completo con la totalidad que tú eres. Puedes dejar de considerarte un cuerpo físico, sumergirte en la idea del bienestar absoluto, y que eso pase a ser tu nuevo documento de identidad. En este espacio únicamente respiras bienestar, solo piensas en la salud perfecta y te desligas de los aspectos de la enfermedad en el mundo. Al cabo de poco tiempo solo reconocerás la perfección en los demás. Te mantendrás firme en tu verdad, reflejando únicamente pensamientos de bienestar, y solo hablarás de la infinita posibilidad de curar cualesquiera procesos de enfermedad. Es tu legítima identidad de totalidad, y la vives como si tú y la Fuente que todo lo crea fuerais una y la misma cosa. Esta es tu verdad suprema, y puedes dejar que esa aura dinámica de totalidad sature y anime todos y cada uno de tus pensamientos hasta que sea cuanto tienes que dar. Así es como curas, a partir del saber interior y la confianza de tu totalidad.

Noveno paso. Permite que la salud corra a raudales por tu vida. Toma conciencia de la resistencia que interfiere en el flujo natural de la energía de la salud. Esa resistencia adopta la forma de tus pensamientos. Cualquier pensamiento que no esté sincronizado con las siete caras de la intención es de resistencia, como cualquier pensamiento de duda o temor. Cuando observes estos pensamientos, fíjate bien en ellos y activa deliberadamente otros que mantengan un equilibrio energético y vibratorio con la Fuente omniproveedora de la intención.

Décimo paso. Mantente inmerso en un estado de gratitud. Agradece cada bocanada de aire que tomas, todos los órganos internos que funcionan armónicamente, la totalidad que constituye tu cuerpo, la sangre que circula por tus venas, el cerebro que te permite procesar estas palabras y los ojos que te permiten leerlas. Mírate al espejo al menos una vez al día y da las gracias por ese corazón que sigue latiendo y por la fuerza invisible de la que dependen sus latidos. Mantente en un estado de gratitud. Es la forma más segura de conservar el vínculo con la salud perfecta limpio y puro.

Uno de los mensajes de Jesús de Nazaret viene al caso de lo que he expuesto en este capítulo sobre la intención de curación: «Si sacas a la luz lo que hay en tu interior, lo que sacas a la luz te salvará. Si no sacas a la luz lo que hay en tu interior, lo que no sacas a la luz te destruirá».

Lo que está en tu interior es la fuerza de la intención. No la puede detectar un microscopio. Se puede descubrir el centro de mando con rayos X, pero el comandante del centro de mando permanecerá invisible a la compleja tecnología. *Tú eres ese comandante:* Debes estar en armonía vibratoria con el mayor de todos los comandantes y sacarlo a la luz para que te sirva en lugar de mantenerte en mal estado.

14

Es mi intención valorar
y expresar el genio que soy

> Todo el mundo es un genio al nacer, pero el proceso de la vida nos desgenializa.
>
> Buckminster Fuller

Tengamos en cuenta que todos los seres humanos tenemos en nuestro interior la misma esencia de consciencia y que el proceso de la creatividad y el genio son atributos de la consciencia humana. Por consiguiente, el genio es un potencial que vive en el interior de todo ser humano. En el transcurso de la vida se tienen muchos momentos de genialidad. Son esas ocasiones en las que se te ocurre una idea inusitadamente brillante que pones en práctica aun a sabiendas de que solo tú eres consciente de lo fantástica que es. Quizá crees algo fantástico y que incluso tú te sorprendas. También puede ocurrir que des el golpe perfecto en un partido de golf o de tenis y te cause un inmenso placer lo que acabas de conseguir. Eres un genio.

Quizá nunca te hayas considerado una persona que lleva un genio en su interior. Quizá pienses que «genio» es una palabra reservada para los Mozart, los Miguel Ángel, los Einstein, las Curie, las Virginia Woolf, los Stephen Hawkins y otras personas de fama, pero ten en cuenta que comparten contigo la misma esencia de la consciencia. Emanaron del mismo poder de la intención que tú. Todos compartieron la misma fuerza vital que tú. Tu genio está en tu propia existencia, esperando las circunstancias adecuadas para expresarse.

No existen ni la suerte ni las casualidades en este universo con un propósito. No se trata solamente de que todo esté conectado con todo, sino de que nadie queda excluido de la Fuente universal que llamamos «intención». Y como es una característica de la Fuente universal, también el genio ha de ser universal, lo que significa que no está restringido, que cualquier ser humano puede tener acceso a él. Desde luego, puede mostrarse de una forma distinta en cada uno de nosotros, y así ocurre. Las cualidades de la creatividad y el genio están en tu interior, esperando a que tomes la decisión de corresponderte con el poder de la intención.

Cambiar tu nivel de energía para tener acceso al genio que existe en tu interior

En el esclarecedor libro *Power vs. Force*, David Hawkins dice lo siguiente: «El genio es por definición un modo de consciencia caracterizado por la capacidad para alcanzar pautas atrayentes de la energía más alta. No se trata de una característica personal, no es algo que tenga una persona, ni siquiera algo que alguien sea. Las personas a quienes consideramos genios suelen negarlo. El genio siempre ha atribuido sus ideas a una influencia superior». El genio es una característica de la fuerza creativa (la primera de las siete caras de la intención) que permite adquirir forma a toda la creación material. Es una expresión de lo divino.

Nadie a quien se considere un genio —ya sea sir Laurence Olivier en el papel de Hamlet, Michael Jordan deslizándose grácilmente por una cancha de baloncesto, Clarence Darrow hablando ante un jurado, Juana de Arco inspirando a toda una nación, o la señora Fuehrer, mi profesora de octavo grado, dando vida a un cuento en la clase— puede explicar de dónde procede la energía para rendir en esos niveles. Dicen que sir Laurence Olivier estaba destrozado tras una de las mejores representaciones de *Hamlet* en Londres. Cuando le preguntaron por qué se sentía tan deprimido tras la clamorosa ovación del público, dijo, parafraseando la respuesta: «Sé que ha sido mi mejor actuación, pero no sé cómo lo he hecho, de dónde ha salido, ni si podré repetirlo». El ego y el genio se excluyen mutuamente. El genio es una función de la entrega a la Fuente o de la reconexión con ella de una forma tan espectacular que el ego se reduce considerablemente. A eso se refiere Hawkins con el acceso a pautas de energía más alta.

La energía más alta es la de la luz, que constituye una forma de describir la energía espiritual, cuyos elementos son las siete caras de la intención. Cuando trasladas tus pensamientos, emociones y actividades a esos terrenos y desactivas las bajas energías del ego, empieza a dominar la fuerza de Dios que existe en tu interior. Es algo tan automático que viaja más rápido que tus pensamientos. Por eso te desconciertas tanto al pensar en cómo has hecho algo. El nivel de la energía más alta trasciende el pensamiento, poniéndose en armonía vibratoria con la energía de la Fuente de la intención. Cuando te liberas de los pensamientos dominados por el ego (que te convence de que estás haciendo y consiguiendo por ti mismo cosas increíbles), te enchufas a la fuerza de la intención. Ahí es donde reside el genio que realmente eres.

Muchas personas nunca llegan a conocer ese mundo interior de su genio individual y piensan que solo se mide por los esfuerzos intelectuales o artísticos. El genio permanece entre las sombras de sus pensamientos, inadvertido en el transcurso de sus ocasionales incursiones al interior, incluso encadenado y con grilletes. Si te han enseñado a no tener un concepto muy elevado de ti mismo y a pensar que el genio está reservado a un puñado de individuos selectos, probablemente te resistirás a aceptar esta idea. No reconocerás tu aspecto genial si te han condicionado para que creas que has de aceptar lo que te ha tocado en suerte en esta vida, a intentar encajar en grupos de personas «normales» y a no intentar picar demasiado alto para evitar decepciones.

Me gustaría que reflexionaras sobre una idea que quizá te parezca radical: *el genio puede demostrarse de tantas maneras como seres humanos existen.* Tú compartes cualquier cosa que haya logrado cualquiera en cualquier terreno. Estás conectado a todo ser que haya vivido y que viva en el futuro, y compartes exactamente la misma energía de la intención que fluyó por Arquímedes, Leonardo da Vinci, la Virgen María y Jonas Salk. Tienes acceso a esa energía. En el nivel más profundo, todas las cosas y todas las personas están compuestas de vibraciones organizadas en campos que impregnan la estructura entera del universo. Tú compartes esas vibraciones, y estás en ese campo.

El punto de partida consiste en saber y comprender que el nivel de creatividad y funcionamiento denominado genio se encuentra en tu interior, y después empezar a deconstruir las dudas sobre el papel que tú desempeñas. Comprométete a elevar tus niveles de energía para vibrar en armonía con el campo de la intención por mucho que intenten disuadirte tu ego y el de los demás.

En *Infinite Mind: Science of Human Vibrations of Consciousness* [*La mente infinita. La ciencia de las vibraciones humanas de la consciencia*], Valerie Hunt nos recuerda lo siguiente: «Las bajas vibraciones existen con la realidad material, las más altas en la realidad mística, y un espectro plenamente vibratorio en la realidad expandida». Para llevar a cabo la intención de apreciar y expresar el genio que eres, tendrás que esforzarte por alcanzar ese «espectro plenamente vibratorio». Esa es la idea de la expansión, fundamental para conocer tu verdadero potencial. En eso te metiste cuando dejaste el mundo amorfo de la intención espiritual. Contribuiste a crear un cuerpo y una vida para expresar ese genio interior, que quizá hayas dejado encerrado en una cámara casi inaccesible.

EXPANDIR TU REALIDAD

La fuerza universal que te creó está en continua expansión, y tu objetivo consiste en alcanzar la armonía con esa Fuente y en consecuencia recuperar la fuerza de la intención. Entonces, ¿qué es lo que impide que te expandas hacia la realidad mística y el espectro plenamente vibratorio del que habla Hunt? Me gusta la respuesta de William James, a quienes muchos consideran padre de la psicología moderna: «El genio significa poco más que la facultad de percibir de una forma inusual». Para expandir tu realidad y corresponderte con la expansividad del campo omnicreador de la intención tienes que despojarte de tus antiguos hábitos de pensamiento. Esos hábitos te han encasillado hasta el extremo de que permites que te cuelguen etiquetas que te definen en muchos sentidos.

La mayoría de esas etiquetas te las ponen las personas que necesitan definir lo que no eres, porque se sienten más seguras pronosticando lo que no puede ser que lo que sí puede ser. «Esa chica no va para artista. Con lo pequeñajo que es, ese chico no puede ser deportista. Las matemáticas nunca han sido su punto fuerte. Con lo tímido que es, a ese chico no se le puede dar bien tratar con la gente». Habrás oído tales dictámenes tantas veces que has llegado a creértelos. Han pasado a ser tu forma habitual de considerar tus habilidades y potencialidades. Como indica William James, «el genio significa cambiar de forma de pensar», de modo que olvides esos hábitos y te abras a las posibilidades de grandeza.

Conozco los estereotipos sobre los escritores y los oradores desde muy joven. Si eres escritor, eres introvertido y no puedes ser un orador dinámico. Yo me propuse abandonar esa forma de pensar estereotipada y programada y destacar en cualquier cosa que me propusiera. Decidí creer que cuando llegué a este mundo de límites y formas no había nada que me impusiera restricciones. Un campo expansivo de la energía que no sabe de limitaciones ni encasillamientos dispuso que yo viniera aquí. Decidí ser escritor introvertido y orador extravertido y dinámico. También he roto otras convenciones sociales que encasillan a las personas. Puedo ser un genio en cualquier campo si, según el padre de la psicología moderna, aprendo a «percibir de una forma inusual». Puedo cantar delicadas canciones, escribir poemas sentimentales, pintar cuadros exquisitos y destacar al mismo tiempo, en este mismo cuerpo, en los deportes, hacer un mueble precioso, arreglar un coche, pelearme con mis hijos y hacer surf.

Céntrate en ti mismo de manera que permitas la expansión de las infinitas posibilidades para las que tienes potencial. Como yo lo hice, puedes llegar a la conclusión de que arreglar un coche o hacer surf no es lo que más te gusta. Deja esas actividades para otras personas y emplea tu genio en otros pasatiempos que te atraigan y te satisfagan. Expande tu realidad hasta el punto de dedicarte a lo que te gusta hacer y destacar en ello. Adéntrate en los niveles de alta energía de la confianza, el optimismo, la valoración, la reverencia, la alegría y el amor. Eso significa amor por lo que estás haciendo, por ti mismo y por tu genio, que te permite sumergirte en cualquier actividad y disfrutar del proceso de experimentarla plenamente.

Confiar en tus intuiciones. El proceso de apreciar tu genio supone confiar en esos destellos internos de intuición creativa que merecen la pena expresarse: la canción que estás componiendo mentalmente, el extraño guión con el que sueñas y con el que se haría una película estupenda, la descabellada idea de crear una semilla mezcla de guisante y zanahoria, el diseño de ese nuevo coche en el que siempre has pensado, la nueva línea de ropa que se pondrá de moda, el juguete que todo niño deseará tener, el musical que ves en tu cabeza... Esas ideas son *repartos de Dios*. No salen de tu ego, que las ahoga con miedos y dudas. Tus intuiciones tienen inspiración divina. Tu mente creativa es la forma de vibrar armoniosamente de tu ser superior con el campo de la intención, que crea continuamente.

Disipar las dudas sobre esos destellos de intuición te permitirá expresar tus ideas y comenzar el proceso de ponerlas en práctica. Tener ideas y aplastarlas porque piensas que no son suficientemente buenas o que no merece la pena ponerlas en práctica equivale a negar la conexión con la fuerza de la intención. Tienes un vínculo que te une a la intención, pero dejas que se debilite al vivir en los niveles corrientes de la consciencia del ego. Recuerda que eres una parte de Dios, y la chispa interior de genio en tu imaginación —esa voz intuitiva interior— es en realidad Dios recordándote que eres único. Tienes esas intuiciones porque es precisamente así como te mantienes conectado con el genio omnicreador que dispuso que vinieras aquí. Como ya he dicho, confiar en ti mismo consiste en confiar en la sabiduría que te creó.

Jamás consideres un pensamiento creativo que no sea una valiosa expresión potencial de tu genio interior, con la salvedad de que esos pensamientos han de encontrarse en armonía vibratoria con las siete caras de la intención. Los pensamientos de odio, ira, miedo, desesperación y destrucción no fomentan las intuiciones creativas. Hay que sustituir los pensamientos de baja energía, dominados por el ego, y convertirlos a la fuerza de la intención. Tus impulsos creativos son reales, vitales, valiosos, y ansían ser expresados. Prueba de ello es el hecho de que puedas concebirlos. Tus pensamientos son reales, pura energía, y te piden que les prestes atención y conectes a la fuerza de la intención el vínculo que has perfeccionado viviendo en niveles diferentes de los que considerabas normales y corrientes. Todo el mundo es un genio en esos niveles.

Valorar el genio de los demás. Toda persona con la que interactúes debería notar el brillo interior que se desprende al ser valorada, sobre todo por la forma de expresar su creatividad. Algo fundamental para fortalecer el flujo de la fuerza de la intención es desear para los demás tanto como lo que deseas para ti. Valorar el genio de los demás atrae altos niveles de energía competente. Al ver y reconocer el genio creativo, abres una vía en tu interior para recibir la energía creativa del campo de la intención.

Mi hijo Sands, de catorce años, maneja de una forma única la tabla de surf entre las olas. Le animo a que haga lo que le surge de un modo natural y a que lo exprese con orgullo. También ha creado un lenguaje de comunicación único, parecido al de mi hermano David, que emulan los demás miembros de la familia y los amigos más íntimos. Crear un lenguaje que utilicen los demás es obra de un genio. Así se lo digo a Sands, y a mi hermano, cuyo lenguaje especial llevo hablando medio siglo. Mi hija Skye tiene una voz inconfundible, personalísima, que me encanta. Así se lo digo, y que es una expresión de su genio.

Todos mis hijos, y también los tuyos (incluyendo el hijo que hay en tu interior) poseen unas características incomparables en muchas de sus formas de expresarse. Desde con la forma de vestirse hasta con un pequeño tatuaje, pasando por la firma, los gestos, las peculiaridades de su personalidad, se puede valorar su genio. También debes reconocer y valorar tu propio genio. Cuando eres como todo los demás, no tienes nada que ofrecer salvo tu conformidad.

Toma el camino de ver la cara de Dios en cuantas personas te encuentres. Busca algo que valorar en los demás, y comunícaselo de buena gana, a ellos y a quienes estén dispuestos a escucharte. Cuando veas esa cualidad en otros, enseguida te darás cuenta de que la humanidad entera tiene ese potencial a su alcance y de que, evidentemente, tú estás incluido en la humanidad. Reconocer tu propio genio es una parte fundamental de la dinámica. Como dice Hawkins en *Power vs. Force*: «Hasta que no reconozcamos nuestro genio interior, tendremos grandes dificultades para reconocer el de los demás».

El genio y la sencillez. Empieza a comprender la intención de este capítulo simplificando tu vida lo más posible. El genio se desarrolla en un entorno contemplativo, en el que cada minuto no está ocupado con obligaciones o montones de personas que te dan consejos y se empeñan en que participes en acontecimientos triviales, ordinarios. El genio que hay en ti no anda en busca de la aprobación de los demás, sino de un espacio tranquilo en el que dar fruto. Con el genio, no se trata tanto de obtener una puntuación alta en una prueba típica para calibrar el coeficiente intelectual como de poseer un nivel excepcionalmente alto de sentido común en cualquier campo de la actividad humana. Puede ser un genio en acción la persona a la que le llena de júbilo juguetear con un chisme electrónico durante horas, o embelesarse trasteando en el jardín u observando las pautas de comunicación de los murciélagos en una noche estrellada. Una vida sin complicaciones, con menos intrusiones, en un entorno sencillo, permite que tu genio salga a la superficie y se exprese. La sencillez establece un vínculo con la fuerza de la intención, y tu genio prosperará.

HACER DE TU INTENCIÓN TU REALIDAD

A continuación presento mi programa de diez pasos para poner en funcionamiento la intención de valorar y expresar el genio que existe dentro de ti.

Primer paso. Declara que eres un genio. No tiene que ser una declaración pública, sino una proclamación de intenciones entre tu Creador y tú. Recuerda que eres una de las obras maestras emanadas del campo universal de la intención. No tienes que demostrar que eres un genio, ni comparar ninguno de tus logros con los de los demás. Posees un don único que puedes ofrecer a este mundo, y eres único en la historia entera de la creación.

Segundo paso. Toma la decisión de prestar más atención a tus intuiciones interiores, por pequeñas o insignificantes que las hayas considerado anteriormente. Esos pensamientos, que quizá te hayan parecido absurdos o sin importancia, son tu conexión privada con el campo de la intención. Los pensamientos que parecen repetirse, sobre todo los relacionados con nuevas actividades y aventuras, no se te ocurren por casualidad. Deberías considerar esos pensamientos persistentes como la intención que te está hablando, diciéndote: «Te has comprometido a expresar tu brillantez única; ¿por qué te empeñas en no hacer caso al genio y te conformas con menos?».

Tercer paso. Toma medidas constructivas para poner en práctica tus tendencias intuitivas. Cualquier paso que des para expresar tus impulsos creativos supone un paso hacia la realización del genio que habita en ti; por ejemplo: presentar el plan de un libro, a pesar de que dudes de ti mismo; grabar tu propia maqueta en la que lees poesía o cantas las canciones que has compuesto; comprarte un caballete y material de pintura y dedicar una tarde a pintar, o ver a un experto en el terreno que te interesa.

En el transcurso de una sesión de fotos, un fotógrafo me dijo que hacía unos años había concertado una cita con un fotógrafo de fama mundial y que aquel encuentro le sirvió para iniciar el trabajo que realmente le gustaba. Para mí, ese hombre es un genio. Siempre había sentido curiosidad por la fotografía. Los primeros empujones que le dio a su vida en ese sentido le permitieron valorar el genio que había en su interior, y después el encuentro con aquel hombre le enseñó a confiar en esa curiosidad y a utilizarla como un medio para comunicar su genio al mundo entero.

Cuarto paso. Comprende que todos y cada uno de los pensamientos que tienes sobre tus destrezas, tus intereses y preferencias son válidos. Para reforzar la validez de tus pensamientos, guárdalos en secreto. Di para tus adentros que es algo entre Dios y tú. Si los mantienes en la esfera espiritual, no tienes por qué presentárselos a tu ego ni dejarlos al descubierto ante el ego de quienes te rodean. Eso significa que no tendrás que ponerlos en peligro al explicarlos y defenderlos ante los demás.

Quinto paso. Recuerda que encontrarás y transmitirás a los demás tu genio alineándote con la energía espiritual. En *Power vs. Force*, David Hawkins llega a la siguiente conclusión: «Según nuestras investigaciones, parece que la alineación de los objetivos y valores con los atrayentes de la alta energía es lo que está más relacionado con el genio». Esto contribuye a comprender y poner en práctica la fuerza de la intención. Cambia tu energía para lograr la armonía vibratoria con la energía de la Fuente. Valora la vida y niégate a tener pensamientos de odio, ansiedad, ira y censura. Confía en ti mismo como parte de Dios, y tu genio se desarrollará.

Sexto paso. Practica la humildad radical. No te enorgullezcas de tu talento, tu capacidad intelectual, tus aptitudes ni tus habilidades. Mantente en un estado de respeto y perplejidad. Aquí sentado, con la pluma en la mano, observando cómo surgen las palabras ante mí, me encuentro en un estado de perplejidad. ¿De dónde salen las palabras? ¿Cómo sabe mi mano trasladar los pensamientos invisibles a palabras, frases y párrafos descifrables? ¿De dónde salen los pensamientos que preceden a las palabras? ¿Es realmente Wayne Dyer quien escribe, o estoy observando a Wayne Dyer escribir estas palabras en el papel? ¿Está escribiendo Dios este libro por mediación de mí? ¿Estaba destinado a ser este mensajero antes de aparecer aquí el 10 de mayo de 1940? ¿Sobrevivirán estas palabras tras mi muerte? Todo me tiene perplejo. Soy humilde por mi incapacidad para saber de dónde salen mis habilidades. Practica la humildad radical y enorgullécete de todo menos de tu ego.

Séptimo paso. Elimina la resistencia a hacer realidad tu genio. La resistencia siempre se muestra en tu forma de pensar. Observa los pensamientos que expresan tu incapacidad para considerarte un genio... Pensamientos de duda sobre tu capacidad o que refuerzan lo que te han enseñado sobre tu falta de talento o de aptitudes. Esta clase de pensamientos te desajustan y no te permiten la armonía de vibraciones con el campo universal de la intención omnicreadora. Tu Fuente sabe que eres un genio. Cualquier pensamiento que ponga en entredicho esta idea es una resistencia que te impedirá hacer realidad tu intención.

Octavo paso. Busca el genio en los demás. Presta atención a la grandeza del mayor número de personas posible, y, si no la ves al principio, dedica un poco de energía mental a buscarla. Cuanto más proclive seas a pensar en términos de genialidad, más natural te resultará aplicarte los mismos baremos a ti mismo. Háblales a los demás de su genio. Elógialos con sinceridad. De este modo irradiarás energía amante, bondadosa, abundante y creativa. En un universo que funciona con la energía y la atracción, verás que se te devuelven esas cualidades.

Noveno paso. Simplifica tu vida. Aparta de tu vida las complicaciones, las normas, los «debería», los «tengo que», los «debo» y demás. Al simplificar tu vida y eliminar las actividades banales que ocupan gran parte de ella, abrirás una vía para que aflore el genio que hay en tu interior. Una de las técnicas más eficaces para simplificar la vida consiste en dedicar unos veinte minutos al día a meditar en silencio. Cuanto más consciente sea el contacto que establezcas con tu Fuente, más valorarás tu ser superior. Y desde ahí se manifestará tu genio.

Décimo paso. Sé humilde y mantente en un estado de gratitud. El genio que eres no tiene nada que ver con la mente dominada por el ego. Agradece a la Fuente de la intención que te proporcione la fuerza vital para expresar el genio que habita dentro de ti. Quienes atribuyen la inspiración y el éxito a su ego muy pronto pierden esa capacidad, o permiten que la aprobación y la atención de los demás los destruyan. Sé humilde y agradecido, y en ese continuo estado de expansión seguirá aflorando tu genialidad. La gratitud es un espacio sagrado en el que *permites* y *sabes* que siempre está funcionando una fuerza más poderosa que tu ego a la que tienes acceso.

Quien me sirve de inspiración cada día, Ralph Waldo Emerson, cuya fotografía tengo ante mí mientras escribo, lo expresó de la siguiente manera: «Creer en tus propios pensamientos, creer que lo que es verdadero para ti en tu corazón también lo es para todos los demás... eso es el genio».

Toma conciencia de esto y aplícalo a tu vida. Hay otro genio que nos explica cómo hacerlo. Thomas Edison dijo: «El genio consiste en un uno por ciento de inspiración, y el restante noventa y nueve por ciento de transpiración». ¿Ya estás sudando?

TERCERA PARTE

LA CONEXIÓN

El ser humano se encuentra en un proceso de cambio, hacia unas formas que no son de este mundo; camina con el tiempo hacia lo amorfo, un plano del ciclo superior. Sabed que habéis de haceros amorfos antes de ser uno con la luz.

Adaptación de *La Tabla de Esmeralda*
de Hermes Trismegisto

15

Retrato de una persona conectada
al campo de la intención

Las personas que se autorrealizan deben ser lo que pueden ser.

Abraham Maslow

Una persona que vive en un estado de unidad con la Fuente de la vida no parece distinta del resto de la gente; no está rodeada por ningún halo ni lleva ropa especial que demuestre sus cualidades divinas, pero, cuando te das cuenta de que esas personas van por la vida como seres afortunados que siempre tienen todas las oportunidades y empiezas a relacionarte con ellas, también te das cuenta de lo distintas que son en comparación con quienes viven en los niveles normales de conciencia. Habla unos momentos con esas personas conectadas a la fuerza de la intención y comprobarás su singularidad.

Esas personas, a las que yo llamo *conectores* para resaltar su conexión armoniosa con el campo de la intención, son individuos que se han hecho accesibles al éxito. Resulta imposible que tengan una actitud pesimista ante lo que desean en su vida. En lugar de utilizar un lenguaje que indique que sus deseos quizá no se hagan realidad, se expresan con una convicción interior que transmite un conocimiento tan profundo como sencillo de que la Fuente universal lo proporciona todo.

No dicen: «Con la suerte que tengo, no saldrán bien las cosas». Es más probable que de sus labios oigas las siguientes palabras: «Tengo la intención de crear esto y sé que funcionará». Por mucho que intentes disuadirlos señalando todas las razones por las que deberían ser menos optimistas, parecen completamente ciegos ante las repercusiones contrastadas por la realidad. Parece como si vivieran en otro mundo, un mundo en el que no se atienen a las razones por las que las cosas no funcionan.

Si inicias una conversación con ellos sobre esta idea, dirán algo como: «Me niego a pensar en lo que no puede ocurrir, porque yo atraeré exactamente aquello en lo que pienso, así que solo pienso en lo que sé que puede ocurrir». No les importa lo que haya ocurrido antes. No se identifican con conceptos como «fracaso» o «imposible». Sin anunciarlo a bombo y platillo, simplemente no les afectan las razones para ser pesimistas. Se han hecho accesibles al éxito, y conocen una fuerza invisible y omniproveedora en la que confían. Están tan bien conectados con la Fuente omniproveedora que es como si poseyeran un aura natural que impide cuanto pudiera debilitar su conexión con la energía creativa de la fuerza de la intención.

Los conectores no sitúan sus pensamientos en lo que no desean, porque, como ellos mismos te dirán: «La Fuente de todo solo responde con lo que es, y, lo que es, es suministro infinito. No puede tener ninguna relación con la escasez, o con que las cosas no funcionen, porque no es ninguna de esas cosas. Si le digo a la Fuente de todas las cosas: "Probablemente no funcionará", recibiré a cambio justo lo que le he enviado, y por eso sé que no debo pensar en otra cosa que en lo que es mi Fuente».

A la persona media con miedo al futuro todo esto le sonará a chino. Le dirán a su amigo conector que se someta a una prueba de realidad y mire de una forma realista el mundo en el que vive.

Pero a los conectores no hay nada que los aparte de su saber interior. Si estás dispuesto a escucharlos, te dirán que este es un universo de energía y atracción, y que la razón por la que tantas personas llevan una vida de miedos y escasez es porque confían en su ego para cumplir sus deseos. «Es muy sencillo», te dirán. «Vuelve a conectarte a tu Fuente y sé como esa Fuente, y entonces tus intenciones se corresponderán a la perfección con la Fuente omniproveedora».

A los conectores todo les parece así de sencillo. Mantén tus pensamientos en lo que tienes intención de crear. Mantente constantemente en correspondencia con el campo de la intención y espera a que lleguen a tu vida las claves de lo que le estás pidiendo a la Fuente omnicreadora. Para un conector no existen las casualidades. Perciben acontecimientos en apariencia insignificantes como algo orquestado, en perfecta armonía. Creen en la sincronía y no les sorprende que aparezca la persona perfecta en una situación dada, ni que se presente, como caído del cielo, alguien en quien estaban pensando, o cuando inesperadamente reciben por correo un libro que les proporciona la información que les hacía falta o cuando aparece misteriosamente el dinero que necesitaban para un proyecto que tenían entre manos.

Los conectores no intentarán ganarte para su causa a base de discusiones. No se molestan en gastar energía en debates ni en frustraciones, porque eso atrae a sus vidas el debate y la frustración. Saben lo que saben y no les tienta construir una contrafuerza de resistencia a las personas que viven de una forma distinta a ellos. Aceptan la idea de que no existe la casualidad en un universo que posee una fuerza invisible de la energía como su Fuente que crea y provee continua e inagotablemente a cuantos desean aceptarla. Si les preguntas, te responderán lisa y llanamente: «Lo único que tienes que hacer para enchufarte a la fuerza de la intención es corresponderte perfectamente con la Fuente de todo, y yo he decidido estar lo más alineado posible con esa Fuente».

Para los conectores, cuanto surge en su vida se debe a que la fuerza de la intención dispuso que estuviera allí. Por eso se encuentran en un continuo estado de gratitud. Se sienten agradecidos por todo, incluso por cosas que podrían parecer obstáculos. Tienen la capacidad y el deseo de ver una enfermedad pasajera como una bendición, y en el fondo saben que en ese contratiempo existe una oportunidad, y eso es lo que buscan en todo lo que se les presenta en la vida. Con su agradecimiento aceptan todas las posibilidades en lugar de pedirle nada a su Fuente, porque eso parece otorgar poder a lo que les falta. Comulgan con su Fuente en un estado de gratitud reverente por todo lo que está presente en sus vidas, sabiendo que eso fortalece su intención de manifestar justamente lo que necesitan.

Los conectores dicen de sí mismos que viven en un estado de valoración y perplejidad. Raramente los oirás quejarse de nada. No le encuentran defectos a nada. Si llueve, disfrutan de la lluvia, porque saben que no llegarán a donde quieren ir si solamente viajan en los días soleados. Así reaccionan ante la naturaleza, valorándola armoniosamente. La nieve, el viento, el sol y todos los sonidos de la naturaleza les sirven de recordatorio de que ellos forman parte del mundo natural. Veneran el aire, independientemente de la temperatura o de la velocidad del viento, porque es el aliento de la vida.

Los conectores valoran el mundo y todo lo que hay en él. La misma conexión que experimentan con la naturaleza la tienen con todos los seres, incluyendo los que vivieron antes y los que están aún por llegar. Poseen consciencia de la unidad, y por consiguiente no establecen distinciones tales como «ellos» o «los otros». Para los conectores solo existe el «nosotros». Si pudiéramos observar su mundo interior, veríamos que les hace daño el dolor infligido a otros. No conocen el concepto del enemigo, porque saben que todos nosotros emanamos de la misma Fuente divina. No critican, no se sienten amenazados ni les molestan las diferencias en las costumbres o el aspecto de los demás, sino que les gustan. Su conexión con los demás tiene un carácter espiritual, pero no se separan espiritualmente de nadie, por muy diferentes que sean su forma de vida o sus costumbres. En el fondo de su corazón, los conectores sienten afinidad con la vida entera, y también con la Fuente de la vida entera.

Debido a este vínculo, los conectores son tan hábiles para atraer a su vida la cooperación y la ayuda de los demás a la hora de hacer realidad sus intenciones. El hecho mismo de sentirse conectado significa que en su mente no existe nadie en este planeta con quien no estén unidos en un sentido espiritual. Por consiguiente, al vivir en el campo de la intención, pueden tener acceso a cualquier cosa en la que se fije su atención, porque ya están conectados al sistema de la energía que otorga la vida y a todas sus creaciones. Valoran esa conexión espiritual y no consumen energía en menospreciarla ni criticarla. Jamás se sienten separados de la ayuda que ofrece ese sistema que otorga la vida.

Por lo tanto, a los conectores no les sorprende que la sincronía o la coincidencia les traigan los frutos de sus intenciones. Saben en el fondo de su corazón que esos acontecimientos aparentemente milagrosos llegan a su espacio vital inmediato porque ya estaban conectados a ellos. Si les preguntas sobre el asunto te contestarán lo siguiente: «Claro, así funciona la ley de la atracción. Mantén la sintonía vibratoria con la Fuente de la vida entera que te dispuso y cuantos viven aquí y todos los poderes del campo de la intención colaborarán contigo para que traigas a tu vida lo que deseas». Saben que así funciona el universo. Habrá quien se empeñe en decir que los conectores simplemente tienen suerte, pero las personas que disfrutan de la fuerza de la intención saben que no es así. Saben que pueden gestionar la presencia de cualquier cosa en la que fijen su atención siempre y cuando armonicen con las siete caras de la intención.

En lugar de vanagloriarse de su buena suerte, los conectores se mantienen continuamente en un estado de gratitud y humildad radical. Comprenden el funcionamiento del universo y sintonizan con él en lugar de enfrentarse o ponerle pegas. Si les preguntas, te responderán que formamos parte de un sistema de energía dinámica. Te dirán: «La energía que se mueve más rápidamente disuelve y anula la energía que se mueve más lentamente». Esas personas han decidido estar en armonía con la invisible energía espiritual. Han adaptado sus pensamientos a los niveles de las vibraciones más altas y, en consecuencia, son capaces de desviar las vibraciones lentas y más lentas.

Los conectores producen cierta potenciación en las personas que viven en niveles de energía más bajos cuando entran en contacto con ellas. Su tranquilidad transmite a los demás calma y seguridad, e irradian una energía de paz y serenidad. No quieren salir airosos en las discusiones ni ganarse aliados. En lugar de intentar convencerte de que pienses como ellos, te convencerán con la energía que rezuman. Todos se sienten amados por los conectores, porque se han fundido con la Fuente de la vida, que es el amor.

Los conectores te dicen sin ambages que han decidido sentirse bien sin que les importe lo que pase a su alrededor ni cómo los juzguen los demás. Saben que sentirse mal es una cuestión de elección, que no resulta útil para solucionar las situaciones desagradables que se dan en el mundo. Por eso se valen de sus emociones como sistema de orientación para establecer el punto de sintonía con la fuerza de la intención. Cuando se sienten mal, por lo que sea, eso les sirve de indicador para comprender que ha llegado el momento de cambiar el nivel de energía para corresponderse con la energía de paz y amor de la Fuente. Repiten una y otra vez: «Quiero sentirme bien», y armonizan sus pensamientos con ese deseo.

Aunque el mundo esté en guerra, deciden sentirse bien. Si la economía va en picado, optan por sentirse bien. Aunque aumente el índice de delincuencia o se desencadene un huracán en algún lugar del planeta, siguen optando por sentirse bien. Si se les pregunta por qué no se sienten mal cuando ocurren tantas cosas malas en el mundo, sonríen y te recuerdan que el mundo del espíritu que todo lo dispuso funciona en paz, amor, armonía, bondad y abundancia, y «ahí es donde he decidido residir en mi interior. Sentirme mal solo me asegura que atraeré a mi vida aún más malestar».

Los conectores sencillamente no permiten que su bienestar dependa de nada externo, ni las condiciones atmosféricas, ni las guerras, ni la situación política ni la economía, ni desde luego la decisión de nadie de vivir en la baja energía. Funcionan con el campo de la intención, emulando lo que, según saben, es la Fuente creativa de todo.

Los conectores están siempre en contacto con su naturaleza infinita. No temen a la muerte, y si les preguntas te dirán que ellos nunca nacieron realmente ni nunca morirán. La muerte es como quitarse una prenda o pasar de una habitación a otra, una simple transición. Consideran la energía invisible que dispone la existencia de todo su verdadero ser. Como los conectores se sienten siempre alineados con todo y con todos los que están en el universo, no experimentan la sensación de separación de nadie ni de lo que les gustaría atraer hacia sus vidas. Su conexión es invisible e inmaterial, pero jamás la ponen en duda. En consecuencia, confían en esa energía espiritual, interior e invisible que lo impregna todo. Viven en armonía con el Espíritu, sin considerarse jamás separados de él. Esta consciencia constituye la clave de que vean el funcionamiento de la fuerza de la intención como algo cotidiano.

No se puede convencer a los conectores de que lo que tienen intención de hacer no se materializará, porque confían plenamente en su conexión con la energía de la Fuente. Te invitarán a que elijas la posibilidad con la que te vas a identificar y después te animarán a vivir como si ya hubiera ocurrido. Si no puedes hacerlo y te quedas estancado en la duda, las preocupaciones y el miedo, te desean que te vaya bien, pero siguen pensando desde el fin, como ellos dicen. Ven lo que intentan manifestar en sus vidas como si ya se hubiera materializado, y como es tan real en sus pensamientos, es su realidad. Te dicen con toda franqueza: «Cuando están armonizados con el campo de la intención, mis pensamientos son los pensamientos de Dios, y así es cómo he decidido pensar». Si se los observa con detenimiento, se ve que son excepcionales a la hora de hacer realidad los frutos de sus intenciones.

Los conectores son excepcionalmente generosos. Es como si lo que desearan para sí mismos no fuera nada en comparación con lo que desean para los demás. Les encanta dar. Algunos se preguntarán cómo pueden acumular nada, pero sus vidas están llenas de abundancia, y no parece faltarles nada de lo que desean. Te dirán: «El secreto de la fuerza de la intención radica en pensar y actuar como la Fuente omniproveedora de la que surge todo. Siempre provee, y yo he decidido ser también proveedor. Cuanto más doy de mí mismo y de todo lo que fluye hacia mí, más me es devuelto».

Los conectores son personas de gran inspiración. Viven más en el espíritu que en la forma. En consecuencia, están inspirados y sirven de inspiración, lo contrario de estar informados y llenos de información. Son personas con un profundo sentido de su destino. Saben por qué están aquí, y también que son algo más que un conjunto de huesos, sangre y órganos envuelto por un cuerpo de piel y pelo. Se dedican a vivir su propósito y a evitar las distracciones que causan las exigencias del ego. Sienten gran reverencia por el mundo del Espíritu, y se mantienen inspirados comulgando con esa Fuente.

Su nivel de energía es excepcionalmente alto, la energía que los define como conectores. Es la energía de la Fuente, una frecuencia de vibraciones rápidas que lleva el amor ante la presencia del odio y transforma ese odio en amor. Presentan un semblante pacífico ante el caos y la desarmonía y transforman las bajas energías en la alta energía de la paz. Cuando estás en compañía de quienes habitan en el campo de la intención, te sientes con más energía, más limpio, más sano y más inspirado. No juzgan a los demás, y los actos o los pensamientos de los demás no los inmovilizan. Muchas veces se los considera distantes y fríos porque no les interesan los cotilleos. Te dicen que es el Espíritu quien da la vida, y que todos en este planeta tienen ese Espíritu en su interior como una fuerza omnipotente. Están convencidos de ello, lo viven, e inspiran a los demás.

Llegarán hasta el extremo de decir que los desequilibrios del planeta, como los terremotos, las erupciones volcánicas y las condiciones climáticas extremas son consecuencia de un desequilibrio colectivo de la consciencia humana. Te recordarán que nuestro cuerpo está compuesto de los mismos materiales que la tierra, que el fluido que constituye el noventa y ocho por ciento de nuestra sangre era anteriormente agua del mar, y que los minerales de nuestros huesos formaban parte del suministro limitado de minerales de la tierra. Se consideran uno con el planeta y se sienten responsables de mantenerse en una armonía equilibrada con el campo de la intención para contribuir a estabilizar y armonizar las fuerzas del universo que pueden desequilibrarse cuando vivimos con un ego excesivo. Te dirán que todos los pensamientos, sentimientos y emociones son vibraciones, y que la frecuencia de esas vibraciones puede producir perturbaciones, no solo en nosotros, sino en todo lo que está compuesto de los mismos materiales.

Los conectores te animarán a que permanezcas en armonía vibratoria con la Fuente por su sentido de la responsabilidad para con el planeta entero, y lo consideran una función vital que hay que emular. No piensan en esto ni lo debaten desde una perspectiva puramente intelectual; es lo que sienten en lo más profundo de su ser y lo que viven apasionadamente día a día.

Observarás que los conectores no se recrean en la enfermedad ni en el malestar. Van por la vida como si su cuerpo disfru-
tara de una salud perfecta. Piensan y sienten que cualquier enfermedad que les sobrevenga no ha existido, y que ya están
curados. Están convencidos de poder atraer los nuevos resultados, porque saben que existen muchos posibles resultados para
cualquier afección, incluso para las que a los demás les puede
parecer imposible superar. Te dirán que las posibilidades de curación están aquí y ahora, y que el curso que tome una enfermedad es una cuestión de su propia perspectiva. Al igual que creen
que los sistemas de turbulencia externa se hacen pacíficos en
presencia de nuestra paz, también lo consideran una posibilidad
de turbulencia interior. Sobre su capacidad de curación te dirán
lo siguiente: «Yo ya estoy curado, y pienso y siento desde esa perspectiva».

Muchas veces verás cómo desaparecen tus enfermedades y
molestias físicas en presencia de conectores de una energía excepcionalmente alta. ¿Por qué? Porque su elevada energía espiritual anula y erradica las bajas energías de la enfermedad. Al igual
que la presencia de conectores te hace sentir mejor porque irradian y rezuman energía jubilosa, de valoración, tu cuerpo también se curará al estar en esa clase de campo energético.

Los conectores son conscientes de que tienen que evitar la
baja energía. Se alejan tranquilamente de las personas ruidosas,
belicosas y dogmáticas, les envían una silenciosa bendición y siguen su camino discretamente. No pierden el tiempo viendo programas de televisión violentos ni leyendo relatos de atrocidades
ni estadísticas de guerra. Pueden parecerles sumisos o sin el mí-
nimo interés a quienes se regodean en los horrores que aparecen
en los medios de comunicación. Como los conectores no necesitan ganar, tener razón ni dominar a los demás, su poder radica en
el hecho de que potencian a los demás con su presencia. Comunican sus puntos de vista manteniéndose en armonía con la ener-

gía creativa de la Fuente. Nunca se sienten ofendidos, porque su ego no interviene en sus opiniones.

Los conectores viven su vida en armonía vibratoria con el campo de la intención. Para ellos, todo es energía. Saben que mostrar hostilidad, odio o incluso enfado con las personas que creen en las actividades de baja energía, que comportan toda forma de violencia, solo contribuirá al incremento de esa actividad debilitadora en el mundo.

Los conectores viven mediante una energía más alta y más rápida que les permite tener acceso inmediato a sus poderes intuitivos. Poseen un conocimiento interior de lo que va a ocurrir. Si les preguntas, te dirán: «No puedo explicarlo, pero lo sé porque lo siento dentro de mí». Por tanto, rara vez se sienten confusos cuando se manifiestan los acontecimientos que han previsto y han dispuesto. En lugar de sorprenderse, esperan que las cosas salgan bien. Al mantenerse tan conectados a la energía de la Fuente, son capaces de activar su intención para saber lo que es posible y cómo conseguirlo. Su saber interior les permite ser infinitamente pacientes, y nunca están descontentos por la velocidad o la forma en que se manifiestan sus intenciones.

Los conectores reflejan con frecuencia las siete caras de la intención de las que se habla en este libro. Son personas extraordinariamente creativas, que no sienten la necesidad de encajar ni de hacer las cosas como los demás esperan que las hagan. Aplican su individualidad única a las tareas, y te dicen que pueden crear cualquier cosa en la que fijen su atención y su imaginación.

Los conectores son excepcionalmente bondadosos y cariñosos. Saben que armonizar con la Fuente significa reproducir la bondad de la que surgieron. Pero para ellos no supone ningún esfuerzo ser bondadosos. Siempre se sienten agradecidos por cuanto se les presenta, y saben que la bondad para con la vida entera y nuestro planeta es la forma de demostrar la gratitud. Al ser bondadosos, los demás desean devolverles el favor y se hacen sus aliados para ayudarlos a conseguir sus intenciones. Se relacionan con un número ilimitado de personas, todas las cuales están llenas de amor, bondad y generosidad y se ayudan mutuamente a cumplir sus deseos.

También te darás cuenta de cómo ven los conectores la belleza de nuestro mundo. Siempre encuentran algo valioso. Pueden perderse en la belleza de una noche estrellada o de una rana entre los lirios. Ven belleza en los niños, y encuentran un resplandor natural en los ancianos. No sienten el menor deseo de juzgar a nadie en términos negativos de baja energía, y saben que la Fuente omnicreadora únicamente da forma material a la belleza y que siempre se puede acceder a ella.

Los conectores nunca se cansan de aprender. Indagan en la vida, y se sienten atraídos hacia toda clase de actividades. Encuentran algo de lo que disfrutar en todos los campos humanos y creativos, y amplían continuamente sus horizontes. El estar abiertos a todo y a todas las posibilidades y sus deseos de expansión caracterizan su capacidad para manifestar su deseos. Jamás le dicen un «no» al universo. Ante cualquier cosa que les envía la vida dicen: «Gracias. ¿Qué puedo aprender, y cómo puedo desarrollarme a partir de lo que estoy recibiendo?». Se niegan a juzgar a nadie ni nada que les ofrezca la Fuente, y esta actitud de continua expansión es lo que en última instancia los lleva a estar en correspondencia con la energía de la Fuente, lo que les abre a recibir en su vida todo cuanto la Fuente está dispuesta a suministrar. Son una puerta abierta, que jamás se cierra a las posibilidades, lo que les hace totalmente receptivos a la abundancia que no deja de fluir.

Esa actitud que se observa en los conectores es precisamente la razón por la que parecen tener tanta suerte en la vida. Cuando estás con ellos, te sientes energizado, con un propósito, inspirado y unido. Te ves ante unas personas con las que te gusta estar porque te proporcionan energía y fuerza. Cuando te sientes con energía y fuerza, te internas en el flujo de la abundante energía de la Fuente y sin darte cuenta invitas a los demás a hacer otro tanto. No se establece la conexión únicamente con la energía de la fuente, sino con todos y todo lo que existe en el universo. Los conectores están alineados con el cosmos y con cada una de las partículas que forman parte de ese cosmos. Esa conexión hace posible y accesible la fuerza infinita de la intención.

Estas personas con un nivel de realización tan elevado piensan desde el fin, y experimentan lo que desean disponer antes de que se materialice. Sus sentimientos les sirven de indicador para saber si están sincronizados con la fuerza de la intención. Si se sienten bien, saben que vibran en armonía con la Fuente. Si se sienten mal, se sirven de ese indicador para adaptarse a niveles de energía más altos. Y, por último, ponen en práctica esos pensamientos de la intención y del bienestar como si ya se hubiera hecho realidad cuanto deseaban. Pregúntales qué puedes hacer para que tus deseos se cumplan y te dirán sin dudar: «Cambia tu forma de ver las cosas y cambiarán las cosas que ves».

Mi consejo es que intentemos reproducir ese mundo interior y disfrutar de la infinita magnificencia de la fuente de la intención.

Funciona. ¡Lo aseguro!

Agradecimientos

Quiero darle las gracias a Joanna Pyle, mi editora desde hace dos décadas. Tú, Joanna, conviertes mis ideas y mi deshilvanada escritura, que sigue la corriente de la conciencia, en un formato de libro coherente. No podría haber funcionado sin ti, y te agradezco de todo corazón tu presencia en mi vida.

A mi agente, Maya Labos, por los casi veinticinco años que has estado siempre conmigo sin decir ni una sola vez «eso no es asunto mío». Otros escritores y oradores tienen veinticinco ayudantes por año; yo solo he tenido una durante veinticinco años. Gracias, gracias, y mil veces gracias.

A Reid Tracy, director de la editorial Hay House e íntimo amigo mío, gracias por haber creído en este proyecto desde el principio, y por haber estado dispuesto a hacer cuanto era necesario para llevarlo hasta el final. Gracias, amigo mío. Te quiero y te respeto, a ti y tu valor.

Y por último, gracias a Ellen Beth Goldhar, porque tu cariñosa inspiración me sirvió de guía para la escritura de este libro. Gracias por tus interesantes sugerencias y el análisis crítico de estas ideas sobre la intención, sinónimo de la Fuente amante de la que todos emanamos y a la que todos aspiramos a volver a conectarnos.